KB125986

에도 공간 속의 통신사

1711년 신묘통신사행을 중심으로

박화진·김병두 지음

한울
아카데미

이 도서의 국립중앙도서관 출판시도서목록(CIP)은 e-CIP홈페이지(http://www.nl.go.kr/ecip)에서 이
용하실 수 있습니다. (CIP제어번호 : CIP2010002198)

머리말

바야흐로 21세기는 지구촌 시대, 세계화 시대이다. 전 세계가 하나의 마을이라고 일컬어질 만큼 시간적·공간적으로 가까워졌다는 것인데, 이는 현대사회의 산업경제에서 문화사업이 주축을 이루었음을 의미하기도 한다. 이와 같은 현상을 최근 한국 문화를 둘러싼 동아시아 사회의 지대한 관심에서도 찾아볼 수 있다. 일본, 중국 등의 나라에 한국의 영화, 드라마가 소개되면서 한국에 대한 관심이 고조되고 있다. 이른바 한류열풍이 동아시아 사회를 강타하면서 한국미와 한국적 문화에 대한 관심 또한 증가한 것이다. 그렇다면 이러한 대표적 한국미와 한국적 문화는 언제 어떻게 형성되었는가라는 의문에 대해 우리는 어떻게 대답할 수 있을까?

조선시대 일본에 불었던 한류열풍을 돌아볼 때, 통신사를 통한 한일 문화교류 속에서 그 해답을 찾아볼 수 있다고 생각한다. 조선시대 일본으로 파견되었던 일련의 외교사절단, 즉 조선 후기 통신사에 대한 근세 일본 사회의 열광적인 환영이야말로 전근대 사회의 한류라 부를 수 있지 않을까. 당시 일본 사회의 대표적 지식인이었던 아라이 하쿠세키(新井白石)가 일본인들이 조선통신사를 영접했던 장면을 "천사보다 조금 못한"이라고 평가했던 것에서도 그 인기를 실감할 수 있다.

조선 후기 통신사를 통한 한일 문화교류는 에도 시대 이후 여러 가지 측면에서 일본 문화에 지대한 영향을 미쳤으며, 오늘날까지 일본 각 지역 사회 속에 잔존하며 지역경제 활성화에 적지 않은 역할을 담당하고 있다. 1607년부터 1811년까지 열두 차례에 걸쳐 일본으로 파견되었던 외교사절단, 조선 후기 통신사가 일본 사회 및 일본 문화에 남긴 영향에 대해 살펴보는 것은 현재 잊히거나 산일(散逸)되고 만 조선시대의 전통적인 한국미 및 한국 문화의 원조를 찾는 데 도움이 될 뿐만 아니라, 나아가 현대 동아시아 사회에서 전개·확대되고 있는 한류열풍의 정체성을 파악하기 위한 중요한 실마리가 될 것이다.

20여 년 전 일본 유학 시절, 일본 각 지역 농촌마을에 방대하게 남아 있던 근세 촌락 고문서의 존재와 이 문서들을 통한 전근대 일본의 촌락 구조 재현 가능성을 알고 깜짝 놀란 적이 있다. 더욱 놀라운 사실은 그 일본 근세 고문서에 조선시대 통신사와 관련된 기록들이 적지 않게 존재한다는 점이었다. 조선왕조의 통신사를 맞이하기 위해서 이 작은 농촌마을들에까지 할당되었던 경비 및 주의 사항 등이 상세하게 기록되어 있었기 때문이다. 그리하여 당시 이 고문서 등을 이용하여 통신사가 일본 사회와 서민문화에 미친 영향에 대해서 언젠가 공부해보고 싶다는 강한 열망을 품었다.

그러던 중 2002년 부산에서 '조선통신사 문화사업추진위원회'가 발족되어 통신사 행렬 재현 및 시민 수준에서의 한일 문화교류 재현을 위한 다양한 활동이 전개되었다. 그리하여 조선통신사 한일 문화교류축제, 통신사 관련 서적 출간, 학회 개최 등을 통해 한일 양국의 학자 및 시민들의 활발한 교류가 이루어졌다. 부산의 지역문화 활성화와도 관련되어 깊은 관심을 가질 수밖에 없었다. 이에 일본 유학시절 이후

미루어오던 연구과제를 풀어가는 마음으로 그동안 분석하고 연구검토 해왔던 글들을 정리해보기로 했다.

이 책에서는 통신사를 테마로 근세시대 일본에 대한 역사적·문화적 접근을 시도한다. 특히 1711년 신묘 통신사행을 중심으로 이를 맞이하는 에도 막부의 준비 과정 및 에도성 내 국서전명식 양상 등등에 대하여 살펴보고자 한다. 일본 근세시대의 고문서 및 사료, 용어, 관직명, 인명 등이 현대 일본어와 달라 이를 일일이 한글로 번역하고 교정하는 작업은 정말 만만치 않았다. 이러한 많은 노고에도 불구하고 기꺼이 이 책의 출간을 맡아준 도서출판 한울의 김종수 사장님과 편집 담당자에게 깊이 감사를 드리는 바이다.

2010년 6월
박화진·김병두

차례

글머리에

　　조선통신사 연구의 역사는 그다지 오래되지 않았다. 1970년대에 이진희 씨를 비롯하여 강재언, 김달수, 신기수 씨 등 재일본 역사학자들이 일본 내 조선통신사 관련 연고지 답사를 통해 통신사 관련 문헌자료 및 회화자료, 공예자료들을 대량으로 발굴하고 나아가 많은 고문서류도 발견했다. 일본에 거주하고 있던 재일교포들의 정체성을 확립하고 민족적 자긍심을 고취시키기 위해 시작된 이 작업은, 재일교포뿐만 아니라 일본인 및 일본 사회에 적지 않은 관심을 불러일으켰다. 이들이 주축이 되어 만든 잡지인 계간 ≪삼천리(三千里)≫의 창간호(1975년)부터 연재된 조선통신사 관련 연구들은 곧이어 『이조의 통신사(李朝の通信使)』(1976년), 『에도 시대의 조선통신사(江戶時代の朝鮮通信使)』(1987년) 등의 단행본으로 간행되기도 했다. 이를 바탕으로 만들어진 신기수 씨의 다큐멘터리 영화 <에도 시대의 조선통신사(江戶時代の朝鮮通信使)> 또한 쓰시마(對馬)를 비롯한 서일본 지역사회에 통신사 관련 문화붐을 일으키는 데 지대한 영향을 미쳤다.

　　조선 후기 통신사 관련 연구들은 1980년대 이후 시작되었으며 점차 다양한 측면에서의 접근들이 나타나고 있다. 그러나 연구 동향이 여전히 정치적·외교적·무역사적 측면에 편중되거나 조선통신사 수행원들의 사행기록을 중심으로 한 문학적 접근에 치우치고 있으며, 또한 통신사들의 편견이 담긴 일본 사회에 대한 묘사를 그대로 받아들이는 경우가 빈번한 실정이다. 그리하여 에도 시대 당시 일본 사회의 실제적 모습과 일본인들의 조선관에 대한 접근이 부족하거나 또는 근세 일본 문화 속의 조선통신사에 대한 인식 및 영접 과정, 나아가 통신사 교류가 일본의 서민문화 및 사회 등에 어떠한 영향을 미쳤는지에 대한 연구는 여전히 매우 미흡한 상황이라고 할 수 있다.

따라서 전근대 시기 일본 사회에 한류열풍을 불러일으킨 조선 후기 통신사 문화교류가 일본 문화에 미친 영향에 대해 구체적이고 실제적으로 접근함으로써 근세 한일 대중문화교류의 실상에 대해 규명하는 것을 이 책의 연구 목적으로 삼는다. 구체적으로 문헌 및 회화사료 등을 통해 일본 근세 에도 막부의 통신사 영접 준비 과정 및 에도성 내 국서전명식 의례과정을 분석하고 검토할 것이다.

에도 막부는 16세기 중반에 유입되었던 그리스도교 및 남만문화의 강력한 보급과 확대에 위협을 느껴 17세기 중엽 쇄국체제를 수용했고 이는 결국 다른 나라와의 외교관계 축소로 이어졌다. 정식 외교관계를 맺은 나라는 조선뿐이었다. 조선 후기의 통신사는 한일 양국의 대표적 외교사절단이자 문화사절단이었던 것이다.

조선왕조의 통신사 일행은 한양에서 출발하여 부산에 이르러 해상 운행에 적합한 날씨를 기다린 후, 쓰시마에서 마중 나온 영빙참판사(일명 통신사호행차왜)의 안내를 받으며 배를 타고 쓰시마에 상륙한다. 그리고 다시 제반 준비를 갖추어 에도(江戸: 현재의 도쿄)를 향하여 미나미 길을 떠난다. 쓰시마에서 오사카(人坂)까지는 해로를, 오사카에서 에도까지는 육로를 이용했는데 모두 수천 명이나 되는 대규모 인원이 동원되었다. 제6차 통신사행 접대 경비로 무려 100만 냥(메이레키 1년인 1655

년)이라는 막대한 재정 부담을 짊어져야만 했던 외교 행사였지만, 에도 막부의 쇼군(將軍) 및 서민들에게는 일생일대의 잔치였다고 기술되어 있다. 1709년(호에이 6년) 에도 막부의 세입이 76~77만 냥이었다는 점을 감안할 때 통신사의 접대비 100만 냥은 실로 엄청난 금액임을 알 수 있다. 그뿐만 아니라 막부는 통신사가 지나가는 각 지방[藩]에 통신사 영접을 소홀히 하는 일이 없도록 거듭 지시하여, 각 지방이 부담했던 접대 경비 또한 결코 적지 않았음을 찾아볼 수 있다.1) 통신사를 영접하는 항구에서는 통신사의 숙박·수송을 위한 선박 및 식량을 준비했으며, 육로에 있는 지방에서는 숙박소 또는 휴게소, 수송을 위한 인부, 말, 식량 등을 준비해야 했기 때문에 막대한 경비가 소요되었다.2)

조선의 사절단은 어디까지나 상국의 사절맹(使節盟)으로 자처했다. 상국 사신으로서의 체통을 지키기 위해 학문 및 인품이나 외모까지 고려하여 사절 단원을 선출했기 때문에, 파견기간 동안 상국 사신으로서 행동하고 또 거기에 합당한 대우를 받으려고 노력했음을 알 수 있다. 오사카 시내를 지나는 조선통신사 행렬은 에도 막부로 참근교대하는 다이묘(大名) 행렬과는 비교할 수 없을 만큼 화려하고 성대했으며, 요도강(淀川) 양측에서 무리를 지어 환호하는 구경꾼 사이로 행렬이 지나갔다고 한다.

통신사의 인기는 숙소에 도착해서도 사그라지지 않았다. 1719년(제9차 통신사행) 당시의 제술관이었던 신유한(申維翰)이 저술한 『해유록(海遊錄)』에 기록되어 있듯이, 조선인의 시문과 서화를 얻기 위해 온갖 수단과 방법을 동원하여 통신사 일행이 머무는 숙소로 몰려온 학자 및 상인, 서민들 때문에 제대로 식사를 하거나 잠을 잘 수도 없었다는 체험담은

---

1) 『通航一覽』 卷36 朝鮮國部十二, 「來聘御用掛附御書付類 御褒美等 正德度」.
2) 高正晴子, 『朝鮮通信使の饗応』(明石書店, 2001), 226面.

우리가 익히 알고 있는 바이다.

한편 에도 막부가 이러한 막대한 재정 부담에도 불구하고 통신사 파견을 조선 정부에 요청했던 까닭은 무엇이었으며, 또 어떠한 의례 및 정치적 절차를 통해 파견을 요청하는 의사결정이 이루어졌던 것일까. 기존의 통신사 연구들은 대체로 통신사의 사행록을 중심으로 조선 왕조 수도인 한성(漢城)에서 출발하여 에도 막부 수도인 에도에 이르는 과정 및 상호 인식, 즉 외교적·문화적 교류 차원에 집중된 것으로 보인다. 최근 수년간은 조선통신사문화사업회의 활발한 활동으로 통신사 행렬의 재현에 대한 관심이 고조되었다. 그러나 통신사행의 가장 중요한 임무인 국서전명식 절차 및 에도 시가지와 에도성 내 통신사의 모습 등에 대한 구체적인 연구는 아직까지 많다고 말할 수 없을 것이다.

다시 말해 에도 시대의 중앙 정부에 해당하는 막부를 비롯하여 각 번, 쓰시마 등에서 실제로 어떠한 수속과 절차를 거쳐 통신사 초빙이라는 의사결정에 이르렀으며, 또 구체적인 초빙과정의례를 두고 조선왕조와 에도 막부 사이의 의견 조율은 어떠했던가, 나아가 최종 목적지인 에도에 도착한 통신사의 행적 및 에도성 내 국서전명식의 구체적 의례 과정 등은 어떻게 진행되었는가 등에 대한 구체적인 분석이 매우 적은 실정이다.

이 책에서는 에도 시대 이후 전래되어온 일본 측 문헌사료 및 우키요에(浮世繪) 등의 회화 자료를 통해 당시 일본의 정치·문화·사회 속에서 나타난 조선 후기 통신사 문화교류에 대해 중점적으로 살펴보고 그 의의를 검토하고자 한다. 구체적으로 조선 후기 총 12회에 걸친 통신사행 중 제8차(1711년) 신묘통신사행에 대한 정밀한 분석을 통해서 18세기 에도 공간 속의 통신사 모습을 재현할 것이다.

1711년 신묘통신사행은 총 12회의 사행 중 다음의 다섯 가지 점에서 자세하게 살펴볼 필요가 있다. 첫째, 이 통신사행의 도중·등성·귀로행렬의 전모를 묘사한 일련의 긴 두루마리 그림이 현재까지 보존되어 있어서 18세기 초반 한일 양국의 전례의식 및 외교·사회상에 대해 매우 구체적으로 접근할 수 있다. 둘째, 18세기 초 일본의 유명한 유학자인 아라이 하쿠세키[3]가 주장한 통신사행의 빙례의식 개혁과 간소화는 당시 에도 막부의 지식인 및 조선왕조에 많은 논란을 불러일으켰으며, 이후 에도 막부 말기 및 메이지 초기에 이르는 국학 및 일본의 근대 사상 전개에 적지 않은 영향을 미쳤다. 셋째, 에도성 혼마루(本丸)에서 이루어지는 국서전명식 의례 절차 및 과정에 대해 이례적으로 상세하게 묘사된 기록들이 남아 있다. 아라이 하쿠세키의 개혁과 관련된 것으로 볼 수 있지만 에도성 내 공간구조 및 외교전례의 구체적 진행에 대해서 시사하는 바가 적지 않다. 넷째, 제8대 쇼군 도쿠가와 요시무네(德川吉宗: 쇼군 재직 기간은 1716~1745년)의 즉위와 더불어 하쿠세키가 정치적으로 퇴진하면서 그가 주장했던 빙례개혁이 폐지되어 제9차(1719년) 통신사행의 경우 다시 이전의 덴나(天和) 연간(1681~1684년)의 구례(舊禮)에

---

3) 아라이 하쿠세키(新井白石: 1657~1725년)는 에도 중기의 대표적인 학자이자 정치가이다. 처음에는 부친 마사나리(正濟)와 더불어 구류리(久留里)번에서 번주의 총애를 받으며 근무했으나, 번주 사후에 추방되어 낭인으로 떠돌다가 1693년(겐로쿠 6년) 스승 기노시타 준안(木下順庵: 1621~1698년)의 추천으로 고후(甲府) 번주 도쿠가와 쓰나토요(德川綱豊)를 모시게 되었다. 쓰나토요가 에도 막부 제5대 쇼군의 세자(이에노부로 개명함)가 되고, 얼마 안 있어 제6대 쇼군으로 취임하자 하쿠세키는 시강(侍講) 신분으로서 제6대 쇼군을 보좌하는 주요 인물로 등장하게 되었다. 그는 쇼토쿠(正德) 1년(1711년) 이후 쇼군의 정치고문으로서 막부 내정 및 외교 양 방면의 대개혁을 주도했으며, 제7대 쇼군 이에쓰구(家繼) 시대까지 금은화 개혁 및 나가사키 무역규제를 비롯하여 대조선외교 개선, 대류큐(琉球) 외교 강화 등을 추진했다. 이러한 하쿠세키의 헌신적인 노력에 대해 제6대 쇼군 이에노부는 '일체분신(一體分身)'이라며 지지를 표명했다고 한다. 때문에 막부 내부에서는 그를 '귀신'이라고 부르며 두려워했다고도 한다.

〈표 1〉 조선 후기 통신사행의 구성

회차	연대			삼사의 이름 (정사, 부사, 종사관 순서)	사행 목적	인원 (명)	사행록(저자)
	서기	조선왕조	에도 막부				
1	1607	선조 40	게이초 (慶長) 12	여우길(呂祐吉) 경섬(慶暹) 정호관(丁好寬)	수호, 회답 겸 쇄환	504	『海槎錄』(경섬)
2	1617	광해군 9	겐나 (元和) 3	오윤겸(吳允謙) 박재(朴榟) 이경직(李景稷)	오사카 평정, 회답 겸 쇄환	428	『東槎上日錄』(오윤겸) 『東槎日記』(박재) 『扶桑錄』(이경직)
3	1624	인조 2	간에이 (寬永) 1	정립(鄭岦) 강홍중(姜弘重) 신계영(辛啓榮)	3대 쇼군 이에미쓰 (家光)의 계승 축하, 회답 겸 쇄환	460	『東槎錄』(강홍중)
4	1636	인조 14	간에이 (寬永) 13	임광(任絖) 김세렴(金世濂) 황호(黃㦿)	태평성대의 축하	478	『丙子日本日記』(임광) 『海槎錄』(김세렴) 『東槎錄』(황호)
5	1643	인조 21	간에이 (寬永) 20	윤순지(尹順之) 조경(趙絅) 신유(申濡)	이에미쓰의 아들인 이에쓰나(家綱)의 탄생 축하	477	『東槎錄』(조경) 『海槎錄』(신유) 『癸未東槎日記』
6	1655	효종 6	메이레키 (明曆) 1	조형(趙珩) 유창(兪瑒) 남용익(南龍翼)	4대 쇼군 이에쓰나의 계승 축하	485	『扶桑日記』(조형) 『扶桑錄』(남용익)
7	1682	숙종 8	덴나 (天和) 2	윤지완(尹趾完) 이언강(李彦綱) 박경후(朴慶後)	5대 쇼군 쓰나요시 (綱吉)의 계승 축하	473	『東槎錄』(김지남) 『東槎錄』(홍우재)
8	1711	숙종 37	쇼토쿠 (正德) 1	조태억(趙泰億) 임수간(任守幹) 이방언(李邦彦)	6대 쇼군 이에노부 (家宣)의 계승 축하	500	『東槎錄』(임수간) 『東槎錄』[김현문(金顯門)]
9	1719	숙종 45	교호 (享保) 4	홍치중(洪致中) 황선(黃璿) 이명언(李明彦)	8대 쇼군 요시무네 (吉宗)의 계승 축하	475	『海槎日記』(홍치중) 『海游錄』(신유한) 『扶桑紀行』[정후교(鄭后僑)] 『扶桑錄』[김흡(金潝)]
10	1748	영조 24	엔쿄 (延享) 5	홍계희(洪啓禧) 남태기(南泰耆) 조명채(曹命采)	9대 쇼군 이에시게 (家重)의 계승 축하	475	『奉使日本時見聞錄』 (조명채) 『隨使日錄』[홍경해(洪景海)] 『日本日記』
11	1763	영조 40	호레키 (宝曆) 14	조엄(趙曮) 이인배(李仁培) 김상익(金相翊)	10대 쇼군 이에하루 (家治)의 계승 축하	477	『海槎日記』(조엄) 『癸未使行日記』[오대령 (吳大齡)] 『癸未隨槎錄』·『日本錄槎上記』[성대중(成大中)] 『日東壯遊歌』[김인겸 (金仁謙)]
12	1811	순조11		김이교(金履喬) 김면구(金勉求)	11대 쇼군 이에나리 (家齊)의 계승 축하	328	『辛未通信日錄』(김이교) 『東槎錄』[유상필(柳相

| | 분카
(文化) 8 | 종사관은 폐지 | | 弥)]
『島遊錄』[김선신(金善
臣) |

자료: 조선통신사문화사업회, 『조선시대 통신사 행렬』, 28~29쪽(해제) 참조.

따라 이루어졌으며, 오히려 종전보다 더 화려하고 융성한 통신사 영접이 준비되었다. 다섯째, 통신사와 하야시 노부아쓰(林信篤: 1644~1732년), 아라이 하쿠세키, 무로 규소(室鳩巣: 1658~1734년) 등 에도 지식인들 사이의 왕성한 학문 교류를 찾아볼 수 있다. 특히 아라이 하쿠세키와 통신사 삼사의 필담문집 『강한필담(江閑筆談)』 및 임수간이 쓴 『동사일기(東槎日記)』 등에서 그 구체적인 양상을 찾아볼 수 있다.

조선 전기에는 대체로 100명 내외의 통신사절이 대략 2척의 선박으로 일본에 파견되었던 것 같다. 성종 6년(1475)의 통신사조례에 따르면 그 구성은 정사(正使) 1명, 부사(副使) 1명, 서장관(書狀官) 1명, 통사(通事) 3명, 압물(押物) 2명, 의원(醫員) 1명, 영선(領船) 2명, 반관(伴館) 5명, 악공(樂工) 3명, 지로왜(指路倭) 2~3명, 선장(船匠) 2명, 치장(治匠) 2명, 화통장(火筒匠) 2명, 취라장(吹螺匠) 2명, 군관(軍官) 수 명, 나관(螺官) 4명, 집찬관노(執饌官奴) 2명, 선상관열(船上慣熱) 55명 등 모두 90명 정도였다.[4]

그러나 임진왜란 이후 1811년에 이르기까지 모두 12회에 걸쳐 일본에 파견된 조선 후기 통신사절단은 1607년의 첫 통신사가 교토(京都), 그리고 1811년의 마지막 12회째 통신사가 쓰시마에서 영접 받은 것을 제외하면, 나머지 10회 모두 도쿠가와 막부의 에도성에서 영접 받았다. 조선 후기 통신사는 그 규모도 매우 확대되어 500명 내외의 인원으로 증가했으며, 이를 호송하는 쓰시마번주 및 일본 각 지방 영주들의 인원을 포함하여 2,000여 명이 훨씬 넘는 대규모 사절단 호송 행사가 관례

4) 민족문화추진회, 『국역 해행총재 I』(1984), 17쪽.

16

화되고 있었음을 알 수 있다. 시·공간적으로도 한반도의 한양에서부터 부산, 일본의 쓰시마를 거쳐 수도인 에도까지 대체로 1년 남짓의 시간이 걸리는 긴 여정이었다.

조선 후기 210여 년 동안 12회에 걸친 통신사행 규모에 대해 개괄적으로 살펴보면 다음과 같다(<표 1> 참조). 1607년(선조 40) 정사 여우길 이하 504명, 1617년(광해군 9) 정사 오윤겸 이하 428명, 1624년(인조 2) 정사 정립 이하 460명, 1636년(인조 14) 정사 임광 이하 478명, 1643년(인조 2) 정사 윤순지 이하 477명, 1655년(효종 6) 정사 조형 이하 485명, 1682년(숙종 8) 정사 윤지완 이하 473명, 1711년(숙종 37) 정사 조태억 이하 500명, 1719 년(숙종 45) 정사 홍치중 이하 475명, 1748년(영조 24) 정사 홍계희 이하 475명, 1763년(영조 40) 정사 조엄 이하 477명, 1811년(순조11) 정사 김리교 이하 328명이다.

각 통신사행의 구성은 삼사(정사·부사·종사관)를 비롯하여 제술관·사자관(寫字官)·서기·통사(통역사)·군관·악공·재인·화원·의원·숙수·격군 등 다양한 수행원들로 구성되어 있으며, 공식 외교문서인 국서라 불리는 서계(書契)를 비롯하여 별폭(別幅)5)이라는 물목의 많은 선물을 가지고 갔다.

---

5) 별폭은 선물의 목록을 말하는데, 이것을 별폭이라고 한 이유는 서계외 문서에 사명의 목적과 용건을 기재하고 그 문미나 혹은 별지에 예물로서 보내는 선물의 종류와 수량을 적어서 별도로 문서가 작성되었기 때문이다. 이 별폭에 기재된 선물을 보내는데, 이때 물목의 많고 적음은 상대방의 지위에 따라 결정된다.

1부
에도 막부의 준비 과정

1 장
에도 막부의 차왜파견

  신묘통신사, 즉 제8차 통신사행은 에도 막부 제6대 쇼군 도쿠가와 이에노부(德川家宣)의 쇼군직 계승을 축하하기 위해 파견되었다. 총 인원은 정사 조태억, 부사 임수간, 종사관 이방언 등 삼사를 포함하여 500명이었다. 신묘통신사절은 1711년 5월 15일 홍정전(興政殿)에서 숙종을 알현한 후 한양을 출발하여 6월 4일 동래에 입성했고, 항해에 적합한 날씨를 기다려 7월 5일 바다를 건너 쓰시마에 도착했다. 그 후 쓰시마번의 번주가 머무는 후나이(府內: 현재의 이즈하라)에 잠시 머물며 외교문서 및 의례 등에 대한 최종 교섭 절차를 거친 다음 동쪽으로 이동하여 오사카를 지나 10월 18일, 최종 목적지인 에도에 입성했다. 그리고 11월 1일 에도성에서의 국서전명식을 마치고 11월 19일 귀로에 올라 이듬해(1712년) 쓰시마를 거쳐 1712년 2월 25일 동래부 좌수영 남천으로 귀국했다. 동년 3월 9일 한양으로 돌아오기까지 시간적으로는 모두 289일, 이동 거리로는 수륙노정 모두 합쳐 574여 리에 이르는 긴 노정의 사행이었다.

  신묘통신사 사행의 출발 과정의 첫 단계로서 먼저 일본 측에서 통신사 파견을 요청하기 위해 보내는 사자, 즉 차왜파견 과정에 대해 살펴보기로 하겠다.

일반적으로 조선 후기 일본으로 파견되는 통신사의 경우 에도 막부로부터 요청을 받아 대개 다음과 같은 절차로 전개되었다. 특히 이 과정은 쓰시마번에서 담당했는데 쓰시마번은 에도 막부의 지시와 의향을 검토한 후 다섯 차례에 걸쳐 차왜[일본에서는 참판사(參判使)라고 부른다]를 파견하며 통신사 내빙을 위한 실무 준비를 했다. 이를 구체적으로 살펴보면 전 쇼군의 서거 소식을 알리는 '관백고부차왜(關白告訃差倭)'[1]를 비롯하여 새로운 쇼군의 즉위 소식을 알리는 '관백승습고경차왜(關白承襲告慶差倭)'[2], 이어 통신사 내빙을 요청하는 '통신사청래차왜(通信使請來差倭)'[3], 통신사를 호위해 부산에서부터 모셔가기 위해 파견된 '통신사호행차왜(通信使護行差倭)'[4], 마지막으로 모든 일정을 마치고 쓰시마에

---

1) 『국역增正交隣志』 卷2, 54面. 관백, 즉 쇼군의 죽음을 알리기 위해 파견된 차왜로 예조참판·예조참의·동래부사·부산첨사 등에게 서계를 통해 고지했다. 관백고부차왜의 인적 구성은 정관(正官)·도선주(都船主)·봉진압물(封進押物) 각 1명, 시봉(侍奉) 2명, 반종(伴從) 16명, 격왜(格倭) 70명의 모두 91명이며, 그 외 견선(牽船)·각선(脚船)·수목선(水木船) 각 배에 격왜 20명이 동반하기도 했다. 왜관에 머물 수 있는 기한은 60일, 숙공(熟供)은 5일이며, 체재기간 중 하선다례(下船茶禮)·하선연(下船宴)·별연(別宴)·예단다례(禮單茶禮)·상선연(上船宴)이 각각 한 차례씩 예정되어 있었다. 고부차왜의 구성 및 다례와 연향접대, 지공, 육물, 왜관 체재 기간에 관한 규정은 이후 연이어 파견되는 관백승습고경차왜·통신사청래차왜·통신사호행차왜 등에 그대로 적용되었다. 한편 1651년(3대 쇼군 서거)부터 1868년(14대 쇼군 서거)까지 관백고부차왜가 모두 아홉 차례 도래했음을 알 수 있다.

2) 『국역增正交隣志』 卷2, 57面. 『변례집요』, 『동문휘고』 등에 따르면 1624년(3대 쇼군 당시)부터 1858년(14대 쇼군 당시)에 이르기까지 총 열두 차례 관백승습고경차왜가 도래했다.

3) 『국역增正交隣志』 卷2, 62面. 일본에서는 청빙사(請聘使)라고 부르며, 1636년(제4차)부터 1811년(제12차)까지 모두 아홉 차례 도래했다.

서 동래로 귀국하는 통신사행을 호위하기 위해 파견된 '통신사호환차
왜(通信使護還差倭)'[5] 등 모두 다섯 차례에 걸쳐 도래한 것을 알 수 있다.
이 외에 때때로 통신사 파견과 관련된 제반 절차 등을 의논하기 위해
파견되는 '통신사의정차왜(通信使議定差倭)'[6], 통신사행 파견 바로 직전
해에 파견되는 '내세당송신사차왜(來歲當送信使差倭)'[7] 등의 차왜가 간혹
도래하기도 했다.

여기서는 제8차 신묘통신사행(1711년)을 준비하기 위해 도래했던 관
백고부차왜부터 통신사호환차왜에 이르는 각 과정을 구체적으로 검토
하고자 한다. 나아가 초량왜관(草梁倭館)을 통한 동래부와 쓰시마의 의견
조율 과정, 쓰시마를 매개로 한 에도 막부와 조선왕조 사이의 외교 교섭
및 실무 동향 등에 대해서도 면밀하게 살펴보고자 한다.

1. 관백고부차왜

1709년 1월 10일 에도 막부의 제5대 쇼군 도쿠가와 쓰나요시가 죽

---

4) 『국역增正交隣志』卷2, 63面. 일본에서는 영빙사(迎聘使)라 하며 1655년(제6
차)부터 1811년(제12차)까지 모두 일곱 차례 도래했다.

5) 『국역增正交隣志』卷2, 65面. 일본에서는 송빙사(送聘使)라고 부르며 1643년
(제5차)부터 1811년(제12차)까지 모두 여덟 차례 도래했다.

6) 『국역增正交隣志』卷1, 26面. 총 네 차례 파견되었는데, 1791년·1805년·1808
년 세 차례의 파견은 1811년 쓰시마의 역지빙례 통신사행에 대해서 의논하기
위한 것이었다. 그리고 1861년의 네 번째 파견은 통신사 초빙을 논의하기 위해
서였으나 막부 말기의 혼란으로 통신사는 결국 파견되지 못했다.

7) 『국역增正交隣志』卷2, 63面. 이듬해에 통신사를 파견해달라고 요청하기 위해
도래하는 차왜로서 1653년 10월 제6차 통신사행을 위해 후지 나리가타(藤成方)
가 도래한 것이 유일한 사례로 꼽힌다.

자 이를 알리는 관백고부차왜가 파견되었다. 여기서는 관백고부차왜로
서 정관 히구치 나이키(樋口内記) 등이 파견되는 1709년 5월 21일부터
이에 대한 조선 측의 조위사(弔慰使)를 모셔가기 위해 사자가 파견되는
10월 말까지 약 6개월 동안의 움직임에 대해 살펴보기로 한다.

에도 막부는 5월 1일 도쿠가와 이에노부가 제6대 쇼군으로 즉위하자
전 쇼군의 서거 소식과 새로운 쇼군의 즉위 소식을 알리기 위한 준비(관
백고부차왜와 관백승습고경차왜)를 서두르게 되었다. 특히 새로운 쇼군의
즉위 소식을 알리는 관백승습고경차왜 파견의 경우, 종전의 관례대로
한다면 조선국 통신사를 초빙하는 예비 행사이기도 했으므로 이에 수반
되는 제반 준비가 복잡하고 다양했다. 그러므로 무엇보다도 먼저 전
쇼군의 서거 소식을 알리는 관백고부차왜의 파견이 시급했다. 먼저 그
사행단의 결성 및 파견, 임무 등을 고찰해보기로 하자.

에도 막부는 쇼군이 바뀌자 관례대로 통신사를 초빙하기로 결정하면
서 향후 전개될 복잡하고 다양한 업무를 처리하기 위해 우선 총괄책임
자를 선정해야 했다. 즉, 조선어용 총괄책임자로서 조선어용 로추(老中=
장관) 및 쓰시마번주의 조선어용 재임명 절차가 제일 먼저 필요했다.
이에 에도 막부의 고쓰기반(御月番) 로추 가와치노카미 이노우에 마사미
네(河内守 井上正岑: 재직 기간은 1705~1722년)는 1709년 4월 12일 조선
외교를 전담해온 쓰시마번주 쇼 요시가타(宗義方)에게 재차 조선어용을
맡도록 명령을 내리고, 4월 23일 선례를 참작하여 로추 쓰치야 사가미
노카미 마사나오(土屋相模守政直: 1641년~1722년)[8]를 조선어용 로추[9]로

<hr>

8) 쓰치야 마사나오는 1687년부터 1718년까지 약 30년 동안 에도 막부의 로추직을
맡았으며, 특히 1705년 4월부터는 조선어용 로추로 임명되어 1718년 고령을
이유로 그만둘 때까지 약 13년 동안 조선어용 로추를 겸했다. 제8차 신묘통신사
행에도 조선어용을 총괄 지시했다.
9) 『通航一覽』 卷36 朝鮮國部十二, 「來聘御用掛附御書付類 御褒美等 正德度」, 460

재임명함으로써 준비체제에 돌입했다.

그리하여 조선어용 로추를 다시 겸임하게 된 사가미노카미 쓰치야 마사나오는 바로 다음 날(4월 24일) 쓰시마번 에도 류수이(留守居)[10] 야마가와 사쿠자에몬(山川作左衛門)을 호출하여 제4대 쇼군(도쿠가와 이에쓰나, 1641~1680년)과 제5대 쇼군(도쿠가와 쓰나요시, 1646~1709년) 이래의 조선통신사 초빙 선례를 조사해 문서로 제출할 것과 새로운 쇼군 즉위를 알리는 외교문서의 작성을 지시했다.[11]

이에 5월 2일 쓰시마번의 에도가로(江戶家老) 히라다 나오우에몬(平田直右衛門)이 조선어용 로추 쓰치야 마사나오의 집을 방문하여 그의 실무

面. "호에이 2 을유년(1705년 — 지은이) 4월 23일 조선어용에 대해 쓰치야 사가미노카미가 맡을 것. 외국과의 일이므로 거듭거듭 유념하여 시행하도록 할 것(宝永二乙酉年四月貳拾三日 朝鮮御用之儀 土屋相模守之可申談 異國之儀 爲大切之間 彌入念可申旨)."

10) 류슈이는 각 번의 에도 저택에 설치된 관직명으로 막부 및 다른 번들과 연락 업무를 맡았다.

11) 『正德信使記錄』第四冊, 「寶永六己巳歲家宣公就御替朝鮮國江告慶參判使杉村三朗左衛門被差渡候覺書」. "에도에서 4월 24일 쓰치야 사가미노카미님께서 류수이(쓰시마번의 에도번저 — 지은이) 야마카와 사쿠자에몬을 호출해 다음과 같이 명령했다. 겐유인(4대 쇼군 — 지은이) 및 조켄인(5대 쇼군 — 지은이) 두 시대의 조선인 초빙과 관련된 사항을 상세하게 조사하여 서면으로 제출하라는 것이었다. 이에 옛날 선례를 조사하여 문서로 기록하여 5월 2일 쓰시마번 에도가로 히라다 나오우에몬을 보내어 오가사하라(조선어용 로추 겸임 쓰치야 마사나오의 실무 담당관 — 지은이)에게 제출, 면담했다. (중략) 이어서 로추 쓰치야는 쇼군의 대가 바뀌었음을 알리는 문서도 만들어 가져오도록 명령했다(江戶にて四月廿四日 土屋相模守樣江御留守居山川作左衛門被召寄御取頭を以被仰出候ハ 嚴有院樣 常憲院樣 兩御代に 朝鮮人來聘之事 委細書付差出候樣にと之御事に付 右之旧例相考 帳面相認 五月二日 平田直右衛門を以被差之 御用人小笠原隼郎助江致面談候處 (中略)朝鮮江 將軍宣下相濟候付 御代替之義被仰遣候 御案內之書付茂 同前に差出可然旨被申聞る)."

관료인 오가사하라 하야로스케(小笠原隼郎助)와 면담했다. 5월 6일 히라다 나오우에몬은 재차 로추 쓰치야의 관료인 오쿠다 요쇼자에몬(奧田与惣左衛門)에게 면담을 요청하고 4월 24일 지시받았던 사항에 대해 조사하여 작성한 『메이레키신사 요약서(明曆信使拔書)』, 『덴나신사 요약서(天和信使拔書)』, 『덴나신사 등성 관련 문서(天和信使登城關連書付)』의 서책 세 권을 제출했다. 동시에 새로운 쇼군 즉위를 기념하여 종전 관례대로 2년 뒤(1711년)에 통신사를 에도로 영빙할 수 있도록 준비하라는 로추 쓰치야의 명령을 받아 그 준비 절차와 관련하여 몇 가지를 건의하며 사실을 확인하고 있다. 구체적으로 보면 첫째, 통신사 영빙 요청 이전에 먼저 전 쇼군(5대 쇼군 쓰나요시)의 서거를 신속하게 조선에 알려야 한다는 것, 둘째, 조선에서 파견되어올 전 쇼군 서거에 대한 조위사의 영접 준비가 필요하다는 것, 셋째, 전자의 두 가지 절차와 수속을 수행하기 위해서는 조선왕조와 왕래할 많은 제반 절차가 필요하므로 쓰시마번주가 휴가를 받아 에도로부터 쓰시마로 귀국할 필요성이 있다는 것 등을 강조하여 그 귀국 허가를 신청한 것이다.

쓰시마번은 한시라도 빨리 전 쇼군의 서거를 알리기 위해 1709년 5월 21일 예조참판 및 예조참의·동래부사·부산첨사에게 보내는 서계 및 별폭12) 등을 지참한 히구치 나이키 등 일행을 관백고부차왜로서

---

12) 『正德信使記錄』第四冊, 「寶永六己巳歲綱吉公就薨御朝鮮國江告訃使樋口內記被差渡候覺書」. "가지고 온 참판·참의·동래부사·부산첨사에게 보내는 서한 및 별폭은 다음과 같다.
  "일본국 쓰시마주 태수 습유 다이라 요시가타는 삼가 아뢰옵니다.
  조선국 예조참판 대인 각하에게
  최근 저희 나라 변고를 고하는 바이옵니다. 저의 대군께서 편치 못하여 초봄 10일 갑작스럽게 돌아가시어 신민들이 슬퍼하여 땅을 치며 울부짖으니 말할 바를 알지 못하겠습니다. 이에 정관 평진치·도선주 등정칙·봉진 등을 파견하여 이를 전달하고 별지에 변변치 못한 사례를 담아 송구하오나 성신의 마음을

조선으로 파견했고, 일행은 당일 초량왜관에 도착했다.[13] 이에 5월
22~23일 왜관을 방문한 동래부 훈도(訓導) 김홍자(金洪刺) 및 역관들을
통해 이 소식이 조선왕조로 전달되었으며, 이들의 체재기간 중인 9월
4일에는 다례(茶禮), 9월 12일에는 봉진연(封進宴), 9월 28일에는 중연석
(中宴席), 10월 28일에는 출연석(出宴席) 등이 베풀어졌다.

에도 막부 측에서 파견한 관백고부차왜에 대한 답례로 조선 측에서

전달하고자 하옵니다. 삼가 바라오니 이러한 불선(아직 할 말은 많으나 다 쓰지
못한다는 뜻 — 지은이)을 헤아려 주시길 비옵니다.
호에이 6 기사년 2월 일
쓰시마주 태수 습유 다이라 요시가타
별폭
채색 그림이 그려진 벼루 1개
야마토 진주 5근
금박 소병풍 1쌍
비취색 밀랍 20개
붉은 동으로 두른 오수반 1개
정
호에이 6 기사년 2월 일
(告訃使持渡參判參議東萊釜山江之御書簡別幅左記之 / 日本國對馬州太守拾
遺 平 義方 奉復 / 朝鮮國禮曹參判大人 閣下 / 玆諗 本邦變故 / 貴大君不豫孟
春十日奄冉 / 上仙臣民攀號不知所言 仍遣正官平眞致 都船主藤政則 封進等
專達此意 別楮菲儀 聊旌誠信 總冀崇照謹此不宣 / 寶永六己巳 二月 日 / 對
馬州太守拾遺 平 義方 / 別幅 / 彩畵掛硯壹備 / 大和眞朱伍斤 / 貼金小屏風壹
雙 / 粹鑞中茗盌貳拾箇 / 赤銅界伍盌盤壹部 / 整 / 寶永六己巳 二月 日)."
13) 『正德信使記錄』 第四冊, 「寶永六己巳歲綱吉公就薨御朝鮮國江告訃使樋口
內記被差渡候覺書」 관백고부차왜 구성은 본래 91·110명으로 알려져 있다.
한편 제5대 쇼군 이에쓰나의 서거를 알리는 관백고부차왜 일행 중에서 구체적
으로 인명을 파악할 수 있는 것은 정관 히구치 나이키(휘하 14명), 도선주 이치
노미야 마타우에몬(一宮又右衛門)(휘하 10명), 봉진압물 후나바시 추우에몬
(船橋忠右衛門)(휘하 7명) 등이다.

〈표 1-1〉 관백고부차왜의 도래

파견 사자		연월일	내용
일본	관백고부차왜	1709	1.10	5대 쇼군 쓰나요시 서거
			4.12	로추 이노우에 가와치카미, 쓰시마번주를 조선어용으로 재임하도록 명함
			4.23	로추 이노우에 가와치카미, 로추 쓰치야 사가미노카미를 조선어용으로 임명함
			4.24	로추 쓰치야 사가미노카미, 쓰시마번 에도번저 가로(家老)를 소환·지시(관련 문서 제출)
			5.2	쓰시마번 에도가로, 조선어용 로추 쓰치야 측 관료와 면담·상의
			5.6	쓰시마번 에도가로, 조선어용 관련 문서를 조선어용 로추(쓰치야) 측에 제출
			5.21*	관백고부차왜(히구치 나이키 등), 초량왜관 도래
			5.22 ~23	동래부 훈도 김홍자 등이 초량왜관을 방문, 쇼군 부고를 조선 예조에 전달함
			9.4	연향대청에서 다례 개최
			9.12	연향대청에서 봉진연 개최
			9.28	연향대청에서 중연석 개최
			10.16	쓰시마번에서 조선왕조 조위사를 영접할 사자인 쓰아마 고이치(陶山五市郎)가 초량왜관에 도래함
			10.28	연향대청에서 출연석 개최
조선	조위사	1710	1.12	조선왕조 조위사(당상관 변정욱 등)가 부산포를 출발하여 쓰시마에 도착함
			1.25	쓰시마번의 조선왕조 조위사를 위한 다례 설연
			2.5	쓰시마번의 조선왕조 조위사를 위한 만쇼인 연회 설연
			2.18	쓰시마번의 조선왕조 조위사를 위한 중연석 설연
			2.21	쓰시마번의 조선왕조 조위사를 위한 이테이안 연회 설연
			3.6	쓰시마번의 조선왕조 조위사를 위한 출연석 연회 설연
			3.19	조선왕조 조위사, 쓰시마 이즈하라에서 승선
			4.9	조선왕조 조위사, 부산포 도착 및 귀국

자료: 『正德信使記錄』第四冊, 「寶永六己巳歲綱吉公就薨御朝鮮國江告計使樋口內記被差渡候覺書」 참조.

파견될 조위사를 모셔가기 위해 쓰시마에서 파견된 사자가 동년 10월 16일 왜관에 도착했다. 제반 준비를 끝낸 다음, 이듬해(1710년) 1월 12일 조선왕조 조위사로서 당상관 변정욱(卞廷郁) 및 당하관 정만익(鄭晩益)

등 일행 89명이 부산포를 출발하여 쓰시마로 파견되었다. 이들 조위사 일행은 쓰시마번이 개최한 1월 25일의 다례를 비롯하여, 2월 5일의 반쇼인(万松院) 연회, 2월 18일의 중연석, 2월 21일의 이테이안(以酊庵) 연회, 3월 6일 출연석 등 다섯 차례에 걸친 연회를 받고 여러 가지 외교적 의례에 대한 논의와 업무를 마친 후 3월 19일 쓰시마에서 승선하여 4월 9일 부산포로 귀국했다.

관백고부차왜의 도래 및 이에 답변하는 형태로 파견된 조선왕조 측 조위사 파견에 이르는 제반 과정을 간략히 정리하면 <표 1-1>과 같다.

2. 관백승습고경차왜

1709년 5월 1일 제6대 쇼군으로 도쿠가와 이에노부가 즉위한 것을 조선에 알릴 관백승습고경차왜의 파견도 필요했다. 이에 쓰시마번주 쇼 요시가타는 관례에 따라 관백승습고경차왜를 파견하기 위해 동년 5월 6일, 그 필요성을 기록한 문서[口上書]를 조선어용 로추(쓰치야 마사나오)에게 올려 막부의 동의를 구했다.

이에 조선어용 로추는 다른 로추들과 상의해 쇼군의 의사를 타진한 다음 관백승습고경차왜의 파견을 허가했다. 쓰시마 에도번저의 가로와 조선어용 로추 쓰치야의 실무 담당자들 사이에 여러 차례 왕래가 이루어졌고 그들이 관백승습고경차왜의 파견 시기 및 가지고 갈 외교문서의 내용 등에 대해 의견을 조율한 결과, 마침내 7월 7일 관백승습고경차왜 사절단이 구성되었다.

쓰시마의 이테이안은 관백승습고경치왜가 조선왕조에 전달할 외교문서의 작성을 일임 받아 예조참판·예조참의·동래부사·부산첨사 등에게 보낼 서계(書契)를 작성했다. 제반 준비를 완료한 관백승습고경차왜

〈표 1-2〉 관백승습고경차왜 도래 과정

연월일		내용
1709	5.1	제6대 쇼군 즉위
	5.6	쓰시마번주 요시가타, 조선어용 로추에게 관백승습고경차왜 파견 관례를 보고함
	7.7	관백승습고경차왜 사절단이 구성됨
	9.9	관백승습고경차왜(스기무라 사부로자에몬 등)가 쓰시마의 와니우라를 출발하여 당일 왜관에 도착함
	10.11	조선왕조 접위관인 홍문관수찬(이정제)·치주판사 등이 부산에 도착함
	11.3	연향대청에서 다례 개최
	11.16	연향대청의 봉진연 개최(부산첨사, 치주판사, 훈도, 별차/일본 측 관백승습고경차왜 참석)
	12.2	조선왕조의 답서가 동래부에 도착(홍판사·김판사)
	12.8	답서가 초량왜관 동향사의 검토를 거쳐 왜관에 접수됨
	12.15	연향대청에서 출연 개최
	12.26	관백승습고경차왜, 쓰시마를 향하여 초량왜관을 출발함

자료: 『正德信使記錄』第四冊, 「寶永六己巳歲家宣公就御替朝鮮國江告慶參判使杉村三朗左衛門被差渡候覺書」참조.

사신단은 1709년 9월 9일 아침 쓰시마 북쪽 와니우라(鰐浦)를 출발하여 그날 유각(酉刻: 오후 5~7시) 무렵 초량왜관에 도착했다. 관백승습고경차왜는 정관(正官) 스기무라 사부로자에몬(杉村三朗左衛門)을 비롯하여 도선주(都船主) 마쓰우라 기우에몬(松浦儀右衛門), 봉진압물(封進押物) 시마이 나가베(嶋居長兵衛) 등으로 구성되었다.[14]

관백승습고경차왜를 맞이하기 위해 동년 10월 11일에는 조선왕조 측 접위관으로서 홍문관 수찬(修撰) 이정제(李廷濟)와 치주판사(馳走判事)인 첨지(僉知) 한백옥(韓白玉), 판사(判事) 이구숙(李久叔) 등이 동래부에 도착했다. 11월 3일 조선 측 접위관의 참석하에 연향대청(宴饗大廳)에서 다례가 베풀어졌고, 11월 16일 역시 대청에서 부산첨사의 참석하에 봉진연이 설연되었으며, 여기에는 치주판사 2명과 훈도·별차, 일본 측

---

14) 『正德信使記錄』第四冊, 「寶永六己巳歲家宣公就御替朝鮮國江告慶參判使杉村三朗左衛門被差渡候覺書」.

관백승습고경차왜(정관·도선주·봉진압물) 및 초량왜관 측 관리[오가치 메스케(御徒目付) 1명, 고요코메(御橫目) 2명, 구미요코메(組橫目) 2명 등]들이 참석했다.

동년 12월 2일 조선왕조 답서의 사본(寫本)이 동래부에 도착하자 치주판사 첨지 한백옥과 판사 이구숙의 안내로 초량왜관에 머무는 관백승습고경차왜 정관 스기무라 사부로자에몬 및 도선주 마쓰우라 기우에몬에게 전달되었다. 초량왜관 내 동향사(東向寺)가 조선 측 답서를 면밀히 검토한 다음 수용의 뜻을 밝히자, 12월 8일 관백승습고경차왜에 대한 조선 측 답서(서계) 및 별폭이 정식으로 작성되어 왜관에 전달되었다.

이어서 관백승습고경차왜의 조선 출국을 위한 몇 차례 의례가 거행되었고, 동년 12월 15일 연향대청의 출연석 등을 거쳐 드디어 12월 26일 관백승습고경차왜는 조선 측 답서[예조참판 한성우(韓聖祐)·예조참의 조태로(趙泰老)·동래부사 권이진(權以鎭)·부산첨사 조세망(趙世望) 앞으로 보내진 서계에 대한 답서 4개 등]를 지참하고 쓰시마로 귀국했다.15)

3. 통신사청래차왜

쓰시마번의 통신사청래차왜 파견 과정은 1710년 2월부터 9월 6일까지 다음의 세 단계로 나눠진다.16) 먼저 첫 번째 단계로 통신사청래차왜

---

15) 『正德信使記錄』第四册, 「寶永六己巳歲家宣公就御替朝鮮國王江告慶參判使杉村三朗左衛門被差渡候覺書」

16) 『通航一覽』卷32 朝鮮國部八, 「宗氏通信使伺幷揖合」, 395面. "호에이 6 기축년(1709 ― 지은이) 4월 쇼 쓰시마노카미 요시가타에게 조선신사 내빙의 명령이 있었다. 내년이 되어 그 정확한 기일을 정할 것이지만 유쇼인 도노(쇼군의 아들이며 후일 제7대 쇼군 ― 지은이)에게 예물을 바치는 것과 집정들에

파견에 대한 에도 막부의 허락과 구체적인 외교업무를 상의하기 위해 에도로 사자를 파견하여 에도 막부의 최종 결정을 받아오는 단계(1710년 2월 12일~5월 3일)이다. 두 번째 단계는 통신사청래차왜단 구성과 조선왕조에 가져갈 서계(별폭 포함) 작성 및 이들이 이즈하라(嚴原)를 출발하여 동래부 초량왜관으로 파견되는 단계(5월 4일~22일)이다. 세 번째 단계는 초량왜관에 도착한 통신사청래차왜가 여기서 머물며 동래부 역관 등을 매개로 동래부 및 예조와 의견을 조율하는 단계(5월 23일~9월 5일)이다. 이하에서는 각각의 단계에 맞추어 통신사청래차왜 파견 과정을 고찰해보자.

1) 쓰시마번 사자의 에도 파견

제5대 쇼군 쓰나요시 서거를 알리는 관백고부차왜(히구치 나이키 등)가 1709년 5월 21일 동래부에 도착하자, 그에 대한 답례로서 조선국 측 조위사가 이듬해(1710년) 1월 12일 부산포에서 쓰시마로 파견되었다. 쓰시마번은 당장 파발[飛脚]을 에도로 보내어 조선왕조 조위사의 도착을 에도 쓰시마번저에 알렸다.

한편 쓰시마에서는 1710년 1월 25일, 쓰시마번주가 개최하는 다례연에서 관례대로 새로운 쇼군(도쿠가와 이에노부)의 계승을 축하하는 통

게 조선왕조 예조로부터 보내는 서한을 중지하도록 하라는 등의 명령이 있었다. 요시가타가 전달한 이 사항들에 대해 동래부사 등은 처음에 납득할 수 없었으나 마침내 허락하게 된다(宝永六己丑四月 宗對馬守義方に朝鮮信使來聘の命あり 明年にいたりてその期月を定められ かつ有章院殿に礼物の事 及び執政の輩に かの礼曹よりの通書をとどめられん事等を命じらる 義方にこれ等の事を通達せしに 東萊府使等はじめ肯はさりしか遂に果す)."

신사의 내빙 및 그 시기 등이 다소 거론되었던 것 같다. 이에 쓰시마번
은 조선통신사의 일본 내빙 시기에 대한 에도 막부의 의견을 최종적으
로 타진하기 위해 사자로 스기무라 사나이(杉村采內)를 선발했다. 그는
관련 서계를 가지고 2월 12일 쓰시마를 출발하여 3월 4일 에도에 도착
했다.[17)

이에 에도의 쓰시마번저에서는 쓰시마에서 사자가 도착하기 며칠
전인 3월 1일, 류수이를 조선어용 로추 쓰치야와 고쓰기반 로추의 집에
보내어 조선국 조위사가 쓰시마를 내방한 사실과 가까운 시일 안에
쓰시마번의 사자가 에도에 도착할 것이라는 사실을 알리고 향후의 방문
일정에 대해 문의하고 분부를 기다렸다.

드디어 3월 4일 쓰시마번의 사자 스기무라가 에도에 도착했다. 그는
3월 28일 에도를 떠날 때까지 조선통신사의 내빙 시기에 대한 에도
막부의 확답을 받기 위해 매우 분주한 나날을 보냈다. 3월 6일부터
조선어용 로추 쓰치야의 집과 고쓰기반 로추의 집 등을 오가며 그 비서
[御用人]들과 여러 가지 사항에 대해 구체적으로 논의했다.

3월 15일과 3월 25일, 두 차례에 걸쳐 에도성에 입성하게 된 스기무
라는 마침내 고호쇼(御奉書: 로추들의 이름으로 대신 전달되는 에도 막부 쇼군
의 명령이 담긴 공문서) 등을 수령했고, 통신사의 내빙 시기를 이듬해(1711
년) 가을 중으로 정하라는 지시를 받았다.[18) 이에 스기무라는 하루라도

---

17) 『正德信使記錄』 第五冊, 「正德信使來聘時節御窺之御使者江戶表江被差越
     候覺書」. 이 서한의 내용은 쇼토쿠 신사가 내빙할 시기를 문의하기 위해 사자
     를 에도 쪽으로 보내는 것이었다.

18) 『正德信使記錄』 第五冊, 「正德信使來聘時節御窺之御使者江戶表江被差越
     候覺書」. "스기무라 사나이는 스즈키 사지에몬을 동반하여 다쓰노 시각(아침
     8시에서 10시까지 — 지은이)에 에도성으로 입성하여 (중략) 쇼군의 시대가
     바뀌어 조선인이 내조할 것에 대해 사자를 보내어 문의드렸다. 사자가 쇼군

빨리 이 소식을 쓰시마에 전달하기 위해 3월 28일 서둘러 에도를 출발했으며, 5월 3일 쓰시마에 도착했다.

2) 통신사청래차왜 도래

통신사 내빙 시기에 대해 "이듬해(1711년) 가을 안에"라는 에도 막부 명령을 스기무라로부터 전달받은 쓰시마번은 조선국으로 파견할 통신사청래차왜의 구성을 서두르게 되었다. 그리하여 정관 히구치 사자에몬(樋口佐左衛門)을 필두로 도선주 이쿠도 요이치우에몬(幾度与一右衛門), 봉진 가이고 신고베에(具鄉新五兵衛) 등으로 구성된 사절단이 1710년 5월 23일경 쓰시마를 출발하여 부산에 도착했다.[19]

파견된 사자, 즉 차왜를 통해 에도 막부가 요청한 내용은 내년(1711년) 7, 8월경에 통신사 일행의 에도 입성을 희망한다는 내용이었다.[20] 이들

앞으로 불려간 것은 더할 나위 없는 행복입니다. 자세한 것은 호쇼로 알려주시겠다고 하시었는데 호쇼를 내리셨다. (중략) 드디어 내년 가을 중에 도착하도록 하라는 내용이었다(杉村采内儀 鈴木左治衛門致同道 辰之中刻 御城江罷上 (中略) 就 御代替 朝鮮人來朝之儀 以使者被相伺候 使者御前江被召出 一段之御仕合候 委細奉書に申達候と之御事にて 御奉書御渡被成候付 (中略) 弥來年秋中 來朝候樣にと被仰出候間)."

19) 『正德信使記錄』第五冊, 「正德信使被差渡候樣に朝鮮江御使者樋口佐左衛門被差渡候覺書」.

20) 『通航一覽』卷32 朝鮮國部八, 「宗氏通信使伺幷掛合」, 395~396面. "이듬해(1710년) 4월 쓰시마 태수가 서한으로 조선국에 보내기를, '일본국 쓰시마 태수 습유 요시가타가 조선국 예조 참판 대인 각하에게 글을 받들어 올리는 바입니다. (중략) 우리 대군께서 쇼군직 습명이라는 귀한 대업을 이어받아 저희 나라가 평안하오니 내년(1711년) 5월 귀국을 출발하여 7, 8월 무렵 동무(東武: 에도 — 지은이)에 도착해주십시오. 일수를 헤아려 때가 어긋나지 않도록 부탁드립니다. 다이라 마스하스(平眞連) 및 도선주 다이라노 모리쓰네(平守

은 1710년 5월부터 9월까지 초량왜관에 머물며 통신사 초빙을 위한 준비 사항에 대해 조선 측 외교 실무진과 구체적 논의를 거듭했다. 연향 대청에서 열린 세 차례의 연회 — 즉, 다례연(7월 11일)·봉진연(8월 12일)·출 연(윤 8월 23일) — 를 통해 통신사행의 시기 및 의례절차 등과 관련된 의견 조율을 마친 통신사청래차왜는 동년 9월 6일 초량왜관을 출발하 여 귀국길에 나섰다. 이때 구체적인 실무 논의는 일본 측 도선주 이쿠도 요이치우에몬과 조선 측 동래부 역관(훈도·별차·차비관 2명) 사이에서 전 개되었는데, 양국 외교관례 등의 차이로 인해 설왕설래를 거듭하고 있 음을 확인할 수 있다.

1710년 7월 11일 연향대청에서 다례연이 베풀어졌을 때 통신사청래 차왜의 정관 히구치 사자에몬이 통신사 초빙에 대한 에도 막부 측의 서한을 조선 측 접위관에게 전달하면서 열람과 더불어 한양으로 상신해 줄 것을 부탁했다. 이때 동래부사는 병을 핑계로 불참하고 있었는데 통신사청래차왜 일행이 귀국하는 동년 9월 6일까지 상견을 피하여 접위 관이 조선 측 대표로서 외교 업무를 진행하고 있음을 찾아볼 수 있다.[21]

한편 이 일본 측 서한에는 어떤 종류의 외교문서가 포함되었으며 그 속에는 어떤 내용이 담겨 있었을까? 우선 일본 측 서한은 모두 10통 으로서 예조참판에게 보내는 서한 1통을 비롯하여 예조참의 및 동래부 사 및 부산첨사에게 보내는 서한 각 1통, 나아가 통신사행 준비와 관련 된 문서[覺書] 6통(일본어·한문 각 3통), 그리고 마상재의 말 그림 등이

経)를 보내며 다소 미소하오나 멀리서 정성을 표하옵니다(翌年庚寅四月 對馬 太守以書通彼國 日本國對馬州太守拾遺義方 奉書朝鮮國礼曹參判大人閣下 節屆朱明 貴國安寧 本邦亦其揆一也 共樂悠久 吾大君継受寶命 安和邦家 盛使來聘之期 來歲五月發貴國 而七八月之交到着東武 跋涉計日要勿違時 差遣平眞連 都船主平守経報知焉 聊具薄儀 以表遠誠)."

21) 『正德信使記錄』第六冊,「信使被差渡候樣にと朝鮮江御使者被差越候覺書」.

〈표 1-3〉통신사청래차왜 파견 과정

연월일		내용	비고
1710	2.12	쓰시마번 사자 스기무라 사나이, 이즈하라 출발	쓰시마번 사자의 에도 파견
	3.4	쓰시마번 사자, 에도에 도착.	
	3.6	쓰시마번 사자, 조선어용·고쓰기반 로추댁 방문	
	3.15	쓰시마번 사자, 에도성 입성	
	3.25	쓰시마번 사자, 에도성 입성·고호쇼 수령	
	3.28	쓰시마번 사자, 에도 출발	
	5.3	쓰시마로 돌아옴	
	5.23	통신사청래차왜 쓰시마 출발, 초량왜관 도착	통신사청래차왜 도래(43명은 인명 확인)
	7.11	다례연 개최(일본 측 서한 전달)	
	8.12	봉진연 개최	
	8월 중순	예조의 답서 초벌 사본, 쓰시마에 보냄	
	+8.15 ~16.	쓰시마 이테이안, 예조의 답서 수용 허가	
	+8.19	쓰시마의 허가를 비선(飛船)으로 초량왜관에 전달	
	+8.20	초량왜관, 수용 사실을 동래부에 알림	
	8.23*	출연 개최(동래부, 답서를 통신사청래차왜에게 전달)	
	9.6	통신사청래차왜, 왜관 출발·쓰시마 와니우라 정박	
	9.11	쓰시마 이즈하라에 도착	
	9.21	조선국 답서, 조선어용 로추 등에게 전달	통신사청래차왜 파견 결과를 에도 막부에 보고
	11.16	조선어용 로추, 향후 진행사항,접대실무총괄에게 보고할 것을 쓰시마번 에도가로에게 명함	

* 『正德信使記錄』第六冊, 「信使被差渡候樣にと朝鮮江御使者被差越候覺書」참조.
** +는 윤달을 나타냄.

포함되어 있었다.

정관 히구치는 다례연석상(7월 11일)에서 다섯 가지 사항을 강력히 청원했다. 첫째로 와카기미(若君: 6대 쇼군 이에노부의 아들)가 당시 만 두 살이라는 점을 들어 삼사와의 면담 및 예물 행사를 생략해줄 것, 둘째로 먼 길 여행으로 인한 피로 및 불의의 사고에 대한 대비책으로서 쇼군에 헌상할 예물[매(鷹)·말(馬)]의 준비를 넉넉하게 해줄 것, 셋째로 삼사의 원활한 국서전명식을 위해 상상관[首譯官]으로 일본어 숙달자를 선발해 줄 것, 넷째로 일본어가 미숙함을 이유로 지난 1월 조선 측 조위사로서 쓰시마에 왔던 상상관 지사(知事) 변정욱을 제외시켜줄 것, 다섯째로

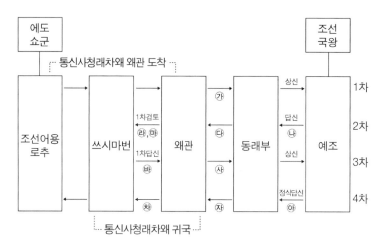

\<그림 1-1\> 외교문서 전달 및 의견 수렴 과정

삼사를 비롯한 상관 등을 인격이 원만한 자로 선발해줄 것이었다.

한편 통신사청래차왜의 일본 측 서한과 이에 대한 접수 및 회신에 이르기까지 조선 측 접위관 및 역관 사이에서 전개되는 외교실무 처리 과정을 더 구체적으로 살펴보면 \<그림 1-1\>의 ㉮~㉧의 단계를 거치고 있음을 알 수 있다. 즉, 일본 측 실무 담당자 도선주는 일본 측 서한을 동래부 4역관에게 전달했고(㉮: 7월 11일), 그에 대한 답신을 기다리며 사전 조율 작업을 진행했다. 한편 동래부는 그 서한을 예조로 보내고, 예조로부터 답신을 받은 후(㉯) 우선 그 사본을 왜관으로 보냈다(㉰). 왜관은 다시 그 사본을 쓰시마로 보냈고(㉱: 8월 중순) 이테이안의 검토를 거쳐 문제가 없으니 수용한다고 결정(㉲: 윤 8월 15~16일)했다. 동시에 비선(飛船)을 이용하여 그 소식을 왜관에 일렸고(㉳: 윤 8월 19일) 이어 왜관은 동래부에 그 수용 소식을 전달했나(㉴: 윤 8월 20일). 이에 동래부는 정식으로 답신을 작성하여(㉵) 이를 왜관 체재 중인 통신사청래차왜에게 전달(㉶: 윤 8월 23일)했다. 마침내 1710년 9월 6일 답신을 지참한 사자 일행이 쓰시마로 귀국하는데(㉒), 일행은 초량왜관을 출발하여 당일 와니우라에 정박한 후 11일 쓰시마번 중심지 후나이(府内: 현재의 이즈하라)에 도착했다.

3) 통신사청래차왜 귀국 보고

1710년 9월 6일, 조선의 예조참판이 에도 막부에 보내는 통신사 파견 관련 회신[22]을 지참하고 쓰시마로 귀환한 통신사청래차왜 일행은 당장 에도에 있는 쓰시마번주에게 결과를 보고했다. 이어 쓰시마번의 에도가로는 에도 막부 조선어용 로추와 고쓰기반 로추 등에게 그 내용을 알렸다(9월 21일).[23]

---

22) 『通航一覽』卷32 朝鮮國部八, 「宗氏通信使伺幷掛合」, 396面. "조선국 예조참판 홍만조가 일본국 쓰시마주 태수 습유 평공 각하에게 답하기를, 마침 귀국 대군이 쇼군으로 즉위하여 나라가 잘 다스려지고 또 우리 신사와 옛 우호를 더하고자 하니 이는 선린의 지극한 뜻이므로 기쁘기 그지없다. 시행 시기의 느리고 빠름[遲速]은 다소 여의치 않을 터이나 삼가 수령하는 바입니다(朝鮮國禮曹參判洪萬朝 奉復日本國對馬州太守拾遺平公閤下 辱惠書 喩以貴大君克紹前烈 安緝邦家 要我信使修舊好 玆乃善隣之至意也 欣感曷已 行期遲速 聊不如示 珍 謹領)."

23) 『正德信使記錄』第六冊, 「信使被差渡候樣にと朝鮮江御使者被差越候覺書」. "삼가 아뢰옵니다. 내년 신사 내빙 건으로 조선국에 파견했던바 답변을 받았습니다. 예조참판의 답신이 도착했으므로 각 로추님들에게 사자를 보내어 알리옵니다. △가 붙은 곳을 살펴보아주시길 비옵니다. 공황근언
9월 21일
아키모토 다지마노카미 님
혼다 호우키노카미 님
오쿠보 가카노카미 님
이노우에 가와치노카미 님

이어서 조선국 통신사 내빙이 이듬해(1711년) 7~8월경으로 확정되었다는 내용을 담은 로쥬의 호쇼가 내려짐과 동시에, 에도 막부의 통신사 접대 준비가 본격적으로 전개되었다. 조선어용을 총괄할 로쥬 쓰치야 마사나오는 쓰시마번 실무자들에게 차후의 진행 과정에 대해 자신을 비롯한 통신사 접대 실무 총괄진들에게 빠짐없이 보고하라는 지시를 내렸다(1710년 11월 16일).[24] 그중에서도 특히 중요한 조선어용 실무 총괄 3역을 자세히 보면, 의례총괄에 지샤부교(寺社奉行) 혼다 단쇼 쇼히쓰 타다하루(本多彈正少弼忠晴), 재정총괄에 간조부교(勘定奉行) 하기와라 오우미노카미 시게히데(荻原近江守重秀), 감찰·연락총괄에 오메쓰케(大目付) 센고쿠 단바노카미 히나사오(仙石丹波守久尙) 등이 임명되었다.

쓰치야 사가미노카미 님

(一筆致啓上候 來年信使來聘之儀 朝鮮國江申遣候處 奉得其意候旨 返答申聞候 則從禮曹參判 返翰到來仕候付 各樣迄以使者 差上之候 △付寫仕掛御目候 恐惶謹言 / 九月二十一日 / 秋元但馬守樣 / 本多伯耆守 / 大久保加賀守樣 / 井上河內守樣 / 土屋相模守樣)."

24) 『正德信使記錄』第六冊, 「信使被差渡候樣にと朝鮮江御使者被差越候覺書」.
"이 문서는, 사가미노카미 님께서 명령하셨다. 금번 사자를 통해 말씀하시길, 내년 내빙 시기에 대해 가토 에추노카미에게 알리지 않았다는 사실을 에도성 내에서 알고는 깜짝 놀라셨다. 차후에는 진행 상황에 대해 에추노가미, 딘쇼님 단바노카미, 오우미노카미에게도 반드시 알리도록 할 것이니라(此書付相模守相渡申候間 此度以使者被仰上候 來年來聘時節之儀 加藤越中守樣江 御無之由 御城にて 御驚有之候 此巳後御 被成筋之儀 越中守樣 彈正樣 丹波守樣 近江樣江も 御 被成可然之由)."

4. 통신사호행차왜

1) 통신사호행차왜단 구성 과정

통신사를 조선에서부터 모시고 가는 영접사, 즉 통신사호행차왜단이
1709년(호에이 6년) 8월 28일부터 이듬해(1710년) 10월의 기간 사이에
구성되었다. 호행차왜단의 대표(영접참판사)로 히라다 하야토(平田隼人)[25]
가 임명되었고(1709년 8월 28일), 이듬해 8월 17일 사이반(裁判)인 시마오
하치자에몬(嶋雄八左衛門)과 데라다 이치로베(寺田一郎兵衛)가, 8월 20일
에 도선주 요시가와 로쿠로자에몬(吉川六郎左衛門)과 봉진(封進) 가쓰이
벤우에몬(勝井辯右衛門) 등이 추가되어 마침내 10월 17일경 통신사호행
차왜단의 기본 골격(57명)이 갖추어졌다.[26] 이어 12월 4일 의사 요시마
쓰 도칸(吉松道壎)과 향촌급인 6명, 이듬해(1711년) 1월 9일 통역관 가세
시고로(加瀨侍五郎) 등도 함께하게 되어 호행차왜단은 65여 명과 격왜(약
70명 정도)가 추가되어 구성되었다. 한편 호행차왜의 선도로 먼저 초량

---

25) 『正德信使記錄』第六冊, 「信使被差渡候樣にと朝鮮江御使者被差越候覺書」.
26) 『正德信使記錄』第六冊, 「信使被差渡候樣にと朝鮮江御使者被差越候覺書」.
　　"참판첨관들 및 사이반, 그리고 수행원의 숫자가 아래와 같이 정해졌다.
　　경인 10월 17일
　　히라다 하야토 수행원 20명
　　요시가와 로쿠로자에몬 수행원 11명
　　가쓰이 벤우에몬 수행원 7명
　　시마오 하치자에몬 수행원 15명
　　위와 같이 임명되었습니다
　　(參判僉官中幷裁判上下之人數左之通被迎付 / 庚寅十月十七日 / 平田隼人
　　上下二十人 / 吉川六郎左衛門 上下十壹人 / 勝井辯右衛門 上下七人 / 嶋雄八左衛
　　門 上下十五人 / 右之通被迎付)."

왜관에 파견되었던 내세당송차왜 시마오 하치자에몬은 호행차왜의 사
이반도 겸하고 있음을 알 수 있다.

2) 호행차왜의 선도사자(先導使者)

이듬해 일본으로 파견될 통신사를 맞이하러 갈 호행차왜, 즉 영접참
판사의 파견에 앞서 선도사자로 시마오 하치자에몬이 임명되었다. 그는
통신사가 출발하기 전에 필요한 사전 조율 및 제반 준비를 하기 위해
선도사자로서 사이반에 임명된 것이다. 하치자에몬의 파견을 위해 쓰시
마의 외교문서 작성처 이테이안에서는 조선 및 초량왜관 관수(館守)
등에 보내는 서한 등 5개의 외교문서를 작성했다(10월 29일). 이에 11월
9일 시마오는 문서를 건네받고[27] 11월 16일 후나이를 출발하여, 12월
9일 바다를 건너 초량왜관에 도착했다.
　1710년 12월 25일 초량왜관 밖 연대청에서 다례가 베풀어지자, 이

---

27) 『正德信使記錄』第百二十二冊, 「信使來聘に付 迎之參判使幷裁判役被迎付」.
　　"11월 9일 시마오 하치자에몬이 가까운 시일 내에 조선으로 갈 배를 탈 것이므
　　로 로추 집무실에서 서약서가 첨부된 서한들을 건네받았다. 공식 업무와 관련
　　된 지시사항과 함께 문서 및 초량왜관 관수 및 왜관 고요코메 관리 등에게
　　보내는 서한들도 함께 전달했으니 아래와 같다.
　　1. 예조참의에게 보내는 서한 한 상자
　　1. 동래부사·부사첨사에게 보내는 서한 한 상자
　　1. 일본 측 공식 업무 관련 각서
　　1. 기록 작성 관련 각서
　　1. 서한의 일본어 문장 한 통
　　(十一月九日嶋雄八左衛門 近々致乘船候付 於年老中詰間 誓旨相添而御書翰
　　渡之 御用向之儀申合 覺書幷館兩御横目方江之書狀等渡之 左記 / 一 禮朝參
　　議江之御書翰一箱 / 一 東萊釜山江之御書翰一箱 / 一 御用向覺書 / 一 記錄仕
　　立之覺書 / 一 御書翰之和文一通)."

〈표 1-4〉 통신사호행차왜 선도사자 파견 과정

연월일		내용
1710	8.17	시마오 하치자에몬, 사이반에 임명됨
	10.29	이테이안, 조선에 보낼 문서 5종 작성함
	11.9	시마오 하치자에몬, 상기 5종 문서를 받음
	11.16	시마오 하치자에몬, 쓰시마의 이즈하라 출발함
	12.9	시마오 하치자에몬, 바다를 건너 초량왜관에 도착함
	12.25	다례연 개최(일본 측 서한, 조선 측 접위관에 전달함)

자료: 『正德信使記錄』 第百二十二冊, 「信使來聘に付迎之參判使幷裁判役被迎付」.

자리에서 시마오는 일본 측 서한을 훈도·별차를 통해 조선 측 접위관에게 전달했는데 그 내용은 다음과 같다.

첫째, 신사 파견을 하기 전에 조선국의 도해(渡海)역관을 파견해달라는 요청이다. 임술년(1682년) 제7차 통신사행의 경우, 조선에서 도해역관을 파견해주어 미리 서로 범사를 의논했던 까닭에 아무런 실수 없이 성사할 수 있었던 것을 들며 다시 요구한 것이다. 그러나 조선 측에서는 지난번이 특별한 경우였고 관례가 없으니 불가하다는 답변을 주었다. 둘째, 일본어 및 일본 풍속 숙달자를 상상관으로 임명해달라는 요청이다. 에도성 내 국서전명식 때 쇼군과 삼사 사이의 전례를 담당할 상상관은 반드시 일본어 능통자여야 하므로 일찍이 쓰시마에 내왕한 적이 있는 경험자의 선발을 부탁했다. 셋째, 통신사 일행 중의 잠상 단속 및 처벌에 대한 요청이다. 잠상은 양국 간에 서로 금하는 일이므로 만약 쓰시마 내에서 발각되면 바로 조선국으로 돌려보내고, 도중에 발각되면 일단 쓰시마에 구류해두었다가 통신사행 귀국 시에 조선으로 돌려보내어 논죄하게 한다는 것이다. 넷째, 통신사행 선박을 조종할 사공에 대한 요청이다. 일본은 배를 집으로 삼는 사공이 많아 해류, 풍류 등에 대해 조선 측보다 익숙하므로 서로 협의하여 운행하기를 바란다는 것이다. 다섯째, 매 등의 선물에 대한 요청이다. 그 외에 여러 가지 일들에 대해서는 상상관이 동래부로 내려오면 서로 상의하여 정하겠다는 내용도 포함되었다.

3) 호행차왜의 출국 준비

호행차왜의 정관 히라다 하야토는 조선으로 출국하기에 앞서 몇 가지의 준비 과정을 거쳤다. 먼저, 1711년 1월 18일 조선행 배를 타기 전에 이즈하라 쓰시마번저 내의 구로마(九老間)라 불리는 방에서 베풀어진 쓰시마번주의 향연의례에 참가했다. 동년 1월 21일에는 영접참판 히라다 하야토를 비롯한 호행차왜단이 타고 갈 선박에 대한 승선 조직이 발표되었다. 1월 23일에는 가지고 갈 외교문서 및 가벼운 선물 등(조선의 예조참판 및 동래부사, 부산첨사에게 보내는 서한과 선물, 일본어 편지 포함)을 이즈하라의 이테이안에서 건네받았다. 1월 25일에는 출국에 앞서 예복으로 쓰시마번주가 하사하는 하오리(羽織: 무사의 예복으로서 입는 겉옷)를 하사받았다. 그리고 1월 27일에 삼사 이하 통신사 명단이 확정되자 동래부에서 초량왜관을 거쳐 쓰시마로 전달되었고, 마침내 2월 11일 히라다 하야토 일행이 일본으로 올 통신사를 호위하기 위해 조선을 향하여 후나이를 출발하게 되었다.

한편 후나이를 출발한 히라다 일행은 2월 16일 도요우라(豊浦)에 도착했으나 해상 기후 악화로 인해 육로로 사지스케(佐次幸)를 거쳐, 2월 19일 와니우라에 이르러 바다를 건너기 위해 며칠 동안 기상을 살피다가 2월 26일 아침에 출발하여 초량왜관에 도착했다.

4) 초량왜관의 업무

배가 초량왜관에 도착하자 관례에 따라 동래부 역관 별차(別差)와 부산포 선장, 초량왜관 관리[다이소쇼 요코메(大小姓横目), 오가치 메쓰케(御徒目

〈표 1-5〉 통신사호행차왜 파견 과정

연월일		내용	비고
1709	8.28	히라다 하야토, 호행차왜 정관(영접참판사)으로 임명됨	호행차왜 구성
	8.17	시마오 하치자에몬·데라다 이치로베, 사이반으로 임명됨(단, 시마오 하치자에몬은 선도사자로서의 사이반)	
	8.20	도선주로 요시가와 로쿠로자에몬, 봉진으로 가쓰이 벤우에몬이 임명됨	
	10.17	호행차왜 수행 인원 임명	
1710	12.4	정관 부속의사 요시마쓰 도칸·향촌급인 6명이 추가로 임명됨	
	10.29	이테이안, 선도사자(시마오 하치자에몬)의 지참 문서 5종 작성	호행차왜의 선도사자 출국
	11.9	시마오 하치자에몬, 상기 5종 문서를 받음	
	11.16	시마오 하치자에몬, 쓰시마 이즈하라 출발	
	12.9	시마오 하치자에몬, 바다를 건너 초량왜관에 도착함	
	12.25	다례연 개최(일본 측 서한을 조선 측 접위관에게 전달함)	
	1.9	통역관 가세 시고로 등 추가 임명	호행차왜의 출국 준비
	1.18	쓰시마번주의 하사연에 참석	
1710	1.21	호행차왜의 승선 구성 발표	
	1.23	이테이안에서 작성한 외교문서를 건네받음	
	1.25	쓰시마번주, 정관에게 예복을 하사함	
	1.27	통신사 명단 소식 전해옴(한양 → 동래부 → 왜관 → 쓰시마)	
	2.11 ~26	호행차왜단 출발(이즈하라 → 도요우라 → 사지스케 → 와니우라 → 초량왜관)	
1711	2.27	호행차왜, 동래부 역관들과 면담	호행차왜의 초량왜관 도착
	2.28	부산첨사, 호행차왜의 도착을 축하함	
	2.30	동래부사, 호행차왜의 도착을 축하함	
	3.2	부산첨사, 동래부 훈도·별차, 수역관(首譯官)에게 선물을 보냄	

자료: 『正德信使記錄』 第百二十二冊, 「信使來聘に付迎之參判使幷裁判役被迎付」 참조.

付), 쓰시(通詞)] 등이 포구까지 마중을 나갔으며, 육지로 상륙할 때는 초량왜관 관수 히라다 도코로자에몬(平田所左衛門)을 비롯한 왜관 내 관리와 사이반 시마오 하치자에몬(내세당송차왜로서 먼저 파견되었음) 등이 해안초소(濱番所)까지 나가 영접하고 식사 대접을 했다. 이에 호행차왜 정관 히라다는 쓰시마에서 가지고 온 서한 상자 등을 왜관 관수에게 전달했고 또 관례대로 정관 히라다의 숙소 앞에 초소를 설치하여 주야로 경비했다.

1711년 2월 27일 동래부 역관[수역 동지(同知) 이석린(李碩麟), 훈도 정판사(鄭判事), 별차 이판사(李判事)] 등은 초량왜관 내 사이반옥(裁判屋)이라는 공간에서 통신사행과 관련하여 쓰시마번의 가장 긴급한 부탁을 전달받았다. 그 내용은 통신사행이 오는 5월 상순경에는 부산포를 출발할 수 있도록 반드시 4월 중에 한양을 출발해달라는 것이었다. 그리고 28일에는 부산첨사, 30일에는 동래부사가 사절을 초량왜관으로 보내어 무사히 초량왜관에 도착했음을 축하하자 쓰시마 측은 조선의 관군들에게 담배를 상자로 선물하며 고마운 뜻을 표했다. 이에 대한 답례로서 3월 2일 부산첨사와 동래부 훈도·별차, 상상관 이동지도 각각 호행차왜에게 선물을 보내고 있음을 찾아볼 수 있다.

5. 통신사호환차왜

에도성에서 국서전명식을 마치고 쓰시마를 거쳐 조선으로 귀국하는 통신사행의 호위를 맡은 통신사호환차왜단은 1711년 7월 9일부터 이듬해 2월 1일까지 구성되었다. 에도성에서 국서전명식을 마친 신묘통신사 일행이 오사카 등을 거쳐 2월 9일 쓰시마에 도착하자 호환차왜단의 조선행 준비가 본격화되었다. 2월 17일 조선국으로 보낼 서한을 양도받고 2월 18일 아침에 후나이를 출발하여 사스나(佐須奈)를 거쳐 마침내 2월 25일에 동래부 남천, 2월 27일에 초량왜관에 도착했다. 여기서는 호환차왜단의 구성 및 준비 과정, 초량왜관 입성 이후의 진행 절차 등을 살펴보자.

우선, 호송차왜단의 구성 절차를 보자. 1711년 7월 5일 부산을 출발한 신묘통신사행이 바다를 건너 쓰시마에 입국하자마자 바로 이듬해

〈표 1-6〉 통신사 호환차왜의 도래 과정

연월일		내용	비고
1711	7.9	정관에 오우라 주자에몬, 도선주에 나카하라 덴조, 봉진에 오우라 이베가 임명됨	호환차왜 구성
	11.12	정관의 수행원 5명 추가 임명	
1712	2.1	정관 담당의사 호리에 도보 임명, 기타 수행원 임명	쓰시마 출발
	2.15	호환차왜단, 쓰시마번주를 알현하고 서지혈판을 행함	
	2.17	호환차왜단의 정관, 조선국으로 가져갈 문서·별폭 수령	
	2.18	호환차왜단, 통신사행을 호위해 쓰시마를 출발함	
	2.25	호환차왜단, 초량왜관에 도착	
	4.9	연향대청에서 다례연	
	4.24	연향대청에서 봉진연	
	5.9	연향대청에서 연석	
	6.23	호환차왜단, 초량왜관 출발	
	6.29	호환차왜단, 후나이 도착	

주: 1711년 7월 5일에 신묘통신사행이 쓰시마에 입국함.
자료: 『正德信使記錄』第八十七冊, 「信使護送之御使者大浦忠左衛門被迎付持渡リ之御書翰等之事」.

다가올 통신사 귀국에 대비하여 호환차왜단이 구성되기 시작했다. 이어 7월 9일 호환차왜단의 중심인 정관·도선주·봉진에 대한 임명이 쓰시마번저 내 오쓰메노마(御詰間)에서 이루어졌으며, 정관에 오우라 주자에몬(大浦忠左衛門), 도선주에 나카하라 덴조(中原伝藏), 봉진에 오우라 이베(大浦伊兵衛)가 선정되었다. 11월 12일에는 정관(오우라 주자에몬)의 수행원[附人] 5명이 추가되고, 이듬해(1712년) 2월 1일에는 정관 담당 의사 호리에 도보(堀江東房)가 임명되었다. 여기에 정관의 수행원 20명, 도선주의 수행원 11명, 봉진의 수행원 7명, 정관 담당의의 수행원 4명이 추가되어 51명이 되었으며, 격왜 등도 포함되었다. 2월 15일에는 정관 이하 도선주, 봉진 등이 출국에 앞서 서지혈판(誓旨血判: 서약 등을 행할 때 진심을 나타내기 위하여 손끝을 칼로 베어 그 피로 서명 아래에 날인하는 것)을 행했다.

지금까지 신묘통신사행을 중심으로 그 초빙부터 귀환에 이르기까지 쓰시마에서 파견되는 일련의 일본 사신단을 살펴보았다. 이를 간단히 정리하면 <표 1-7>과 같다.

〈표 1-7〉 신묘통신사행 초빙을 위한 차왜 파견 과정

사항	연월일		내용
조선어용 로추 임명 (관례조사)	1709	1.10	에도 막부 제5대 쇼군 도쿠가와 이에쓰나 서거
		4.12	로추 가와치노카미, 쓰시마번주를 조선어용으로 임명
		4.23	로추 쓰치야 사가미노카미, 조선어용 로추로 재임
		4.24	로추 쓰치야, 쓰시마번 에도가로 호출과 통신사 초빙 선례 문의
		5.1	6대 쇼군 도쿠가와 이에노부 즉위
		5.2	쓰시마번 에도가로, 로추 쓰치야 관리 면담.
		5.6	서책 3권(『메이레키신사요약서』·『덴나신사요약서』·『덴나 신사등성관련문서』) 제출
관백고부 차왜 파견	1709 〜 1710	5.21	관백고부차왜로서 히구치 나이키 등이 조선국에 파견됨
		10.16	조선 측 조위사의 영접사자, 쓰시마로부터 초량왜관 도착
		1.12	조선 측 조위사 변정욱, 정만익 등 89명, 부산포 출발(쓰시 마 도착)
		1.25	조선 측 조위사 일행, 쓰시마번주의 다례 참석
		2.5	반쇼인 연회
		2.18	중연석
		2.21	이테이안 연회
		3.6	출연석
		3.19	조선 측 조위사 일행, 귀국 선박에 승선
관백승습 고경차왜 파견	1709	7.7	관백승습고경차왜 사절단 대표자 선정
		9.9	관백승습고경차왜 사자로 스기무라 사부로자에몬 등이 파 견됨
		10.11	조선의 접위관인 홍문관수찬 이정제, 치주판사 한백옥·이 구숙이 동래부에 파견됨
		11.3	조선 측 접위관의 참석하에 연향대청에서 다례 설연
		11.16	부산첨사, 봉진연 설연
		12.2	조선왕조의 답서가 도착하여 스기무라 사부로자에몬에게 전 달됨
		12.15	연향대청에서 출연석을 베풂
		12.26	관백승습고경차왜 스기무라 사부로자에몬 등이 쓰시마로 귀국함
통신사청 래차왜 파견	1710	2.12	쓰시마번 사자 스기무라 사나이, 에도로 출발
		3.4	스기무라 에도 도착
		3.6	조선어용 로추 쓰치야 방문
		3.28	에도에서 쓰시마로 출발
		5.3	쓰시마 도착
		5.23	통신사청래차왜로 히구치 사자에몬이 등 파견됨
		7.11	초량왜관에서 다례연
		8.12	초량왜관에서 봉진연
		+8.23	초량왜관에서 출연석/조선국 예조의 회신을 받음

			9.6	통신사청래차왜 사자 히구치 초량왜관 출발, 쓰시마로 향함
호행차왜	선도사자파견 및 호행차왜 파견	1709	8.28	히라다 하야토, 호행차왜 정관(영접참판사)로 임명됨
		1710	8.17	시마오 하치자에몬·데라다 이치로베, 호행차왜 사이반으로 임명됨
			10.29	이테이안, 조선국에 보낼 문서 작성(예조참의/동래부/부산첨사/초량왜관 관수/초량왜관 요코메카타(橫目方)/어용 관련 문서)
			11.9	시마오 하치자에몬, 조선국에 지참할 서한 받음
			11.16	시마오 하치자에몬, 쓰시마 이즈하라 출발
			12.9	시마오 하치자에몬, 바다를 건너 초량왜관 도착
			12.25	다례연 개최(일본 측 서한, 조선 측 접위관에게 전달함)
			8.20	호행차왜의 도선주로 요시가 로쿠로자에몬, 봉진으로 가쓰이 벤우에몬이 임명됨
			10.17	호행차왜 수행 인원 임명
			12.4	정관 담당 의사 및 향춘급인 6명 추가 임명
		1711	1.9	통역관 가세 시고로 등 추가 임명
			1.18	호행차왜 정관 등, 쓰시마번주 개최 하사연에 참석
			1.21	호행차왜의 승선 구성 발표
			1.23	이테이안이 작성한 외교문서를 건네받음
			1.25	쓰시마번주, 호행차왜 정관에게 예복을 하사함
			1.27	통신사 명단이 전해짐(한양→동래부→왜관→쓰시마)
			2.11	호행차왜단 출발(이즈하라→도요우라→사지스케→와니우라)
			2.26	호행차왜단, 초량왜관 도착
			2.27	호행차왜, 동래부 역관과 면담
			2.28	부산첨사, 호행차왜 도착을 축하함
			2.30	동래부사, 호행차왜 도착을 축하함
호환차왜 파견		1711	7.9	정관에 오우라 주자에몬, 도선주에 나카하라 덴조, 봉진에 오우라 이베가 임명됨
			11.12	정관의 수행원 5명 추가 임명
		1712	2.1	정관 담당 의사 및 기타 수행원 임명
			2.15	호환차왜단, 쓰시마번주를 알현하고 서지혈판을 행함
			2.17	호환차왜단의 정관, 조선국으로 가져갈 문서·별폭 수령
			2.18	호환차왜단, 통신사행을 호위해 쓰시마를 출발함
			2.25	호환차왜단 초량왜관에 도착
			4.9	연향대청에서 다례연
			4.24	연향대청에서 봉진연
			5.9	연향대청에서 출연석
			6.23	호환차왜단, 초량왜관 출발
			6.29	호환차왜단, 쓰시마의 후나이에 도착

2장

신묘통신사행 출발

1. 국내 노정

　1711년(숙종 37년, 쇼토쿠 1년) 한양을 출발한 5월부터 이듬해 1712년 3월 다시 입성하기까지 약 11개월에 걸친 제8차 통신사행은 에도 막부 제6대 쇼군 도쿠가와 이에노부의 즉위를 축하하기 위해 파견되었다. 총 인원은 정사 조태억, 부사 임수간 및 종사관 이방언 등 삼사를 비롯하여 모두 500명이었고, 오사카 체재가 129명(역관 3명, 중관 26명, 하관 100명), 에도까지 간 것은 371명이었다. 에도까지 파견된 371명은 삼사를 비롯하여 상상관 3명, 학사(學士) 1명, 상판사 3명, 의사 1명, 상관 42명(역관 8명 포함), 중관 170명, 하관 274명, 선발대 3명(쇼군에게 진상할 말과 매의 호송)으로 구성되었다.[1]

---

[1] 『正德信使記錄』 第十一冊, 「今度來聘之朝鮮人江戶通り大坂殘人數之覺」. 통신사의 총 인원에 대해 쓰시마번의 『정덕신사기록』에는 모두 500명이라고 되어 있다. 한편 이 1711년 신묘통신사 인원에 대해서 당시의 기록 간에 다소 차이가 보인다. 임수간과 이방언의 『동사록』에는 "六船員役四百八十一員", 김현문의 『동사록』에는 "元額總數四百九十七員名"으로 되어 있다. 그리고 일

1711년 5월 15일 흥정전에서 숙종을 알현한 후 한양을 출발하여 이듬해(1712)년 2월 9일 쓰시마를 거쳐 3월 9일 한양 입성에 이르기까지 시간적으로는 총 289일, 이동 거리로는 수륙 노정 모두 합쳐 574여 리에 이르는 긴 여정을 국내 노정과 일본 노정으로 나누어 살펴보기로 한다.

먼저 한양을 출발해서 동래부에 도착하는 7월 5일까지의 국내 노정에 대해 주요 구간을 중심으로 검토해보자. 부사 임수간의 사행기록 『동사일기(東槎日記)』및 일본 측 기록 『쓰코이치란(通航一覽)』등을 참고로 하여 날짜별로 짚어보겠다.

5월 15일 사폐(辭陛: 임지로 떠나는 신하가 임금에게 하직을 아뢰는 것)를 한 후 길을 떠나는 것으로 노정이 시작되었다. 비가 오는 와중에 한강에 도착하여 일가친척 및 친우들의 송별을 받으며 양재(良才)역에서 첫날밤을 보냈다. 16일 판교(板橋)에서 점심을 먹고 다시 길을 떠나 저녁 때 용인(龍仁)에 도착하여 머물렀으며, 17일에는 죽산(竹山)에서 잤는데 투

본 측 기록의 경우, 아라이 하쿠세키가 지은 『조선빙례사(朝鮮聘禮事)』에서는 중관·하관의 성명과 더불어 "右中官百四十四人 右下官百七十七人 合三百六十八人 大坂留中官二十六人 下官百人 都合四百九拾四人"이라 되어 있고, 『쓰코이치란』(권67)에서는 정사 이하 상관의 성과 이름을 기록하면서 중관 170명, 하관 274명으로 합계 497명이라고 되어 있다. 전자와 후자 사이에는 약 3명의 차이가 난다. 또한 후쿠오카번(福岡藩)의 『구로다(黑田)문서』「조선인내빙기(朝鮮人來聘記)」의 권2에서는 "四百九拾七人", 조슈번(長州藩)이 쓴 『모리께 문서(毛利家文書)』「조신신사 내빙 및 귀범 기록(朝鮮信使來聘並歸帆御記錄)」의 권6에는 "朝鮮人上下人數之覺 都合五百人(都合人數四百九拾七人 三使 共 外に次官一人·中官一人·下官一人先登)"이라 기록되어 있다. 이들 중에서 통신사 수행원의 숫자가 497명이라는 기록이 가장 많고, 어마(御馬)·어응(御鷹)의 호송을 위해 미리 파견되었던 선발대 3명을 포함하여 고려한다면 500명이라는 기록이 가장 합당할 것 같다. 미야케 히데토시(三宅英利)도 500명설을 취하고 있다[『近世日朝關係史の硏究』(文獻出版社, 1986), 389~390面].

숙 향청(鄕廳)이 매우 넓어 기뻤다고 한다. 18일에는 무극(無極)에서 점심을 먹고 숙박은 숭선(崇善)에서 했으며, 19일에는 황금곡(黃金谷)과 금천(金遷)을 들러 충주(忠州)에 투숙했다. 20일에는 늦게 안부(安富)에 도착하여 그대로 유숙했고, 21일에는 새재[鳥嶺]를 넘어 용추(龍湫)·삼관(三關)을 거쳐 문경(聞慶)에서 투숙했다. 22일에는 유곡(幽谷)에서 점심을 먹고 저녁 무렵 용궁(龍宮)에서 잤는데 객사가 높고 광활하며 앞에 강을 접하고 있어 더위를 잊을 수 있어 상쾌했다는 표현이 나와 있다.

23일 낮에 예천(醴泉)에 이르러 유숙하면서 쾌빈루(快賓樓)에 올라가 비장들에게 활쏘기를 시켰으며, 24일에는 풍산(豊山)에서 점심을 먹고 저녁 무렵 안동(安東)에 도착하여 이튿날인 25일까지 유숙했다. 정사(조태억) 등과 더불어 진남루(鎭南樓)에서 마상재를 구경했는데, 외지에서 구경 온 사민(士民)들이 수천 명이나 될 정도로 성황을 이루었으며 이어서 기악(妓樂)과 강무당(講武堂)에서의 활쏘기 등도 베풀어져 밤늦게 헤어져 귀가했다. 26일 아침 안동(安東)을 떠나 영호루(暎湖樓)에서 기악과 주찬(酒饌)을 대접받고 점심은 일직(一直)역에서 먹었으며 저녁에는 의성(義城)에서 자게 되었는데, 종사관과 함께 문소루(聞韶樓)에서 펼쳐진 풍악을 관람했다. 특히, 청송(靑松) 기생 두 명의 뛰어난 칼춤에 감탄을 금치 못했다. 27일에 비를 맞으면서 의성(義城)을 출발하여 청로(靑路)역에서 점심을 먹고 의흥(義興)에서 숙박했다. 28일에는 40리를 가 신령(新寧)에서 유숙했다.

29일에는 영천(永川)에서 유숙했는데 관찰사 유명홍(兪命弘)이 조양각(朝陽閣)에서 전별잔치를 베풀어 마상재를 보면서 노정의 힘듦을 잊기도 했다. 30일에는 비를 맞으며 나아가 모량(毛良)역에서 점심을 먹고 불어난 물을 간신히 건너 경주(慶州)에 도착하여 유숙하는데, 읍민이 산폐하여 공궤(供饋)가 형식을 채 갖추지 못해 하졸들 태반이 먹지 못했다.

경주에서 하루를 더 묵으며 군관들에게 활쏘기를 시켰다. 통신사행

〈그림 2-1〉 신묘통신사행의 국내 여로

은 느지막하게 베풀어진 전별주연에 참석하고 봉황대 등에 올랐다가 밤늦게 돌아와 잤으며, 2일 경주를 출발하여 봉황대·첨성대 구어(仇於) 역·좌병영·북문루 등을 거쳐 울산(蔚山)에 들어와 유숙했다. 3일 울산을 떠나 진남루를 올랐다가 저녁에는 용당(龍塘)역 촌사(村舍)에서 자고 다음 날 4일 동래부로 향하여 동래부 관문 5리 밖에서부터 장막을 치고 기다리는 동래부사 이방언의 접대를 받아 국서를 용정자에 담고 의장을 갖추어 풍악을 울리며 객사로 들어갔다. 다음 날 5일도 동래에 유숙하다가 6일 동래를 떠나 부산에 도착했다. 그 영접의식은 동래부와 같았는데 10여 개 읍에서 온 출참(出站) 수령 및 각 진의 변장(邊將)들이 아침배례·문상례(問上禮)를 행했다. 서헌에서 숙박하며 7월 5일 배가 쓰시마를 향하여 출항할 때까지 한 달 남짓한 기간 동안 바람을 기다리며 부산에 머물렀다.

〈표 2-1〉 신묘통신사행의 국내 여정(『동사일기』 중심)

일시	날씨	숙박 여부		부사 임수간의 행로
5.15.	비	양재역	○	- 사폐하고 길을 떠남(한강에서 송별회)
5.16.	비	판교		- 공형(公兄) 등의 대접 소홀에 대해 향색(鄕色) 이하에게 곤장을 가함 - 장모 산소 참배(판교)
		용인	○	
5.17.	맑음	죽산	○	- 투숙하는 향청이 넓어서 흡족해함
5.18.	맑음	무극		- 포천현감 박상순의 해괴한 짓에 대해 색리 2명 처벌함
		숭선	○	
5.19.	비	충주	○	- 강물로 인해 길이 침수하여 목도(木道)의 지름길 이용함
5.20.	흐림	안부	○	- 좀 늦게 안부에 도착, 새재를 넘지 못함
5.21.	맑음	조령		- 수옥정(漱玉亭)의 폭포, 새재의 용추, 삼관을 구경
		문경	○	
5.22.	비	유곡		- 본관의 지대(支待), 객사의 높고 광활함에 기뻐함
		용궁	○	
5.23.	비	예천	○	- 고을원(申戢)의 지대, 쾌진루·비장들의 활쏘기
5.24.	맑음	풍산		- 정사와 함께 진남루에서 마상재 구경
		안동	○	- 강무당에서 활쏘기
5.26.	흐림	일직역		- 영호루의 주찬과 기악
		의성	○	- 종사관과 함께 문소루에서 풍악을 즐김
5.27.	비	청로역		- 이성곤의 지대
		의흥	○	
5.28.	비	신령		- 정사와 함께 서헌(西軒)에 앉아 담론함
5.29.	맑음	영천		- 조양각에서 전별잔치, 마상재를 즐김
5.30.	비	모량역		- 읍이 잔폐하여 공궤 부실로 하졸 태반이 굶음
		경주	○	
6.1.	맑음	경주	○	- 군관에게 활쏘기 시킴 - 봉황대에서 풍악·전송 잔치
6.2.	맑음	구어역		- 봉황대·첨성대·좌병영·북문루를 지남
		울산	○	
6.3.	비	진남루		- 용당역 관사가 정결하여 상쾌해 함
		용당역	○	
6.4.	맑음		○	- 관문 5리 밖에서 동래 부사 이방은이 장막을 치고 국서를 맞이함
6.5.	맑음		○	- 정원루에서 종사 등을 만나고 동헌에서 활쏘기 구경
6.6.	비	동래		- 도해선을 살피고 영가대에서 항구를 돌아봄
6.7.	흐림			
6.9.	맑음	부산		- 막부 관백의 왕호 회복 요구에 대한 조정의 허락
6.13.	맑음		○	- 영가대에서 삼사 비장의 승선 연습
6.14.	맑음			- 정사와 함께 금정산성을 돌아봄
6.15.	맑음			- 삼사, 영가대의 달구경과 기악을 즐김 - 동래부사의 방문

		- 역관 최상집(崔尙㠯)이 추가로 임명되어 도착
6.16.	맑음	- 수사(水使) 주관하의 사연(賜宴), 이웃 고을 기악까지 참가
6.17.	맑음	- 차왜의 선물[술, 용안(龍眼), 정과(正果)]
6.26.	맑음	- 예단마 및 응연마의(鷹連馬醫) 안영민과 차왜 이하 대기
6.29.	맑음	- 정사와 함께 개수루(開戍樓)에 올라 등루(登樓)부를 차운함
7.1.	비	- 큰 비로 망궐례 중지
7.2.	비	- 개운진(開雲鎭)으로 옮김
7.3.	맑음	- 삼사, 개운진 뒤 과해정(跨海亭)에 올라 활쏘기 구경
7.4.	맑음	- 삼사, 재차 과해정에서 활쏘기를 구경하고 풍악을 베풀어 기생들의 칼춤을 구경함 - 인정시(人定時)에 승선
7.5.	맑음	- 묘시 초에 삼사들이 각각 복선을 타고 출발(단, 부사의 선박은 파괴되어 개운진으로 돌아감)
7.7**	맑음	- 부사, 좌수사와 종일 술을 마심
7.8	맑음	- 왜인 도선주 다이라 나오나리(平尙成)가 호행 차 다시 나옴
7.9 ~14.	맑음/비	- 바람을 기다림
7.15.	맑음	- 묘시 초 발선(왜인 도선주 이하 선박 7척 출발) - 밤(5경) 쓰시마의 사스나에 도착

주: 7월 5일부터의 기록은 부사 선박 일행(약 160명 내외)이 부산을 출발하기 전까지의 일정이다.

1711년 5월 15일부터 일본으로 떠나는 7월 15일까지를 간단히 정리한 것이 <표 2-1>과 <그림 2-1>이다.

2. 일본 노정

1711년 7월 5일 정사 선박을 비롯한 신묘통신사행의 배가 일제히 동래부 부산포를 떠나 당일 쓰시마의 사스나에 도착했다. 그러나 부사 임수간 일행 160여 명이 탄 선박은 도중에 파손되는 바람에 수리를 위해 부산포로 회항하게 되었다. 7월 15일이 되어서야 배를 고쳐 뒤늦게 출항하게 된 부사단 일행도 무사히 사스나에 도착하여 기다리고 있던 신묘통신사행과 합류할 수 있었다. 그리하여 신묘통신사행 497명 (500명 중 선발대 3명을 제외함)이 사스나에서 쓰시마번주가 거처하는 후나 이로 이동하여 머물면서 최종적으로 외교 절차에 대한 점검을 했고 동시에 다음 행선지 이키(壹岐)로 떠날 수 있는 항해 여건을 살폈다.

정사 조태억 일행이 쓰시마에 도착한 7월 5일부터 최종 목적지 에도 에 이르는 10월 18일까지의 일본 노정은 다음과 같이 크게 ① 쓰시마 체재, ② 쓰시마~오사카, ③ 오사카~에도의 세 구간으로 나눌 수 있 다. 쓰시마 체재 기간은 1711년 7월 5일부터 8월 9일까지의 한 달 정도이며, 쓰시마에서 오사카까지의 노정은 8월 9일부터 9월 16일까 지 배를 이용한 바닷길이고, 오사카에서 에도까지의 여정은 9월 16일부터 10월 18일간의 육로 노정이었다. 이때 통신사행 중 129명이 오사카에 체재했고, 삼사를 비롯한 수행원 371명만 에도를 향했다.

1711년 10월 18일 최종 목적지인 에도에 입성하여, 동년 11월 1일 에도성에서의 국서전명식을 마치고 11월 19일 에도를 출발하기까지의 통신사행에 대해서는 3장에서 살펴보기로 한다.

1) 쓰시마 도착

1711년 7월 5일 삼사를 비롯한 통신사 일행은 부산을 출발하여 바다 를 건너 쓰시마 사스나우라(佐須奈浦)에 입항했다. 다만 이때 부사 임수 간 일행이 탄 선박의 치목(鵄木)이 영도 30리 부근에서 풍파로 부서져 조종할 수 없게 되자 다른 통신사행 선박 5척과 헤어져 다시 부산포로 되돌아왔다. 부사는 동래부 개운진에 미물며 배를 수리하여 7월 15일 묘시(卯時) 초에 출항했다. 왜인 도선주 이하의 대소선을 합하여 모두 7척이 돛을 올렸는데 이날 밤 5경(更) 무렵 쓰시마의 사스나우라에 도착하여 다른 통신사 일행과 합류할 수 있게 되었다.

이튿날인 7월 16일 전날의 항해로 피곤한 부사 선박 일행을 배려하여 하루 더 사스나우라에 머물렀고, 17일 해 뜰 무렵에 발선하여 오우라(大浦)·와니우라·이즈미우라(和泉浦)·도요우라 등을 거쳐 70리를 이동하여 니시도마리우라(西泊浦)에 도착했다. 18일은 배 안에서 유숙하고 드디어 19일 쓰시마번주가 거주하는 조카마치(城下町) 후추(府中: 현재의 이즈하라, 일명 후나이라고도 부름)에 도착했다. 쓰시마번주 및 장로승(長老僧)의 영접을 받아 국서를 받들고 고쿠혼지(國本寺: 보통 '이테이안'으로 불림)로 들어가 머물렀는데, 번주 등의 접대가 매우 후했다고 한다.

한편 갑작스러운 날씨 변화와 풍파 때문에 매어둔 통신사의 복선이 파손되어(22일) 보수를 하던 중, 쓰시마번주 저택에서 열린 연례에 참석하기도 했다(26일). 에도로 향하는 데에 필요한 제반 준비를 하며 출항에 적합한 바람을 기다리다가 드디어 8월 9일 진시(辰時)에 쓰시마를 떠나게 되었다. 이때 쓰시마번주의 배를 비롯하여 크고 작은 호행선이 거의 100척이나 되었다고 한다.

2) 쓰시마에서 오사카까지

8월 9일 유시(酉時)경 통신사행은 이키시마(壹岐島)의 가자모토우라(風本浦)에 도착했는데, 영접하는 왜선만도 100척이 넘었다고 한다. 항구의 물이 얕아 작은 배를 연결하여 부교(浮橋)를 만들었는데 위에 판자를 덮고 못을 박아 평지처럼 만든 것이 거의 수십 보에 이르렀다. 이곳에 준비된 관소는 모두 새로 지어 깔끔하고 수백 간이나 되는 넓은 곳으로 그릇 등도 매우 깨끗했다고 한다. 이튿날(10일) 아침 이키의 번주 마쓰우라 이키노카미(松浦壹岐守)가 하인을 시켜 삼합(三榼), 마른 도미, 다시마(昆布), 술 등을 보내왔다. 이후 계속하여 동풍이 부는 바람에 출항할 수 없어 계속 머물며 기다리는데, 때때로 아메노모리 호슈(雨森芳洲)[2]나 마쓰우라 기우에몬 및 그 제자들이 찾아와서 제술관 및 사자관들과 함께 시를 지어 나누며 시간을 보냈다.

8월 17일 서풍이 불자 가자모토우라를 출발하여 아이노시마(藍島)로 향했는데 역풍 속에도 강행하여 마중 나온 수백 척에 이르는 예선(曳船)들의 도움을 받아 겨우 정박할 수 있었다. 도중에 풍우로 인해 쓰시마번주의 선박을 비롯한 호송 왜선, 제2복선 및 제3복선들이 표류하는 사고가 발생하였으나 며칠 뒤(19일) 무사히 아이노시마로 정박해 합류했다. 아이노시마의 통신사 관사는 이키 지역보다 화려하고 웅장했으며 병풍 등의 기물들도 매우 사치스러웠다고 한다.

바람을 기다려 26일 출항을 개시했으나 여의치 못하여 도중에 포기하고 29일 새벽에 겨우 발선하여 아카마가세키(赤間關: 현재의 시모노세키)에 도착했다. 나가토(長門) 번주인 모리 민부다이스케 요시모토(毛利民部大輔吉元)가 인도하는 100여 척의 영접으로 선창에 무사히 배를 정박하고 에도 막부의 명으로 베풀어진 연향에 참석했다. 그 뒤 객사인 아미타사(阿彌陀寺)로 가서 쉬는데 객사뿐 아니라 침구 등 제반 기물에 이르기까지 아이노시마보다 더 사치스럽고 화려하게 준비되어 있었다.

9월 1일 망궐례를 행하고 바람 및 조류 등이 모두 순조로워 출선했으

---

2) 아메노모리 호슈의 본명은 아메노모리 도고로(雨森東五郎, 1668~1755년)이며, 에도 시대 중기 쓰시마번의 유학자이다. 고향은 오우미국(近江國) 다카쓰키(高月)로 알려져 있으며 처음에 의사인 부친을 따라 의학에 뜻을 두었으나 후일 유학으로 전향했다고 한다. 18살 무렵 에도에서 당대의 유명한 유학자 기노시타 준안의 문하생이 되어 아라이 하쿠세키 및 무로 규쇼(室鳩巢) 등과 함께 수학했다. 22살 때 스승의 추천으로 쓰시마번 유학자로 취임했으며, 26살 때 쓰시마로 건너와 조선과 관련된 일을 맡았다. 조선어와 중국어 등에 능통하고 통신사가 일본에 왔을 때 신문(眞文)으로 에도까지 동행했으며, 참판사·사이반 등 외교 사절로 자주 조선국을 방문하면서 외교 실무 전문가로서 탁월한 능력을 보였다.

며 이날 밤은 배 위에서 유숙하고 이튿날(2일) 초경 이후 가미노세키(上關)에 정박하여 5일까지 머물렀다.

9월 6일 사시(巳時) 초에 배를 띄워 그날 밤은 배 위에서 잤고, 7일 해 저물 무렵 가마카리(鎌刈)에 도착했다. 이곳은 아키(安芸) 번주 소속이었으며 8일까지 유숙했는데 9일 아침 번주가 하인을 보내어 문안하고 생선과 술 등 몇 가지 음식을 보내왔다. 9일 진시(辰時)에 배를 출발시켜 나아가 2경 무렵 도모노우라(鞆浦)에 도착했다. 객사는 후쿠젠지(福禪寺)였는데 바닷가 경치가 매우 아름답고 주변 시가지가 상점들로 인해 매우 번성했다고 한다. 이튿날(10일) 아침에는 빈고(備後) 지역의 번주 아베 비추노카미 마사쿠니(阿部備中守正邦)가 술, 떡, 과일, 생선 등 음식을 보내주었다.

9월 11일 미시(未時) 말에 우시마도(牛窓)에 도착하니 비젠(備前)의 번주가 하인을 보내어 문안하고 역시 술·떡·과일·생선 등 음식을 보내왔으며 시가지 모습이 도모노우라보다 성대했다. 숙소인 찻집(茶屋)을 비롯한 여러 곳에서 접대가 극진하기도 했다.

9월 12일 아침식사를 하고 출선하여 무로쓰(室津)에 도착했는데 하리마(播磨) 번주로부터 문안과 술, 떡, 과일, 생선 등의 찬물(饌物)을 받았다. 14일 아침에 다시 출선하여 밤 3경 무렵 효고(兵庫)에 도착한 후 객사에 들어갔는데 공진(供進)하는 음식이 가장 풍성했다고 한다. 이 지역의 번주인 마쓰다이라 도토우미노카미 다타다카(松平遠江守忠高)가 하인을 시켜 문안하고 담배와 생선, 술 등의 찬물을 보내왔다.

9월 15일 아침 사시 말에 배를 띄워 나아갔는데 니시노미야(西宮)성 이후부터 물이 얕아져 조수를 기다려 하구에 들어가 정박하고 있다가 왜선에 옮겨 타 16일 오사카성(大坂城)에 들어갔으며, 신시(申時)경 선창에 정박했다. 저녁 무렵 객사인 니시혼간지(西本願寺)에 도착했는데 특별히 잘 접대하라는 에도 막부의 명령으로 인해 맞이하는 채선(彩船)이

더없이 화려했으며, 접대 관반(館伴) 미노노카미 나가야쓰(美濃守長泰)의 예모 또한 매우 공손했다. 에도에서 온 승려 조연(祖緣)도 호행했으며, 지나치는 시가지의 크고 화려한 풍경과 정숙한 속에서 물밀듯이 모여든 관람객의 모습 등에 통신사 일행은 상하 모두 상쾌함을 느끼면서 먼 바닷길의 객고를 위로받는 듯했다고 한다. 여기서는 관반 및 오사카 부교(大坂奉行), 에도에서 마중 온 사자 등의 문안을 받고 연회에 참석했으며 외교 의례에 관한 논의를 하는 등 25일까지 바쁜 일정을 보내다가 26일 출발했다.

그러나 강바닥이 얕아 배가 지나가기 힘들어 곳곳에서 막히는 바람에 날이 저물어 배 안에서 지냈고 27일 포시(哺時) 무렵이 되어서야 요도우라(淀浦)에 도착했다. 드디어 배에서 내려 교자를 타고 객사에 도착했으며 마쓰우라 단바노카미 미쓰유키(松平丹波守光通)가 삼합을 보내어 문안했다.

3) 교토에서 에도까지

9월 28일 진시(辰時)에 요도우라를 출발한 통신사행은 짓쇼지(實相寺)에 도착했다. 삼사 등은 공복으로 갈아입고 교토로 들어가는데 길가에서 구경하는 사람이 몇 천만 명인지 알 수 없을 정도로 인산인해를 이루고 있는 데도 떠들지 않고 숙연한 분위기였다고 한다. 객사는 혼고쿠지(本國寺)였는데 문 앞에서 관반 혼다 오키노카미 야쓰요시(本多隱岐守康慶)의 영접을 받았으며 야마시로(山城)의 번주 마쓰다이라 단바노카미(松平丹波守)가 말린 도미와 다시마·궐준(蕨蕈) 등 예물을 보내왔다. 10월 1일까지는 교토에서 머물렀다.

10월 2일 여명에 출발하여 오쓰(大津)에서 점심을 먹고 저녁에 모리야마(守山)에 도착하여 유숙했다. 3일 아침에 출발하여 오후에 두 차례

정도 찻집에서 휴식했다가 밤늦게 사와조(佐和城)에 도착했는데 숙소는
슈안지(崇安寺)였다. 번주 이이카몬노카미 나오오키(井伊掃部頭直興)는 에
도 출장 중이어서 그 직속 관원이 삼합을 보내왔다.

다시 10월 4일 평명(平明: 해 뜰 무렵)에 일찍 출발했는데 두 개의 큰
고개를 넘어 저녁 무렵 오가키(大垣)에 도착하니 번주 도다 우네메노카
미 우지사다(戶田采女正氏定)가 삼합을 보냈다. 5일 역시 평명에 출발하
여 수십 리를 가니 비가 내려 왜인 일행이 우비를 마련해주었으며 도중
에 세 개의 다리[舟橋]를 건너는데 다리는 모두 배를 잇대고 판자를
깔아 양쪽 머리를 굵은 철사로 매어 만든 것이었다. 또 오기카와(起川)의
주교를 건넜는데 길이가 1,000여 보나 되었으며 젠쇼지(全昌寺)에서 점
심을 먹고 비를 맞으면서 걸어 밤이 깊어서야 나고야(名古屋)에 도착했
다. 도중에 번주 도쿠가와 주나곤 요시미치(德川中納言吉通)가 여러 차례
주효 및 삼합 등의 예물을 보내왔다. 숙소 세이코인(性高院)에 머물며
3경 무렵에도 막부의 명령으로 연회가 베풀어져 쓰시마번주 및 두
장로 등이 참석했다.

10월 6일에는 진시에 출발하여 하루 종일 90리 정도 나아가 한밤중
에 오카자키(岡崎)에 도착했다. 번주 미즈노 간모쓰타다유키(水野監物忠
之)가 관소에 와 문안하고 삼합 등을 보내왔다. 7일에는 해가 뜬 뒤에
출발하여 점심은 아카사카(赤坂)에서 먹고 마키노 다이가쿠 나리히데(牧
野大學成英)가 삼합을 보내왔으며, 저녁 무렵 요시다(吉田) 지역의 숙소
고신지(悟眞寺)에 도착했다.

8일 평명에 출발하여 아라이(荒井)에서 점심을 먹었는데 번주 도이
야마시로노카미 도시타다(土井山城守利忠) 역시 문안과 삼합을 보냈으며
밤에 하마마쓰(浜松) 객사에 이르렀다. 이곳의 번주인 마쓰다이라 호키
노카미 무네토시(松平伯耆守宗俊) 역시 문안하고 삼합을 보내왔다. 밤새
도록 큰 비가 내려 다음 날 아침까지도 그치지 않았으므로 조금 늦게

출발하여 덴류가와(天龍川)를 건너는데 모두 배로 만든 부교(浮橋)였다. 미쓰케(見付)에서 점심을 먹으니 호키노카미가 삼합을 보냈다. 초경(初更) 무렵 가케가와(掛川)에 도착하여 숙박하는데, 번주 오가사와라 야마시로노카미 나가노부(小笠原山城守長信)가 와서 문안하고 삼합을 보냈다.

10월 10일 아침에 출발하여 수십 리를 걸어 가네다니(金谷) 고개를 넘었다. 몇 십 리를 더 나아가 가네다니역에 도착했는데, 앞의 큰 강에 물이 불어 도저히 건널 수가 없었기 때문에 11일까지 그대로 유숙했다.

12일에는 아침 식사를 한 후 출발했는데 오이카와(大井川)를 건너 낮에 후지에다(藤枝)에 도착했으며 도운지(洞雲寺)에 숙소를 정했다. 이곳의 번주 나이토 기이노카미 스케노부(內藤紀伊守貳信)가 와서 문안하고 삼합을 바쳤다. 13일에 출발하여 우즈자카(宇津坂) 및 아베카와(阿部川)를 건너 나아가 스루가와 호타이지(駿河 寶泰寺)에 이르렀다. 삼사는 공복 차림으로 3관반[엔도 시모쓰케노카미 타네노리(遠藤下野守胤親)·사이토 비타노카미 미쓰마사(齊藤飛驒守三政)·도다 유키에 미쓰테루(戶田靭負光輝)] 및 에도로부터 온 사자 나가사와 이키노카미(長澤壹岐守) 등과 접견하고 연회에 참석했다. 이날은 에지리(江尻)로 가서 머물렀다

10월 14일 새벽에 출발하여 세이켄지(淸見寺)·후지카와(藤川)를 지나, 낮에 요시와라(吉原)에 도착하여 번주 마키노 사누키노카미 히데나리(牧野讚岐守英成)의 문안과 삼합을 받아 점심을 먹고 멀리 보이는 후지산을 구경했다. 식사 후 다시 출발하여 미시마(三島)에서 유숙했는데, 역시 번주 와키자카 아와지노카미 야스테루(脇坂淡路守安照)의 문안과 삼합을 받았다. 15일에는 새벽 망궐례를 하고 평명에 떠나 하코네 고개(箱根嶺)를 넘게 되었다. 고개 위의 큰 호숫가에서 점심을 먹고 출발하여 오다와라(小田原)에서 유숙했다. 하코네 및 오다와라 관할 번주 오쿠보 가가노카미 다다마쓰(大久保加賀守忠增)의 융성한 접대도 있었다.

10월 16일 비를 무릅쓰고 평명에 출발하여 두 개의 큰 다리를 건너

2장 신묘통신사행 출발 59

〈표 2-2〉 신묘통신사행 일본 내 노정과 지역 다이묘의 부담(1711.7.5~11.17.)

도착 일시	지명		숙박	접대 다이묘	성지(城地)
7.5	쓰시마	사스나우라	○	쇼 쓰시마노카미 요시가타	쓰시마 후추
7.17		니시도마리우라	○		
7.19		후추	○		
8. 9	이키 가자모토 (壹岐風本)		○	마쓰우라 이키노카미 다카시 (松浦壹岐守棟)	비젠(肥前) 히라토(平戶)
8.17	지쿠젠 아이노시마(筑前 藍島)			구로다 비젠노카미 노부마사 (黑田肥前守宣政)	지쿠젠 하카다(博多)
8.29	나가토 시모노세키 (長門下關)		○	모리 민부다이스케 요시모토 (毛利民部大輔吉元)	나가토 하기(萩)
9.2	스오 가미노세키 (周防上關)		○	모리 민부다이스케 요시모토	나가토 하기
9.7	아키 가마카리 (安芸鎌刈)		○	아사노 아키노카미 요시나가 (淺野安芸守吉長)	아키 히로시마(廣島)
9.9	빈고 도모노우라 (備後鞆浦)		○	아베 비추노카미 마사쿠니 (阿部備中守正邦)	빈고 후쿠야마(福山)
9.11	비젠 우시마도 (備前牛窓)		○	이케다 이요노카미 쓰나마사 (池田伊予守綱正)	비젠 오카야마(岡山)
9.12	하리마 무로쓰 (播磨室津)			사가키바라 시키부다이스케 마사쿠니(榊原式部大輔政邦)	하리마 히메지(姫路)
9.14	셋쓰 효고 (攝津兵庫)		○	마쓰다이라 도토우미노카미 타다다카(松平遠江守忠高)	셋쓰 아마가사키 (尼ヶ崎)
9.16	셋쓰 오사카 (攝津大坂)		○	오카베 미노노카미 나가야쓰 (岡部美濃守長泰)	이즈미 키시와다(岸和田)
9.27	야마시로 요도 (山城淀)		○	마쓰다이라 단바노카미 미쓰유키(松平丹波守光通)	야마시로 요도
9.28	교토 혼고쿠지 (京都 本國寺)		○	혼다 오키노카미 야쓰요시 (本多隱岐守康慶)	오우미 제제(膳所)
10.2	오우미 오쓰 (近江大津)			다니 하리마노카미 히로요리 (谷播磨守廣賴)	단바 야마가 (丹波山家)
10.2	오우미 모리야마 (近江守山)		○	마쓰다이라 이즈노카미 노리사토(松平和泉守乘邑)	이세 카메야마 (伊勢龜山)
10.3	오우미 야하타 (近江八幡)			이치하시 시모사노카미 노부나오(市橋下總守信直)	오우미 미즈구치(水口)
10.3	오우미 히코네 (近江彦根)		○	이이 카몬노카미 나오모리 (井伊掃部頭直興)	오우미 하코네
10.4	미노노 이마스 (美濃今須)			이이 카몬노카미 나오모리	오우미 하코네
10.4	미노노 오가키 (美濃大垣)		○	도다 우네메노카미 우지사다 (戶田采女正氏定)	미노 오가키
10.5	미노노 오키			오와리 주나곤 요시미치	오와리 나고야

			(尾張中納言吉通)	
	(美濃起)			
10.5	오와리 나고야 (尾張名古屋)	○	오와리 주나곤 요시미치 (尾張中納言吉通)	오와리 나고야
10.6	오와리 나루미 (尾張鳴海)		오와리 주나곤 요시미치	오와리 나고야
10.6	미가와 오카자키 (三河岡崎)	○	미즈노 간모쓰 타다유키 (水野監物忠之)	미자와 오카자키
10.7	미가와 아카사카 (三河赤坂)		마키노 다이가쿠 나리히데 (牧野大學成英)	
10.7	미가와 요시다 (三河吉田)	○	마키노 다이가쿠 나리히데 (牧野大學成英)	
10.8	도토우미 아라이 (遠江荒井)		도이 야마시로노카미 도시타다 (土井山城守利忠)	
10.8	도토우미 하마마쓰 (遠江浜松)	○	마쓰다이라 호키노카미 무네토시(松平伯耆守宗俊)	도토우미 하마마쓰
10.9	도토우미 미쓰케 (遠江見付)		마쓰다이라 호키노카미 무네토시(松平伯耆守宗俊)	도토우미 하마마쓰
10.9	도토우미 가케가와 (遠江掛川)	○	오가사와라 야마시로노카미 나가노부(小笠原山城守長信)	도토우미 가케가와
10.10	도토우미 가네다니 (遠江金谷)	○	오가사와라 야마시로노카미 나가노부	도토우미 가케가와
10.12	스루가와 후지에다 (駿河藤枝)	○	나이토 기이노카미 스케노부 (內藤紀伊守貳信)	
10.13	스루가와 슌부 (駿河 駿府)		엔도 시모쓰케노카미(遠藤下野守) 사이토 타노카미(齋藤飛騨守) 도타 유키에(戶田靭負)	
10.13	스루가와 에지리 (駿河江尻)	○	나베지마 기이노카미 모토우지(鍋島紀伊守元氏)	
10.14	스루가와 요시와라 (駿河吉原)		마키노 사누키노카미 히데나리 (牧野讚岐守英成)	
10.14	이즈 미시마 (伊豆三島)	○	와키자카 아와지노카미 야쓰노리(脇坂淡路守安照)	
10.15	사가미 하코네 (相模箱根)		오쿠보 가카노카미 타다마쓰 (大久保加賀守忠增)	사가미 오다와라
10.15	사가미 오다와라 (相模小田原)	○	오쿠보 가카노카미 타다마쓰	사가미 오다와라
10.16	사가미 오이소 (相模大磯)		마쓰다이라 사베에도쿠 나오쓰네(松平左兵衛督直常)	
10.16	사가미 노쓰카 (相模戶塚)	○	이나바 이요노카미 쓰네미치 (稻葉伊予守恒通)	
10.17	무사시 가와사키 (武藏川崎)	○	미네스카 비타노카미 다카오사 (峰須賀飛騨守隆長)	
10.18	무사시 시나가와		가토 도토우미노카미 야쓰노부	

	(武藏品川)		(加藤遠江守泰信)	
10.18	에도센소혼간지 (江戶淺草本願寺)	○	사카이 슈리다이부 타다오토(酒井修理大夫忠音) 사나다 이즈노카미 유키미치(眞田伊豆守幸道)	

주: 에도 센소지 내 쇼 쓰시마노카미의 숙소는 쇼후쿠지(崇福寺), 두 장로의 숙소는 다이마쓰
지(大松寺)·세이코지(淸光寺)였으며, 접대 담당 슈쿠보(宿坊)는 호온지(報恩寺)였다.

자료: 「道中筋御馳走御用」(1711년 3월 29일 발포), 『通航一覽』 卷37 朝鮮國部十三, 「來聘御
用掛附御書付類 御襃美等正德度」, 470~ 471面) 참조.

오이소(大磯)촌에서 점심을 먹었는데 마쓰다이라 사베에도쿠 나오미치
(松平左兵衛督直常)의 삼중(三重)을 받았다. 저녁에 주교를 건너 후지(富士)
역을 거쳐 도쓰카(戶塚)에서 머물렀다. 번주 이나바 이요노카미 쓰네미
치(稻葉伊予守恒通)가 회중(檜重)을 보내왔다. 17일에는 늦게 떠났는데 가
나가와(神奈川)를 지나 저녁에 가와사키(川崎)에 도착하여 유숙했다. 번
주 미네쓰가 비타노카미 다카오사(峰須賀飛驒守隆長)가 회중을 보냈고 아
라이 치쿠고노카미 하쿠세키(新井筑後守白石)가 에도에서 와서 전일 시집
서문을 지어 보낸 일에 대한 인사를 했다.

10월 18일 비를 무릅쓰고 평명에 출발하여 사시에 시나가와(品川)에
도착했다. 혼코지(本光寺)에 관소를 정하고 공복을 갖추어 입었으며, 번
주 가토 도토우미노카미 야스노부(加藤遠江守 泰信)가 회중을 보내왔다.
미시가 끝날 무렵 다시 출발하여 마침내 최종 목적지인 에도에 입성했
다. 여러 거리와 성문을 지나 2경 무렵에 에도의 객사인 히가시혼간지
(東本願寺)에 도착했다. 히가시혼간지 문 밖에서부터 두 명의 관반, 즉
사나다 이즈미노카미 유키미치(眞田伊豆守幸道)·사카이 슈리다이부 다다
오토(酒井修理大夫忠音)의 영접을 받으며 들어갔는데 에도 막부의 사자
시나카와 부젠노카미 다다우지(品川豊前守伊氏) 및 지대관 다섯 명과 쓰
시마번의 봉행들이 들어와 인사를 했다.

이후 통신사행(371명)은 에도에 머물면서 국서전명식 준비체제에 돌

입했다. 처음에 에도 막부는 에도성에서의 국서전명식[進見]을 10월 29
일로 잡았으나 28일부터 연이어 비가 내리는 바람에 연기하여 11월
1일에 시행하기로 했다. 이어서 11월 3일 쇼군 배려하의 향연(賜宴),
11월 5일 마상재, 11월 8일 회답국서 수령[辭見] 등의 일정을 끝내고,
드디어 11월 19일 에도를 떠나 귀국길에 오르게 된다. 10월 18일부터
11월 19일의 기간 동안 행해진 국서전명식 및 신묘통신사행의 에도
체재 양상은 2부에서 언급할 것이다. 7월 5일의 쓰시마 상륙부터 10월
18일 에도 도착까지의 일본 노정은 <표 2-2>로 정리했으며, 통신사
행의 일본 노정 지역을 구체적으로 표시한 것이 <그림 2-2>이다.

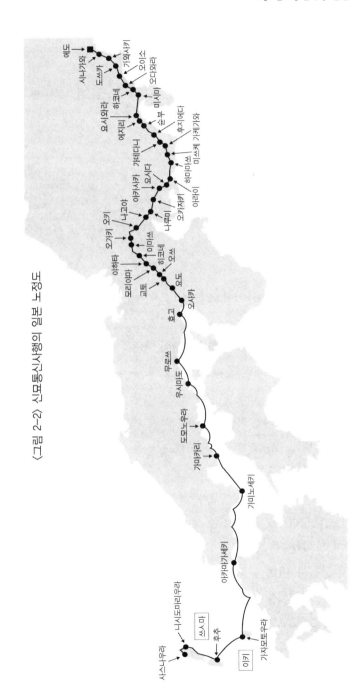

〈그림 2-2〉 신묘통신사행의 일본 노정도

3장

에도 막부의 영접 준비

1. 에도 막부의 조선어용 임명

이 장에서는 1711년 신묘통신사행이 10월 18일 에도에 도착하기 전에 이를 맞이하기 위해 준비하는 에도 막부 내의 모습을 살펴보고자 한다. 제5대 쇼군 쓰나요시의 서거(1709년 1월) 이후 국서전명식(1711년 11월 1일)에 이르기까지 약 2년 반에 걸친 에도 막부의 준비 과정 및 절차 등에 대해 구체적으로 살펴보자.

그 준비 과정은 크게 ① 에도 막부 주요 관료진의 조선어용 임명, ② 신묘통신사가 왕래할 각 지역(번)에 대한 어용 분담, ③ 통신사행이 지나가는 연로변 시가지에 대한 정비, ④ 에도성 내 국서전명식 준비의 네 단계로 나눌 수 있다.

먼저 통신사 접대 준비의 총괄책임을 맡은 조선어용 로추 쓰치야 마사나오의 조선어용 임명 및 역할을 알아보자. 앞(1부 1장)에서도 잠시 언급했지만 에도 막부는 제5대 쇼군 도쿠가와 쓰나요시 서거를 소선에 알리는 관백고부차왜의 파견 및 도쿠가와 이에노부의 제6대 쇼군 즉위 (1709년 5월 1일)를 축하하는 조선국 통신사의 초빙 준비를 서둘러야

했다.

이에 통신사 초빙과 관련된 복잡하고 다양한 업무를 원활하게 처리하기 위해 먼저 그 총괄책임자, 즉 조선어용 로추의 임명이 필요했다. 그리하여 1709년 4월 23일 로추 쓰치야 마사나오가 선례를 참작하여 다시 에도 막부 내 조선어용 총괄책임자로 임명되었다. 로추 쓰치야 마사나오는 조선국 통신사 일행 500명과 일본 측 수행원을 포함하여 2,000여 명이 훨씬 넘는 대규모 사행의 원활한 운영과 접대를 위해 외교적 의례 문제 및 막대한 규모의 재정 문제, 또 통신사행의 숙소와 음식 접대, 연로 및 시가지 정비와 치안 문제 등 실로 다양한 각도에서 문제들을 해결하기 위해 최선을 다했다.[1]

한편 조선어용 관련 실무 담당자의 선정 과정을 살펴보면 다음과 같다. 1709년 5월에는 슨부 가번(駿府加番)으로서 고부신 사이토 비타노카미 미쓰마사(小普請 齋藤飛驒守三政)를, 동년 11월 25일에는 통신사 접대 실무 지휘에서 주요 3역인 의례총괄(지샤부교 혼다 단쇼 쇼히쓰)·재정총괄(간조부교 하기와라 오우미노카미)·감찰총괄(오메쓰케 센고쿠 단바노카미) 및 고메쓰케[2] 4명[고노 간우에몬(河野勘右衛門)·스즈키 이베(鈴木伊兵衛)·오쿠보 진우에몬(大久保甚右衛門)·스즈키 비타노카미(鈴木飛驒守)]을, 12월 1일에는

---

1) 조선어용 로추는 에도 막부 내 주요 관료 중에서 각 분야를 담당할 조선어용 책임자를 선정·임명하는 일부터 시작하는데, 이해를 돕기 위해 에도 막부의 관료조직도를 <그림 3-1>에 소개해놓았다.

2) 고메쓰케(御目付)는 에도 막부 직제의 하나로 게이초·겐나(1596~1624년) 무렵부터 설치되어 10여 명에서 20여 명에 이르렀으나 1732년인 교호(享保) 17년 이후 10명으로 고정되어 쥬닌메쓰케(十人目付)로 불리게 되었다. 임무는 와카도시요리(若年寄) 지배하에 에도성 내의 사찰, 전중 예법 지휘, 비상시의 파견, 효조소(評定所: 에도 막부의 최고재판소 역할을 하는 사법기관으로서 쇼군·로추의 정치적 자문기관 역할도 겸했다) 입회 등인데, 통신사 접대와 관련해서는 전중(에도성 내 국서전명식) 의례 지휘를 맡았던 것 같다.

〈그림 3-1〉 에도 막부의 관료 조직도

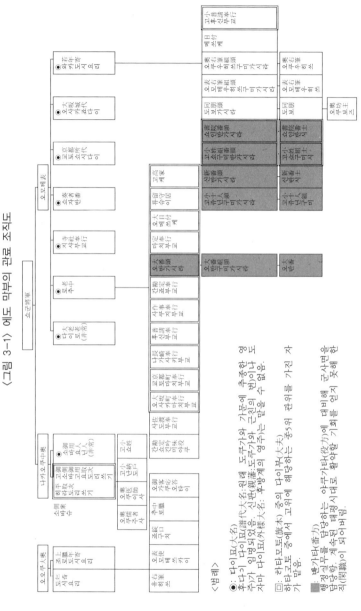

<범례>

○: 다이묘(大名)
주다이(譜代大名:원래 도쿠가와 가문에 충종한 영
주가 임명되었음. 신판(親藩:도쿠가와 친척)과 군치나
자마 다이묘(外樣大名: 후방에서 영주가 되는 다이묘)

回: 하타모토(旗本) 중의 다이부(大夫)
하타모토 중에서 쇼군의 교우에 해당하는 중우위 관위를 가진 자
가 맡음.

■ : 반가타(番方)
행정실무를 담당하는 야쿠가타(役方)에 대비해 군사면을
담당함. 계속되 태평시대로 활약할 기회를 얻지 못해 한
직(閑職)이 되어버림.

자료: 竹内誠 監修, 『地圖 · グラフ · 圖解でみる 一目でわかる江戸時代』(小学館, 2004), 102面.

와카도시요리로서 가토 에추노카미 아키히데(加藤越中守明英)를 임명
했다.

또한 1710년 1월에는 고우피쓰(御右筆)로 바바 마쓰노스케(馬場杢之
助)와 다마오키 한스케(玉置半助), 3월 23일에는 도중(道中) 관련 어용인
고간조(御勘定: 재무 담당)로서 하기와라 겐자에몬(荻原源左衛門)·나자 세
다유(奈佐淸太夫)·아사쿠라 한구로(朝倉半九郞) 등을 임명했다.

그리고 통신사가 일본을 방문하는 1711년에는 1월부터 더욱 많은
에도 막부 관료들이 조선어용 실무진으로 추가 임명되었고, 2월에는
통신사의 도중 경비 및 그 외 인마의 부담을 할당시켰으며, 3월에는
에도 숙소를 비롯하여 도중 숙소의 향응과 영접 인마 등의 비용을 오와
리·기이를 비롯한 각지의 다이묘(大名)에게 부과시키고 있음을 찾아볼
수 있다.[3]

조선어용 실무와 관련하여 추가로 임명된 대표적인 관료만 소개하면
다음과 같다. 1711년 3월 3일 에도 숙소의 소방 담당으로 도자와 가즈
사노카미(戶澤上總介) 임명, 3월 15일 주요 5개 지역(오사카·교토·슨부·시
나가와·에도)에서의 통신사 영접 사자(上使) 임명, 6월 1일 에도성 내의
소방 담당으로 사카이 가가쿠가시라(酒井雅樂頭) 임명, 7월 6일 에도성
내 의전 담당으로 고케(高家: 에도 시대 막부의 의식·전례, 칙사 접대 및 조정에

---

3) 『通航一覽』卷37 朝鮮國部十,「來聘御用掛附御書付類 御褒美等正德度」, 468面.
  "쇼토쿠 1년 신묘 2월 대관들에게 통신사행의 도중 접대 및 그 외 인부·말
  등의 부역을 명령했다. 이해 3월부터 에도 숙소를 비롯해 도중 숙소와 각 역의
  향연 및 송영을 위한 비용을 오와리·기이 두 가문 이하 각 지방 다이묘에게
  부과했다. 또 이와 관련해서 미리 문서로 명령을 내렸다(正德元辛卯年二月 御
  代官の輩に信使旅中御賄 其外人馬割等の御用を命せらる 同年三月より江
  戶旅館をはじめ 道中宿驛の御饗応 及び送迎鞍馬等の御用 紀伊御兩家以下
  諸大名に課せられ また其事によりかねて御書付を出さる)."

〈표 3-1〉 에도 막부 조선어용 중요 책임자 선정 과정

구분		내용
조선어용 총괄		로추 쓰치야 사가미노카미 마사나오
접대 실무 3역	의례	지샤부교 혼다 단쇼 쇼히쓰
	재정	고간조부교(御勘定奉行) 하기와라 오우미노카미 시게히데
	감찰	오메쓰케 센고쿠 단바노카미 히사나오
전중예법·사찰		고메쓰케 4명
상사(上使) (5개 숙소 영접)		도키 이요노카미 요리다카(土岐伊予守賴殷, 오사카)·마쓰다이라 기이노카미 노부쓰네(松平紀伊守信庸, 교토)·나가사와 이키노카미(長澤壹岐守, 순부 왕로)·하타케야마 가즈스노카미(畑山下總守, 순부 귀로)·사카이자에몬 타다자네(酒井左衛門忠眞, 시나가와)·시나가와 부젠노카미 고레우지·고케 오다 노토노카미(織田能登守, 에도)
관반(館伴) (에도 숙소 영접)		고치소부교(御馳走奉行) 사카이 슈리다이부 다다오토·사나다 이즈노카미 유키미치
시바오기도 (芝大木戸) 경비		나카가와 나이젠쇼(中川内膳正)
에도성 소방(火消)		도자와 가즈사노카미(戸澤上總介)
서한어용(書翰御用)		아라이 치쿠고노카미 하쿠세키
서독어용(書讀御用)		하야시 다이가쿠카시라(林大學頭)·아들 하야시 시치사부로(林七三郎)
서한필자(書翰筆者)		사사키 만지로(佐々木万次郎)·아들 사사키 요사우치(佐々木喜内)

보내는 사절·공문 등을 담당하는 신분으로 무로마치 막부 이래로 명문 26가문에서 세습하여 맡았음) 신분의 시나가와 부젠노카미·오다 노토노카미 임명, 7월 27일 에도성에서의 통신사 어전 호위로 와카도시요리 구세 야마토노카미 시게유키(久世大和守重之)·도리이 이가노카미 타다노리(鳥居伊賀守忠敬) 임명, 7월 30일 의전 담당으로 고케 신분의 요코세 스루가노카미(橫瀨駿河守)·나카조 야마시로누카미(中條山城守)·오도모 인비노카미(人友因幡守)·오다 사누키노카미(織田讃岐守)를 추기로 임명, 8월 1일 에도성 내 치안 및 주자(奏者) 등의 임명, 9월 23일 서한 작성 임무에 아라이 하쿠세키 임명 등이다. 이렇게 약 2년 반에 이르는 준비 기간 동안

연이어서 조선어용이 선정되고 있음을 알 수 있다. 이러한 에도 막부 관료의 조선어용 임명에 대해 주요 역할별로 간략히 정리한 것이 <표 3-1>이다.

2. 각 번의 조선어용 할당

앞의 <그림 2-1>은 부산포에서 바다를 건너 쓰시마로 입국한 통신사 일행이 최종 목적지 에도 입성에 이르기까지의 일본 노정도이다. 부산을 출발한 통신사 일행은 바닷길로 쓰시마에서부터 이키·아이노시마 등을 거쳐 세토나이카이를 지나서 야마시로노쿠니(山城國)의 요도(현재의 오사카)에 이르게 된다. 이곳 오사카에 통신사 일행 중 129명이 잔류하고 삼사를 비롯한 나머지 371명이 에도로 향하게 되는데, 여기서부터 육로를 이용하여 도카이도(東海道)·오우미(近江)·나카센도(中山道)·미노지(美濃路) 등을 거쳐 목적지 에도에 이르렀다.

한편 500명에 이르는 통신사 일행을 비롯하여 쓰시마번 등의 수행 인원을 포함한 대규모 행렬을 위한 숙박 및 음식 등 생필품 조달, 그 운반을 위한 노동력과 경비 부담은 실로 막대했다. 이에 에도 막부는 막번체제라는 행정체제를 이용하여 통신사행이 머무는 이키 가자모토(壹岐風本)의 마쓰우라 이키노카미(松浦壹岐守)를 필두로 동쪽으로 향하는 진행 순서에 따라 시나가와 지역 가토 도토우미노카미 등에 이르기까지, 각 번의 영주들을 영접을 위한 고치소닌(御馳走人)으로서 명령하는 문서를 로추 호쇼 형식으로 전달했고(1711년 3월 29일), 이로써 일본 전국의 영주들을 동원하는 대규모 체제가 가동되었다.[4] 즉, 8월 9일 쓰시

4) 『通航一覧』 卷37 朝鮮國部十三, 「來聘御用掛附御書付類 御褒美等正德度」,

마를 출발하여 바닷길로 9월 27일까지 오사카 및 요도가와[5)]에 이르는
약 50일 동안의 제반 부담에 대해서는 서쪽 지역 다이묘가, 9월 28일
요도를 출발하여 육로를 통해 10월 18일 에도에 이르는 약 20일 동안

470~471面.

"쇼토쿠 원년 3월 29일

1. 올해 조선인이 내빙하므로 도중영접 관련 부담에 대한 명령을 에도 체류
중인 영주들에게는 직접 전하고 귀국 중인 영주들에게는 로추 호쇼로 전달했다.
조선인 내빙에 관련 부과된 영접인과 장소

이키 가자모토 마쓰우라 이키노카미, 지쿠슈 아이노시마 마쓰다이라 우에몬자,
슈쥬 가미노세키(봉서로 전함) 마쓰다이라 민부다이스케, 조슈 아카마세키 상기
인, 빈고 도모노우라 아베비추노카미, 비젠 우시마도 마쓰다이라 이요노카미
(……), 시나가와 가토 도토우미노카미

위와 같이 고하쿠쇼인이라 부르는 방에서 로추들 참석하에 아키모토 다지마노
카미가 명령을 내렸다.

(正德 元年三月二十九日 / 一 當年朝鮮人來朝に付 道中筋御馳走御用可被仰
付旨 在府之面々者被爲召被仰付 在邑之面々江者 老中以奉書達之。 / 朝鮮人
來朝に付 御馳走人場所附 / 壹岐風本 松浦壹岐守 筑州藍島 松平右衛門佐
周州上ノ關(以奉書)松平民部大輔 長州赤間關 右同人 備後鞆 阿部備中守 備
前牛窓泊 松平伊予守 (……) 品川 加藤遠江守 / 右之通於御白書院 老中列座
秋元但馬守申渡之)."

5) 『通航一覽』 卷37 朝鮮國部十三, 「來聘御用掛附御書付類 御褒美等正德度」, 470面.
"쇼토쿠 원년 2월, 올 7~8월경 조선인 내빙 예정에 따라 오사카부터 요도까지
강에 댈 선박을 제공하라는 명령이 쓰치야 사가미노님으로부터 하달된 영주는
마쓰다이라 아키노카미, 동 민부 쇼스케, 동 아와지노카미, 동 도사노카미, 동
오키노카미, 오가사와라 우콘 쇼간, 다테도토우미노카미, 쇼 쓰시마노카미, 아
베 쓰시마노카미, 마쓰다이라 슈도카시라, 이나바 이요노카미였다(正德 元年
二月 當七八月頃朝鮮人就來聘 從大坂淀迄川御座船可指出旨 十屋相模守殿
に而被仰渡候大名方 松平安芸守 同民部小輔 同淡路守 同土佐守 同隱岐守
小笠原右近將監 伊達遠江守 宗對馬守 阿部對馬守 松平主殿頭 稻葉伊予
守)."

의 부담은 동쪽 지역 다이묘가 맡도록 명령을 내린 것이다.[6] 이렇게 쓰시마부터 에도에 이르는 통신사행에 대한 영주들의 영접부담에 대해 정리한 것이 앞서 살펴본 <표 3-1>이다.

<표 3-1>을 참고하여 에도 막부의 명령을 받은 각지 영주들의 부담에 대해 살펴보자. 먼저 명령을 받은 영주의 지역을 언급해보면 쓰시마번부터 이키·치쿠젠·나가토·아키·빈고·비젠·하리마·셋쓰·이즈미·야마시로·교토 등의 서쪽 지역을 비롯하여, 오우미·미노·오와리·미카와·도토우미·스루가와·이즈·사가미·무사시 등 동쪽 지역까지 영접부담이 부과된 것을 확인할 수 있다. 그리고 요도부터 에도까지의 육로 이동에 필요한 인마 등의 노동력 부담은 모두 6명의 다이칸(代官)이 관장하도록 했는데, 요도에서 아라이, 아라이에서 에도의 두 구간으로 나누고 각 구간마다 3명의 다이칸이 맡게 했다.[7]

신묘통신사행의 일본 체재 기간은 쓰시마 입국(7월 5일)부터 국서전명식을 위해 에도로 갔다가 쓰시마로 되돌아와(1712년 2월 25일) 귀국하기까지의 7개월 반 정도였다. 일본 체재 기간 중에서 가장 오랫동안 머문 곳이 쓰시마였는데, 처음 일본에 입국했을 때의 한 달 남짓(7월 5일~8월 9일)한 기간과 일정을 마치고 다시 쓰시마로 돌아와 조선 귀국을 준비하는 약 보름간(2월 9일~2월 25일)을 합치면 모두 50여 일이나 체재했음을 알 수 있다. 그다음이 통신사행의 최종 목적지이자 국서전명식이 행해진 에도로, 약 30일(10월 18일~11월 18일) 전후였다. 한편 통신사행의 전체 관반 역을 맡은 쓰시마번주와 통신사 접반승(接伴僧)을 맡은 2명의 장로(縁長老·集長老)[8]는 에도를 왕복하는 상·하행의 모든 노

---

6) 仲尾宏, 『朝鮮通信使と江戶時代の三都』(明石書店, 1993), 124面.

7) 『通航一覽』 卷37 朝鮮國部十三, 「來聘御用掛附御書付類 御褒美等正德度」, 470面.

8) 쓰시마번의 이테이안은 16세기 말부터 에도 막부 말까지 존재했던 선종 사찰로 일본의 대조선 외교문서 작성을 맡았다. 교토 고산(五山)의 학승들이 1~3년씩

정에 동반했다.

3. 연로 시가지 정비

1710년 3월부터 신묘통신사행의 도중 행로 및 숙소에 대한 정비 작업이 에도 막부의 조선어용 실무 관료들에 의해 시작되었다.[9] 그리고 통신사가 방문하는 1711년에는 본격적인 시가지 정비가 다양하게 펼쳐졌다. 예를 들면 1711년 1월 미가와(三河=三州) 지역의 요시다(吉田)·야사쿠(矢作) 등에서는 다리 보수를 했으며, 교토의 숙소 혼고쿠지(京都宿坊本國寺) 및 오사카 선박(大坂御船)에 대한 점검 및 수리 등도 행해졌다.

동년 3월 3일에는 통신사의 에도 숙소 히가시혼간지에서의 접대 관반(사카이 슈리다이부·사나다 이즈노카미)을 임명했고, 3월 29일에는 참근교대로 에도체재 중인 각 번의 영주들을 에도성에 소집하여 로추의 호쇼로 통신사가 왕래하는 지역에 대한 여중비용[旅中御賄]·인마(人馬) 어용, 해도(海道)·선도(船渡) 어용 부과와 에도·오사카·교토 지역의 숙소 정비 및 수리를 명령했다. 그리고 도중의 주요 4개 숙소(오사카·교토·슨부·시나가와)에서 별도로 통신사를 영접할 상사(上使)를 임명했고, 동년 5월 10일 통신사가 통과하는 지역·숙소·도로·역참·다리 등 각지에 대해 추가로 지시가 내려졌으며, 6월에는 에도성 내 치안경비 및 소방시설과 에도성 내 의전 양식 등에 대한 점검 등이 이루어지는 등 통신사를

교대로 파견되는 윤번제 형태로 운영되었다. 연장로는 교토 쇼고쿠지 지쇼인(相國寺 慈照院) 주지였으며, 집장로는 교토 겐닌지 에이겐안(建仁寺 永源庵) 소속이었다.

9) 『通航一覧』 卷37 朝鮮國部十三, 「來聘御用掛附御書付類 御褒美等正德度」, 469～471面.

맞이할 영접 준비가 다양하게 전개되고 있음을 찾아볼 수 있다.

　이와 같이 1711년 연초부터 통신사 조선어용과 관련하여 왕복하는 연로의 각 지역에 많은 법령 및 포고문[御觸]이 시달되는데,[10] 에도 시가지 정비에 대해서만 살펴보아도 20여 차례 이상의 포고문을 찾을 수 있다. 에도의 경우 국서전명식이 행해지는 통신사행의 최종 목적지라는 점과 긴 체재 기간 등으로 인해 에도 막부의 관심이 특히 집중되고 있었던 것으로 보인다.

　이에 통신사행의 최종 목적지인 에도의 주요 시가지 정비에 대한 에도 막부의 사전 준비 과정을 살펴보자. 에도 막부의 포고문이 어떤 과정을 거쳐 에도 서민과 시가지에 전달되었는지에 대해서도 고찰할 것이다. 이러한 분석이 통신사행과 문화가 당시 에도 지배층 및 사회·문화·풍속 등에 대해 미친 영향을 찾는 데 도움되기 때문이다. 우선 통신사의 일본 내빙을 준비하는 도시법령으로 널리 알려진 마치부레(町觸)를 먼저 소개하고 이를 신묘통신사행이 이루어지는 쇼토쿠 원년(1711년)의 마치부레와 비교·검토함으로써 도시 정비 과정을 살펴볼 것이다.

　일명 조선인 내방(朝鮮人參府) 도시법령으로 널리 알려진 포고문에 대해 먼저 알아보자. 이 포고문은 메이레키 3년(1657년)의 대화재[11] 이전

---

10) 『通航一覽』 卷46 朝鮮國部二十二, 「信使來聘に付町触等」, 62面. "쇼토쿠 1년 신묘년 통신사 내빙 시, 도시 포고문 등을 특히 엄중히 시달하여 화려하게 정비하도록 도착하기 전에 로추 및 와카도시요리를 비롯한 세 부교 등에 의해 여러 차례에 걸친 도로 시찰이 행해졌다(正德元辛卯年 信使來聘のとき 市中 御触等特に嚴重にして 華麗に制せられす 參着の前 老中若年寄をはしめ 三奉行 其外度々道筋見分あり)."

11) '메이레키 대화재(明曆大火)'는 메이레키 3년(1657) 정월 18~20일의 3일 동안 에도성 혼마루를 비롯하여 에도 시가지의 대부분을 태워버린 대화재로서 에도 시대 최대의 화재였다. 이때 소실된 마치(町)가 400여 개, 사망자는 10여만 명을 넘었다. 이후 에도 시가지가 복원되면서 도시 경관도 상당히 달라졌다

부터 종종 시달되었는데 대체로 통신사가 내왕하는 연로변의 시가지와 가옥 정비와 청소 등에 주력하고 있음을 찾아볼 수 있다.[12]

한편 이에 비해 제8차 통신사행을 맞이하는 에도 막부의 도시 정비 및 영접 방침은 종전의 시가지 청소·정비 방침에 덧붙여서 특히 화재 예방에 주안점을 두었음을 확인할 수 있다. 다음은 1711년 7월 27일 발포된 도시법령 속의 조선인 내왕 부분인데, 그 전문은 다음과 같다.

고 한다.

12) 『正宝事錄』 122(玉井哲雄, 『江戸 失われた都市空間を讀む』, 平凡社, 1986, 96~97面).
"오보에(覺)
1. 빨래 등 세탁물을 거두어들일 것.
1. 어떤 물건이라도 보기 흉한 것은 거두어들일 것.
1. 처마 차양을 청소할 것.
1. 경비초소 중 보기 흉한 곳이 있으면 마룻바닥 밑까지 깨끗이 청소할 것.
1. 벽·담 등의 중간에 판자가 손상된 곳은 수리하고 같은 색으로 바를 것.
1. 지붕 기와가 손상된 곳은 수리할 것.
1. 처마 밑의 천막 위에 발을 치든가, 아니면 판자를 치워버릴 것. 아니면 깨끗이 다시 바르든지 할 것. 종이로 표면을 장식하든가 하여 판자를 치워버릴 것. 그렇지 않으면 깨끗이 새로 도배를 하든가, 종이를 바를 경우에는 세 가지 색깔 중에 골라 할 것.
1. 골목 안 상점에 보기 흉한 곳이 있으면 위의 수리법을 참고할 것(……)
(覺 / 一 ものほしとらせ可申事 / 一 何に而も見苦敷もの置候所 是もとらせ可申事 / 一 屋根ひさし掃除之事 / 一 番屋見くるしき所有之候間 あらわせ 板敷之下迄奇麗可仕事 / 一 こし板破候所繕いたし 同し色ニいろを付可申事 / 一 かわらの損し候所 修復可仕事 / 一 庇の下のふれんの上にすかしを致候 此板とらせ候歟 無左は きれいにはり直候歟 紙を取候か 三色之內能樣に可仕事 / 一 よこ町ニ見くるしき所有之候間 是又右同前に可申付候事……)."

쇼토쿠 1년 7월 오보에(覺)

1. 조선인의 내빙·체재 기간 동안, 시가지 각 상가는 자경단 및 교대로 경비를 담당할 것.

   불을 사용하는 곳의 화재 예방에 대해 가리야(借屋)·다나가리야(店借)에 이르기까지 나누시(名主)와 집주인(家主)들은 거듭거듭 당부할 것. 만약 화재가 발생하면 조속히 달려와 불을 끌 것.

1. 조선인이 통과하는 거리는 정성을 다하여 청소할 것. 상가 면적에 따라 물통을 준비해 조선인 통과하기 직전에 물을 뿌리도록 할 것.

1. 대로 연변의 상가는 대나무 울타리[竹矢來]를 길이 1척, 높이 3척 정도로 맞추어 보기 좋게 정리할 것.

   부칙, 간판들 중에 물건 모양으로 만들었거나 그림이 그려져 있는 등, 이해하기 어려운 것들은 조선인이 통과하는 동안 임시 철거하도록 할 것.

1. 조선인 통과 시에 통행인들은 긴급 용무 외에는 모두 귀천을 막론하고 도로 양측에 멈추도록 할 것. 만약 골목길에서 나와 조선인 행렬을 방해하는 자가 있으면 이를 막을 것. 그 긴급 용건이 명확하다면 행렬이 끊어지는 틈을 살펴 조속히 통과하도록 할 것.

1. 조선인 통과 시 이층 또는 창문에서 구경할 시에는 발 등을 쳐서 예의바르게 구경할 것. 물론 세탁물을 말리는 곳에서 구경하는 것도 개의치 않음. 단, 지붕 위는 삼갈 것.

1. 상가 2층에서 구경할 시에는 질서정연하게 하여 큰 목소리로 떠들거나 웃거나 하는 일 없이 조용히 구경할 것. 발·천막·병풍 등으로 구분하여 남·여·스님·비구니 등 알아볼 수 있도록 하여 섞이지 않도록 할 것. 분배된 물건들을 흩지 않고 무례하게 굳지 않으며 싸움·언쟁·과음은 물론이고 소란스러운 행동은 일체 하지 않도록 할 것.

   부칙, 화려한 색깔의 비단 천막이나 금은병풍을 소지한 자는 자유

로이 사용해도 된다.

1. 길가나 골목길에서 구경할 경우, 앉아서 구경하는 경우와는 다르므로 남·여·스님·비구니 등이 섞여도 되지만 예의 바르게 구경토록 할 것.

1. 통과하는 연로변 다리에서 바라보이는 건너편 강가에 땔감·나무·쌀 등을 쌓아둔 자들은 정리정돈을 하여 가지런히 정비해두도록 할 것. 처마 밑에는 물통 등을 두지 말 것. 물론 대나무·사다리 등 보기 흉한 것들은 기도(木戶: 시가지에 설치해놓은 경비초소 — 지은이)에 두지 않도록 할 것.

1. 통과하는 연변 강가의 선박들은 질서정연하게 정비하고 보기 흉한 선박들은 후방으로 치울 것. 만약 배 위에서 구경할 경우에도 시가지에서처럼 예의를 잘 지킬 것.

1. 조선인의 종자(從者)와 매매를 하는 경우는 금액의 다소고하(多少高下)를 막론하고 엄격히 금한다. 후일 알려지면 처벌토록 함.

위 조목 조목들을 시가지 내 반드시 널리 시달토록 할 것.13)

---

13) 『通航一覽』 卷46 朝鮮國部二十二, 「信使來聘に付町触等」, 65~66面. "正德元年七月 按するに 琉韓紀事によるに 二十七日の御触なり 覺 / 一 朝鮮人來聘に付 逗留之間町中自身番中番可仕候 按するに 御触に町中中番の事 明曆度に見え 天和度は所見なし 火之元之儀 借屋·店借裏々迄 隨分念入候樣に 名主家主無油斷申付 若火事出來候は 早々馳集り消可申事 / 一 朝鮮人通り候道筋之町中掃除念入 間數に応じ 水手桶出置 朝鮮人通り候前に水打可申事 / 一 通筋町中雨落之溝より外江一尺程出し 高さ三尺程之竹矢來並能 高下無之樣に可仕候事 附 看板に物之形を作り繪を書候類之內 わけもなきもの共は朝鮮人通り候內 暫爲取可申事 / 一 朝鮮人通り候節 往來之輩急用之外者 貴賤によらす斷を申 道之左右江よらせ止め置へし 若橫筋 より通りかかり 朝鮮人之行列割候者有之候は 斷を申相止むへし 急用之子細分明に候は 見合 候而行列之間切れ候時 早々通すへき事 按するに 前度は看板の事 及びこの箇條みえす 次條おなし / 一 朝鮮人通り候時刻 二階又は窓より見物仕候は 簾など懸け行儀能 見物可仕候 勿論物干に而見 物仕候儀も不苦事 但 屋根に而見物仕間敷事 /

이 글에서는 막부의 통신사 영접을 위한 에도 시가지 정비가 메이레키 원년(1655년 제6회 통신사) 때의 도시 법령과 달리 화재 예방에 특히 깊은 관심을 기울이고 있음을 찾아볼 수 있다. 이는 메이레키 3년의 대화재로 인해 에도 시가지 3분의 2 이상이 소실되고 만 뼈저린 경험 때문이었다. 통신사행 및 이를 호위하는 일본 측 무사, 연로 시가지의 많은 구경꾼으로 인해 자칫 잘못하면 대형 화재가 일어날 위험도 있었으므로 에도 막부는 끊임없이 주의를 환기시킨 것이다. 그리고 통신사 행렬이 지나가는 대로변 구경꾼들에게 예의범절의 준수를 거듭 당부함과 동시에 수도 에도 시내 번화가[니혼바시(日本橋)부터 혼마치(本町)까지의 시가지]의 도시 경관과 구경꾼의 의복을 가능한 깨끗하고 화려하게[14]

一 見世店幷二階にて見物仕候共 作法能仕 高聲高笑ゆびさしなど不仕 物靜に見物可仕候 簾幕屛風 等にて仕切 男女僧尼等わかり罷在見物可仕候 交り居申間敷候 給物等取散し不申 不行儀成體不仕 喧嘩口論醉狂者不及申 惣而物騷敷仕間敷事 按するに この箇條またはじめてみゆ / 附 色絹緞子幕 金銀之屛風所持仕候は 勝手次第用可申事 按するに 天和度は金屛風建候事 いよいよ停止のむね仰出さる / 一 辻々橫小路江行懸り見物之儀 棧敷とは違候間 男女僧尼等入交り 行儀能見物仕候分者不苦事 按するに 明曆天和度には 辻橋の上にて見物を許されす / 一 通り筋橋より見通し候河岸 幷橋詰に 薪竹木米之類積候所者 猥に無之並能積置掃除可仕候 庇下に 手桶釣置へからず 勿論竹幷棒梯子熊手 其外見苦敷もの 木戸に建掛置へからさる 事 / 一 通り筋川々之船共並能 見苦敷船共は跡江くり候樣に仕へし 若船に而見物候共 町並見物之格に准 し 行儀能見物すへき事 / 一 朝鮮人之從者と賣買之儀 多少高下に寄す堅く仕間敷候 後日に相知るにおいては可爲曲事事 按するに この二箇條御觸にはしめてみゆ 右條々 町中急度可相觸もの也."
14)『通航一覽』卷45 朝鮮國部二十一,「來聘被仰出 幷諸御書付」, 52面.
"쇼토쿠 원년
1. 이번 조선인이 통과하는 연변에 있는 무사들의 저택에서는 대문을 열어 황금 병풍을 설치하고 비단 천막을 세우거나 활이나 총 같은 무기를 장식하고 경비병은 무사의 정장을 매우 화려하게 차려입도록 할 것. 각 시가지의 상가들

갖추어(상기 법령 제6조) 통신사들을 깜짝 놀라게 해줄 것을 의도하고 있다.

화려하게 치장한 거대 도시 에도로 몰려든 수많은 군중의 활기와 열기 속에서 펼쳐지는 일생일대의 성대한 통신사 행렬을 구경하는 모습은 당시 일본의 풍속화(우키요에) 및 우리 통신사들의 기록 속에 많이 남아 있다. 우키요에를 통한 통신사에 대한 분석은 다음 장으로 미루기로 하고 여기서는 우리 통신사들의 눈에 비친 당시 에도 시가지와 민중들 모습에 대해 약간 소개하기로 한다.15)

당시의 사행기록인 『동사일기』에 의하면 "좌우에 여염이 즐비하고 (중략) 구경하는 사람들이 길을 메우고 그 찬란한 비단 옷차림이 눈을 현란케 했다"며 에도의 시가지 풍경을 묘사하고 있다.16)

도 황금 병풍과 천막을 세우고 일반 남녀가 구경하는 곳에도 천막은 비단 등으로 하여 최대한 화려하게 꾸미도록 할 것(正德 元年 / 一 今度朝鮮人通候道筋 武家屋敷大門を開 金屛風を建 幕は段子 外幕は紫絹 或は晒弓鐵砲飾立 番人廊上下 隨分花やかに致候樣被仰付候 町々も金屛風幕をうち 男女見物致候 幕は縮緬 白段子 紗綾 御所染類之幕打 おもひおもひ花やかに飾申候)."

15) 『通航一覽』卷66 朝鮮國部四十二,「信使着館幷滯留中御扱」, 336面. "쇼토쿠 원년 삼사가 에도에 도착했다. 즉, 시나가와부터 아사쿠사까지의 길에 다이묘 및 부인들이 구경을 하기 위해 번화가의 가게에 높게 만든 관람석을 준비하도록 명령했다. 온갖 비단 등으로 천막을 두르고 대로변 가게의 기둥에는 갖가지 색의 비단을 감고 금은 병풍 등을 쳐서 일본의 번영을 드러내어 조선인의 눈을 깜짝 놀라게 하여라(正德 元年 三使江戸へ着なり 依て品川より淺草まで道筋は 大名衆若殿奧方見物のため 町々のみせ店を棧敷を仰せ付られて 紗綾縮緬純子等の幕打廻し 表通のみせ下の杜は悉く色々の染絹をもつて卷之 金銀の屛風光輝き 通筋の結構 日本の繁榮を顯はして 朝鮮人の目をおどろかせたまふ)."

16) 任守幹, 『東槎日記』(『海行摠載』 9권 소수), 209面. "미시(未時)가 끝날 무렵 공복을 갖추고 갔다. 좌우에 여염이 즐비한데 모두 충각이며 가는 판자를 덮은

참고로 약 8년 뒤(1719년) 제9차 통신사행으로 에도를 방문한 신유한이 『해유록』17)에서 "길옆에 있는 장랑(長廊)은 모두 상점이었다. 도시에는 마치가 있고 마치에는 문이 있고 거리는 사면으로 통하여 평탄하고 곧기가 활줄과 같았다. 분칠한 다락과 아로새긴 담장은 3층과 2층이 되었고, 서로 연한 지붕은 비단을 짜놓은 것 같았다. 구경하는 남녀가 거리를 메웠는데 수놓은 듯한 집들의 발과 창을 우러러보매, 여러 사람의 눈이 빽빽하여 한 치의 빈틈도 없고 옷자락에는 꽃이 넘치고 주렴 장막은 햇빛에 빛남이 오사카에서보다 세 배는 더했다"라고 표현한 것으로 보아, 우리 통신사 일행들이 당시 에도 시내의 상가와 구경꾼들의 복장 등에서 더할 나위 없이 화려하고 정비된 활기를 느끼고 있음을 찾아볼 수 있다.

이와 같이 에도 막부는 1711년 연초부터 통신사의 에도성 입성하는 10월 말까지 수십 차례에 걸친 법령 및 도시 법령을 발포했는데, 1711년의 에도 시가지 정비 관련 법령만 정리하면 <표 3-2>와 같다.

것이 물고기 비늘과 같다. 옥상에는 모두 통을 놓고 물을 담아 두는가 하면 또 높은 사다리[雲梯]를 만들어 화재를 방비했다. 참호를 만들고 바닷물을 끌어 온 데가 대여섯 군데나 되는데, 모두 판교를 설치하여 배가 그 밑으로 다니도록 되어 있으며, 이문(里門)은 모두 180여 군데나 되었다. 다시 성문을 지났는데 석축이 매우 견고하며, 길가에는 모두 대로 난간을 설치했다. 구경하는 사람들은 길을 메웠으며 누상에서 발[簾]을 걷고 구경하는 자들 또한 많아, 그 찬란한 비단 옷차림은 사람의 눈을 현란케 했다."
17) 申維翰, 『海游錄』(『海行摠載』1권 소수), 522面.

〈표 3-2〉 1711년의 에도 시가지 정비 관련 법령과 정비

월일		제목	내용
2	15	16일의 마치부교(町御奉行) 순회 안내	에도 마치나누시(町名主)·쓰기교지(月行事)의 시가지 도로 청소
	16	마치부교의 시찰 점검	시나가와~시모야혼간지의 연변 시가지·도로 점검·수리
4		센고쿠 단바노카미·하기와라 오우미노카미·고후신부교(御普請奉行) 순회	아사쿠사바시(淺草橋) 수복(修復)·통행 규제 및 시나가와~혼간지의 도로 점검
	25	로추·마치부교 순회	집주인·쓰기교지·마치나누시 대기, 도로 가옥 수리 상황 점검
	26	27일의 로추 시찰	로추·와카도시요리·마치부교의 시바(芝)~아사쿠사 순회 안내
	27	로추·와카도시요리·지샤·간죠(勘定)·마치부교 시찰	오시바(大芝)~아사쿠사의 순회 점검 실시
	28	쓰치야 사가미노카미가 가토 에추노카미에 명함	6월 내 에도 시가지의 수리를 완료하도록 명함
	29	가토 에추노카미 → 에도 마치	조선어용 로추 4월 28일의 명령 전달
6	23	24일 마치부교 순회 안내	마치부교 순회에 대한 시달
	24	나라야우에몬(奈良屋右衛門)·마치부교 시찰	연변 도로 및 니혼바시(日本橋) 수복에 대한 순회·점검
7	11	로추·와카도시요리·지샤·간죠·마치부교 시찰	골목길[橫町]에 대나무울타리 설치 시달
	12	시찰 지적 사항 전달	7월 11일 순회 시 수정 사항 각 시가지에 시달
	13	국서가마 통과시의 예절 [하마하좌(下馬下座)를 명함]	마치도리요시가 에도 각 상점(家持·借屋·店借·地借·召仕 등)에 대한 지시: 하마하좌 준수를 명함
	15	시내 가게 간판 정비	시가지 상점 간판 정비·어소어용(御所御用) 등의 표시를 명함
	18	19일의 로추·와카도시요리·여러 부교들 순회 안내	혼마치~히가시혼간지~간다바시(神田橋)의 시찰에 대비하여 연변 도로 및 점포 주변 정비를 명함
	27	법령(御觸) 시달	에도 시가지 상점 상호 간 회람 및 시달 사항(시가지 정비 관련)
7		화재 방지에 대한 시달	나누시·쓰기교지의 야경 순찰
8		통신사 가도 연변의 에도 시내 상점에 시달	대나무 울타리와 통신사의 심야 도착에 대비한 등불 만드는 법을 설명
		아키모토 다지마·가토 에추노	아사쿠사(淺草)~시바구치(芝口) 연변 시찰

		카미 시찰	
9	7	통신사 심야 도착에 대비	기타무라(喜多村) 등에 등불 준비 시달
	12	연변 도시에 시달	등불 및 대나무 울타리 만드는 법과 관련 그림 배부
	25	조선국 말·매 통과 시 주의사항 시달	26일 가와사키 도착, 27일 에도 도착 안내 및 사전 시달 사항의 준수(시바~아사쿠사 연변 청소·당일 통행 자숙)
	27	도로 정비의 구체적 지시	모래통·물통·빗자루·기도의 임시경비소·부역인 배치 등
10	1	쓰치야 사가미노카미 → 마치부교 → 마치나누시 나라야(町中連判名主奈良屋)	에도 도착에 대비하여 화재·야경 등 주의 시달
	3	야경 및 불조심 주의 시달	통신사 귀국 이후 해제 시까지 준수를 명함
	10	11일 통신사 가도 시찰	마쓰노 이키사마(松野壹岐樣)의 통신사 통행로 연변 시찰
	12	대로연변의 물통·모래통 정비	기타무라, 통신사 도착일 물통·모래통 정비
	14	통신사 에도 도착 지연 시달	오이카와(大井川)의 홍수로 인해 에도 도착 지연 시달
	16	17일 마치부교 연변시찰 안내	상가의 현관 입구 장식(천막·병풍·발) 등 점검
	28	29일 통신사 에도성 등성 시의 주의사항 시달	28일 낮에 마치나누시의 상가 연변 시찰 및 통신사 퇴출 이후 천막·발 정리
	29	우천으로 등성 연기 안내	
	30	11월 1일 등성 안내	
11	18	19일 통신사 에도 출발	
	19	당일 통신사 출발·불조심	나누시·집주인·고닌쿠미(五人組)의 불조심 및 시가지 순찰
	20	와카도시요리 구세야마토노카미의 시달	통신사 출발 이후의 당부(지속적인 화재·정숙 준수)

자료: 『通航一覽』 卷46 朝鮮國部二十二, 「信使來聘に付 町融等」 참조.

4. 에도성 내 준비

1) 출입문 규제

통신사 일행의 국서전명식(11월 1일) 및 에도성 연향(11월 3일) 당일의 에도성문[18] 출입 관련 규제가 1711년 10월 15·16·20·27일에 연이어 발포되었다. 즉, 10월 15·16·17일에는 다가오는 국서전명식 당일(11월 1일)의 에도성문 이용에 대한 규제가 시달되었고,[19] 이어 10월 20일에는 에도성 연향일(11월 3일)의 에도성문 출입 규제(「朝鮮人御饗応之節出入規制」)가 발포되었다. 10월 20일에 발포된 규제의 내용은 다음과 같다.

> 쇼토쿠 1년 10월 20일 조선인 향응 접대 공문
> 1. 출사(出仕)하는 자들은 에도성 등성 시 모두 오테몬(大手門)·사쿠라다 몬(櫻田門) 두 곳을 이용하고 퇴출 시에는 사쿠라다몬만 이용할 것.
> 1. 공무를 맡은 관료 및 당번들은 출·퇴근 모두 사카시타몬(坂下門)만 이용할 것.
> 1. 오오쿠(쇼군의 부인과 측실의 거주 지역 ― 지은이) 관련자들의 등 성·퇴출은 모두 히라가와몬(平川門)을 이용할 것.

---

18) 에도성의 출입구는 정문인 오테몬을 비롯하여 모두 32개의 문으로 구성되어 있으며, 신분과 역할에 따라 출입 규제를 행했다.

19) 『通航一覽』卷74 朝鮮國部五十,「信使登城之節 營中諸御役當」, 433面.
"쇼토쿠 1년 10월 15일, 도리이 이가노카미가 전달한 공문의 사본
1. 조선인 등성일, 살피건대 11월 초하루의 빙례 등성, 공무 관료들의 등·성 및 퇴출 모두 사카시타 고몬으로부터 출입할 것, 당직·당번 등 모두 위와 동일함(正德元辛卯年十月十五日 鳥居伊賀守按するに 若年寄明英なり 渡書付之寫 / 一 朝鮮人登城之日 按するに 十一月朔日聘礼登城なり 表向諸役人 登城退出共 坂下御門出入之事 御番方も 右同斷)."

1. 고겐칸(御玄關)부터 나카노몬(中之門)까지 자리를 깔고 나카노구치
   (中之口)도 똑같이 할 것.
1. 출사자들의 시종들은 와다쿠라몬(和田倉門) 안 경마장 주변에 물러
   나 기다리며 나머지는 공무집행처(御用屋敷)에서 대기, 가마 등은
   사쿠라다몬 경비초소 부근에 둘 것.
   다만 쓰시마노카미와 고치소닌의 가마들은 사쿠라다몬 경비초소
   주변에 둘 것.
1. 고겐칸 앞의 대기소 및 바닥 위에 얇은 마루를 깔아 통신사의 중관
   들을 머물게 하고 쓰시마번 가신들도 여기서 대기케 할 것.
1. 오테몬 대기소에는 통신사의 하관들을 모두 머물게 할 것.
1. 오테몬 남쪽 대기소 및 다다미 가옥과 새로 설치한 부속시설 등에
   는 쓰시마번 및 접대인의 인마 등을 머물게 할 것.
1. 출사자들의 시종들 중 하스이케몬(蓮迎門) 경마장 주변에 물러나
   있는 자들은 하스이케몬 당직의 고센테(御先手)·요리키(与力)·도진
   (同心) 무사계층과 똑같이 근무할 것.
1. 구이치가이고몬(喰違御門)은 나카노몬의 추가 당직·고센테·요리키·
   도신으로 경비할 것.
1. 고겐칸, 니노마루의 문 밖, 오테몬 하마소(下馬所)에도 쓰시마번 가
   신 및 관료들을 배치할 것.
1. 혼마루의 덴조노마 및 마루에도 쓰시마번 가신들을 배치하고 그 외
   좌석일지라도 조선인이 있는 곳에는 쓰시마번 가신들을 배치시킬
   것, 단 어용을 맡은 자들은 지시를 따를 것.[20]

위에서 확인할 수 있듯이, 국서전명식의 연향의례에 참석하는 다이

20) 『通航一覽』 卷74 朝鮮國部五十, 「信使登城之節營中諸御役當」, 433面.

〈그림 3-2〉 에도성의 내·외곽과 성문

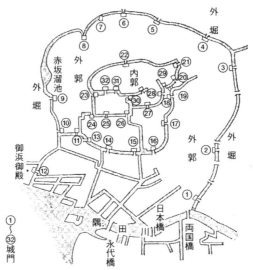

주: ① 아사쿠사바시몬(淺草橋門) ② 쓰지치가이바시몬(筋違橋門) ③ 고이시카와몬(小石川門)
④ 우시코메몬(牛込門) ⑤ 이치가야몬(市ヶ谷門) ⑥ 요쓰야몬(四谷門) ⑦ 구이치가이몬
(喰違門) ⑧ 아카사카몬(赤坂門) ⑨ 도라노몬(虎ノ門) ⑩ 사치바시몬(幸橋門) ⑪ 야마시
타몬(山下門) ⑫ 하마오테몬(浜大手門) ⑬ 쓰기야바시몬(數寄屋橋門) ⑭ 가지야바시몬(鍛
冶橋門) ⑮ 고후쿠바시몬(吳服橋門) ⑯ 도키와바시몬(常盤橋門) ⑰ 간다바시몬(神田橋門)
⑱ 히도쓰바시몬(一橋門) ⑲ 기지바시몬(雉子橋門) ⑳ 시미즈몬(淸水門) ㉑ 다야쓰몬(田
安門) ㉒ 한죠몬(半藏門) ㉓ 소토사쿠라다몬(外櫻田門) ㉔ 히비야몬(日比谷門) ㉕ 바바
사키몬(馬場先門) ㉖ 와다쿠라몬(和田倉門) ㉗ 오테몬(大手門) ㉘ 히라카와몬(平河門) ㉙
다케바시몬(竹橋門) ㉚ 우치사쿠라다몬(內櫻田門) ㉛ 사카시다몬(坂下門) ㉜ 니시오테
몬(西大手門)
자료: 深井雅海, 『江戸城をよむ』(原書房, 1997) 참조.

묘를 비롯하여 공무 관료, 오오쿠 관계자 및 시종들에 이르기까지 출입
규제를 매우 구체적으로 지시하고 있다. 정리하면, 출사자들은 등성
시에 오테몬(㉗) 및 사쿠라다몬(㉚) 양쪽을 이용할 수 있으나 퇴출 시에
는 사쿠라다몬만 이용할 것을 비롯하여, 공무 관료들의 출입을 사가시
타몬(㉛)으로 제한하고, 오오쿠 관계자들의 출입을 히라카와몬(㉘)으로
제한한다는 것이다. 그리고 다이묘들을 따라온 시종들은 와다쿠라몬
(㉖) 안 경마장 부근에서 대기할 것을 지시하고 있다.

　여기서 에도성의 출입에 대한 이해를 돕기 위해 앞에서 언급했듯이 에도성 및 성문21)의 전반적인 구조를 잠시 소개하기로 한다. <그림 3-2>는 에도성 내·외곽 및 성문을 그려놓은 것으로, 모두 32개의 성문이 설치되어 있음을 볼 수 있다. 여기서 통신사 등성과 관련하여 규제령이 발포된 성문을 중심으로 그 위치를 나타내면 다음과 같다.

　평소 다이묘의 에도성 출입문은 오테몬(㉗)·우치사쿠라다몬(㉚)·니시노마루 오테몬(㉜, 西之丸大手門)이었으나,22) 1711년 11월 1일 신묘통신사행의 국서전명식 당일은 일시적으로 관료들의 출입문으로 사카시

---

21) 深井雅海, 『江戸城をよむ』(原書房, 1997), 2面. 에도성의 전체적인 구조는 무사거주지[武家地]·상가[町地]·사원[寺社地]이 배치된 외곽 지역과 협의의 에도성 내부의 내곽 지역으로 크게 나눠진다. 에도성 내곽은 혼마루·니노마루(二の丸)·산노마루(三の丸)로 구성된 성의 중심 지역을 비롯하여 서쪽 지역의 니시노마루(西の丸)·모미지야마(紅葉山)·산야 및 후키아게 정원(吹上御庭) 등으로 이루어져 있다. 에도성의 내·외곽 각 요소 지역에는 모두 32개의 성문을 설치하여 사람과 물자들의 출입을 엄격하게 통제했는데, 성문의 개방 시간은 아침 6시경(卯の刻: 明け六つ)부터 저녁 6시경(酉の刻: 暮れ六つ)까지였다. 또한 에도성 내·외곽의 바깥쪽은 각각 우치보리(内堀)·소토보리(外堀)라 불리는 호수로 된 해자로 둘러싸여 있었다.

22) 山本博文, 『將軍と大奥』(小學館, 2007), 96~98面. 일반적으로 다이묘의 에도 등성(출근)일은 오절순(五節句: 1월 7일, 3월 3일, 5월 5일, 7월 7일, 9월 9일) 등의 의례가 있는 날을 비롯하여 월차의례(月次御禮)라 불리는 1일, 15일, 28일 등이었다. 다이묘가 에도성으로 출사할 때의 주된 출입문은 오테몬·우치사쿠라다몬·니시노마루 오테몬이었는데, 본인이 거느리고 온 시종들은 이 3개의 문 앞에 설치된 하마찰(下馬札)에 대기시키고, 하승교(下乘橋)부터는 가마에서 내려 혼마루 현관을 통해 각자 자신의 대기 장소로 걸어서 들어갔다. 일반적으로 지방에 영지를 소유한 쿠니모치 다이묘(國持大名)의 경우 오히로노마(大廣間)의 니노마(二の間) 및 산노마(三の間)에 배치된 방, 중소(中小) 다이묘들은 야나기노마(柳の間), 유서 깊은 부다이(譜代) 다이묘들은 데이칸노마(帝鑑の間) 등과 같이 각각 그 격식에 따라서 대기 장소가 정해져 있었다.

타몬(㉛)이 더 추가되어, 즉 오테몬·우치사쿠라다몬·사카시타몬 등 4개의 출입문을 이용하도록 명령이 시달되었다. 또한 오오쿠 관련자들의 출입문인 히라카와몬(㉘)과 다이묘의 부하·시종들이 대기하는 와다쿠라몬(㉖)·구이치가이몬(⑦) 등 에도성 내곽 성문들의 위치도 그림에서 확인할 수 있다.

2) 에도성 내 의전 연습

통신사의 대규모 행렬이 에도를 향하고 있을 때, 에도 막부는 로추를 비롯하여 각 다이묘·하타모토(旗本) 등을 에도성에 불러 모아 여러 차례에 걸쳐 국서전명식 당일의 의례를 연습하고,[23] 나아가 국서전명식 당일 등성할 참가자의 범주 및 등성 시각, 의례 복장 등에 이르기까지 구체적으로 지시했다. 국서전명식 관련 의례는 크게 빙례[進見]·연향[賜享]·작별[辭見]로 나뉘는데, 그중에서 가장 중요한 것이 국서전명식인 이른바 빙례였다.

여기서는 빙례 연습을 중심으로 등성 당일의 복장 및 출사(出仕) 인원 등에 대한 막부의 준비 체제에 대해 잠시 들여다보기로 하자. 빙례 연습에 대한 규정 발포는 1711년 8월 8일을 시작으로[24] 8월 14[25]·20·24·

---

23) 『通航一覽』 卷74 朝鮮國部五十, 「信使登營前 諸式習禮等」, 430~431面.
　　"신사 빙례 및 연향 등에 관련된 자들은, 그 등성 이전부터 미리 각각 그 전례의 식에 대해 익히도록 하며 또한 윗사람에 의해 검사토록 한다(信使聘禮及ひ御饗應等の事に興るの輩　かの登營以前あらかしめ各其式の習禮を命セられ　かつ上覽見分あり)."

24) 『通航一覽』 卷74 朝鮮國部五十, 「信使登營前諸式習禮等」, 430面.
　　"쇼토쿠 1년 8월 8일
　　1. 조선인 접대 어용을 맡은 관리, 기타 관계자들은 모두 빠짐없이 에도성으로

〈표 3-3〉 에도성 내 국서전명식 의전 연습 일정

월일	빙례	연향	작별	비고
8.8	○			
8.14	○			
8.20	○		○	오히로노마
8.24	○			
8.26		○		향응의례(饗應儀禮)
8.29	○	○		오히로노마 텐죠노마(殿上間)
9.8	○			
10.20	○			쇼 쓰시마노카미, 두 장로 등성습례(登城習禮)
10.22	○		○	
10.24		○		
10.25			○	
10.26			○	
11.6			○	
11.8			○	

자료: 『通航一覽』 卷74 朝鮮國部五十, 「信使登營前 諸式習禮等」, 430~431面 참조.

29일, 9월 8일, 10월 20·22일 등 여덟 차례가 있었다. 그중 1711년 8월 20일 의례 연습 풍경을 살펴보면, "1. 오늘도 오히로마에서 조선인 등성에 대비한 전례를 익히고, 이어 로추의 검사가 있었다"라고 적혀 있다.26) 이처럼 에도성 혼마루 내의 오히로마27) 등에서 전례를 연습하

출근하여 전례를 익혔다(正德元年八月八日 / 一 朝鮮人御用懸之御役人 其外 諸向不殘登城 習禮有之)."

25) 『通航一覽』 卷74 朝鮮國部五十, 「信使登營前 諸式習禮等」, 430面.
"쇼토쿠 1년 8월 14일
1. 조선인등성 법식에 대한 전례를 익히고, 로추의 검사가 있었다(正德元年八月十四日 / 一 朝鮮人登城 御規式之習礼有之候 老中見分)."

26) 『通航一覽』 卷74 朝鮮國部五十, 「信使登營前 諸式習禮等」, 430面.
正德元年八月二十日 / 一 今日も 大廣間にて 朝鮮人登城 御規式之習礼有之候 老中見分)."

27) 오히로노마(大廣門)는 에도성 혼마루(本九) 남쪽에 설치된 방으로 넓이가 약

고 이를 로추가 점검하는 연습 과정이 여러 차례 반복되고 있음을 살펴
볼 수 있다. 이와 더불어 향응 전례 연습도 8월 26일[28]·29일, 10월
24일, 11월 1일·3일, 작별 전례 연습도 10월 22일[29]·25일·26일, 11월
6일·8일 등 각각 다섯 차례에 걸쳐 시행되고 있으나 일일이 그 사례를
소개하는 것은 생략한다. <표 3-3>은 이상의 의전 연습 상황을 정리
한 것이다.

3) 국서전명식 예복 규제

등성 당일의 복장 및 출사자들의 등성 시간 등에 대한 공문은 1711
년 5월 이후, 6월 3일, 8월 9일, 10월 20일·25일·27일·28일·29일,
11월 1일[30] 등 여덟 차례 이상 시달되었는데, 이칸(衣冠)·후이(布衣) 등

400조(疊)이며 에도 시대의 가장 호화스러운 서원 양식(書院造り)이다. 무사
가옥의 주실(主室) 또는 히로노마(廣間)라 불리는 객실(접객 공간)로서 화려하
고 넓은 공간을 차지하는 경우가 많다. 서원 양식은 무로마치 막부(1338~1573
년) 말기부터 에도 시대(1603~1867년) 초기에 걸쳐 완성된 주택 건축 양식의
하나로서 현대 일본식 가옥 구조 속에도 남아 있다. 다다미가 깔린 히로노마는
미닫이(引違障子)에 의해 몇 개의 방으로 나뉘는 특색이 있다.
28) 『通航一覽』 卷74 朝鮮國部五十, 「信使登城之節 營中諸御役當」, 430~431面.
    "쇼토쿠 원년 8월 26일
    1. 조선인 등성 축하 무악 공연 시에 대비한 향응 연습이 있어 덴조노마의
    향응 연습에 오가치카시라 쓰치야 등이 참가했다(正德元年八月二十六日 / 一
    朝鮮人登城にて舞樂之節 饗応稽古有之 殿上之間饗応之稽古 御徒頭土屋
    數馬罷出相勤)."
29) 『通航一覽』 卷74 朝鮮國部五十, 「信使登城之節 營中諸御役當」, 431面.
    "쇼토쿠 원년 10월 22일
    1. 조선인 작별[御暇] 시의 예법을 익히다(正德元年十月二十二日/一 朝鮮人御
    暇の習禮)."

예복을 입고 아침 8시까지 에도성으로 입성하도록[31] 누누이 강조되고
있다.

에도 시대의 복식제도는 상하 신분에 따라 색깔·문양·옷감·형태 등
에 이르기까지 매우 엄격하게 구분되고 있었는데, 이는 『무가제법도(武
家諸法度)』(1615년) 등에서 찾아볼 수 있다. 에도 시대의 지배계급인 무사
의복은 히다타레(直垂), 소쿠다이(束帶), 이칸, 가리기누(狩衣), 다이몬(大
紋), 후이(布衣), 스오(素襖), 가미시모(裃), 하오리하카마(羽織袴) 등이 있으
며, 각각 신분·직무나 행사 내용에 따라 구별되어 착용했다. 무사 예복
이 교토 귀족[公家] 예복과 다른 특징 중 하나는 칼을 착용하는 것인데,
히다타레에서부터 이칸 신분까지의 무사는 태도(太刀)를 착용하고, 그
이하 신분은 타도(打刀)라는 칼을 착용했다.[32]

---

30) 『通航一覽』 卷75 朝鮮國部五十一, 「信使登城に付 衣服刻限觸」, 440面.
　　"쇼토쿠 원년
　　1. 10월 29일 오늘 조선인 등성이 거행되도록 지난 27일의 명령으로 시행될 예정
　　이었으나 오늘 연기되는 바람에 모레 11월 1일 등성하라는 명령이 내려졌다(正德
　　元年 / 一 十月二十九日 今日朝鮮人登城有之筈 去二十七日被仰出 出役等
　　有之候處 今日相延 明後朔日登城之段被仰出)."
31) 『通航一覽』 卷75 朝鮮國部五十一, 「信使登城に付 衣服刻限觸」, 440面.
　　"쇼토쿠 원년 10월 28일
　　내일 29일 조선인 의례가 있을 것이므로 이칸 복장의 무사들은 태도를 차고,
　　후이를 착용한 무사들은 아침 8시까지 등성할 것(正德元年十月二十八日/明二
　　十九日, 朝鮮人御禮に付, 衣冠下襲太刀帶之,布衣之面々者, 着布衣, 五時登
　　城之事)."
32) 『江戶事情』 第6卷 服飾編(雄山閣, 1994), 44쪽. 소쿠다이와 이칸은 조정 귀족
　　의 공식 복장으로서 소쿠다이를 간소화한 형태가 이칸이다. 무사 계급에서는
　　위계(位階), 즉 관위를 받은 쇼군 이하의 자들이 소쿠다이 및 이칸을 착용할
　　수 있었다. 쇼군 즉위를 비롯하여 칙사향응, 닛코 도쇼구(日光東照宮) 참배
　　등 국가적 행사 시에 다이묘(종5품 이하)의 관직자들이 착용했다. 무사 계급의

한편 1711년 11월 1일 국서전명식 당일에는 오메미에(쇼군 알현이 가능한 계층) 이상의 무사 신분은 이칸·후이 등 예복에 칼을 착용하고 에도성으로 등성할 것이 거듭 당부되고 있다. 히다타레(直垂)는 쇼군, 이칸은 조정으로부터 관위를 받은 다이묘, 가리기누(狩衣)는 4·5위 직급의 다이묘(녹봉 만 석 이하), 다이몬(大紋)은 5위 직급의 다이묘·하타모토, 후이는 무관무위(無官無位)이지만 쇼군을 알현할 수 있는 무사신분의 예복이다.

독자적 복식제도는 히다타레, 가리기누, 다이몬, 후이, 스오, 가미시모, 하오리 하카마 등으로, 오메미에(お目見: 쇼군을 알연하는 것) 계층이 착용하는 히다타레, 가리기누, 다이몬, 후이를 '소쇼쿠(裝束)'라고 일컬었다. 한편 히다타레는 무사 계급의 최고 예복으로서 쇼군 이하 3품(品) 이상의 다이묘로부터 종4품 이하 시종까지 착용할 수 있었는데, 특히 쇼군은 신년하례를 비롯하여 귀족·외국사절 대면 등의 경우에 히다타레를 착용할 것이 규정화되어 있었다. 그리고 가리기누는 4위·5위 신분의 예복으로 신년하례 행사에 참석하는 4위 신분 하타모토들의 공식 복장이었다. 다만 로추 및 고케만은 시종 이상의 신분일지라도 직무상 가리기누를 착용하도록 규정되어 있었다. 다이몬은 5위 신분 다이묘·하타모토들의 예복으로 자기 가문의 커다란 문양이 염색되어 있는 데서 유래하며 후이는 무위무관(無位無官)이지만 오메미에를 할 수 있는 히타모토들의 예복으로서 시종 이상의 다이묘 가신들도 이를 착용했다. 스오(素襖)는 무위무관으로서 오메미에를 할 수 없는 하타모토들의 예복이었다. 일반적으로 에도성 출사 시에는 반하카마(半袴)를 입어야 했으나 축일에는 오에미에를 할 수 있는 신분은 나가하카마(長袴)를 착용했다.

4장

아라이 하쿠세키의 빙례개혁

3장에서는 에도 막부의 통신사 영접을 위한 제반 준비 과정이 매우 복잡다양하게 전개되고 있으며, 로추를 비롯한 다이묘 및 조선어용 관련자들이 여러 차례에 걸쳐 에도성 혼마루 오히로노마 등에 모여 국서 전명식 의례를 연습했음을 살펴보았다. 1711년(쇼토쿠 1년)의 제8차 통신사행에 대비한 의례 연습 과정은 다른 시기의 통신사행에서는 찾아볼 수 없을 만큼 빈번했으며 관련 법령 또한 매우 풍부하게 시달되고 있다. 이는 바로 아라이 하쿠세키(新井白石: 이하 하쿠세키로 약칭함)[1]에 의한 빙

---

1) 하쿠세키에 대한 가장 대표적 연구로는 미야자키 미치오(宮崎道生)의 『新井白石 序論』(1954)와 『新井白石の研究』(1958), 『新井白石の洋學と海外知識』(1973) 등을 꼽을 수 있다. 그 외 다음과 같은 연구가 있다. 三上參次, 『江戶時代史』(富 山房, 1943~44); 三浦周行, 「新井白石と復号問題」, ≪史林≫ 9-3(1924); 栗田 元次, 「新井白石の政治思想」, 『總合日本史大系江戶時代』(內外書籍, 1940); 伊東多三郎, 「將軍, 日本國王と稱す: その史的意義」, ≪日本歷史≫ 60号 (1953); 伊東多三郎, 「殊号問題と將軍の權威」, ≪日本歷史≫ 67号(1953); 三 宅英利, 『近世日朝關係史の研究』(1986); 松田甲, 「新井白石の詩と朝鮮信使 」, 『日鮮史話』3(朝鮮總督府, 1926~1930); 松田甲, 「日本に名を留めたる李 東書郭」, 『日鮮史話』(朝鮮總督府, 1926~1930); 仲尾宏, 『朝鮮通信使と德川

례개혁으로 인해 제7차 통신사행(덴나 2년, 1682년) 시의 제반 규례들을 그대로 준수할 수 없었기 때문이다.

하쿠세키는 제6대 쇼군 도쿠가와 이에노부의 막강한 지지를 배경으로 신묘통신사행 빙례에 대해 전반적인 개혁을 준비·진언한 인물이다.[2] 그는 조선어용 로추 쓰치야 마사노부를 비롯하여 에도 시대의 대표적인 유학자인 하야시 다이가쿠가시라(林大學頭＝林鳳岡, 1664~1732년) 및 외교 실무 전문가 아메노모리 호슈 등과 대논쟁을 벌여 전근대 일본 외교사상 대사건 중 하나를 일으키기도 했다. 그러나 한편으로 이 외교논쟁은 하쿠세키의 이름을 세상에 널리 알리는 계기가 되기도 했으니 바로 그의 자서전『오리다쿠시바노의 기록(折たく柴の記)』에서도 잘 살펴볼 수 있다.

모든 조선빙사에 관한 기록은 별도 기록이 존재하므로 여기서 따로 상세하게 언급하지는 않는다. 그렇지만 세상 사람들이 나를 알게 된 것이 바로 이 일로부터 시작되었으므로 그 개요만을 이곳에 기록하기로 한다.[3]

幕府』(明石書店, 1997); 仲尾宏,『朝鮮通信使をよみなおす』(明石書店, 2006); 仲尾宏,『大系朝鮮通信使』第4卷(明石書店, 1993).

2)『通航一覽』卷74 朝鮮國部五十,「信使登城之節 營中諸御役當」, 430面. "쇼토쿠 원년 신묘년, 아라이 게유시 의주를 만들어 진헌하여 조선인의 습례를 담당했다. 고하쿠쇼인에서 로추 등이 참가하도록 하여 전례를 익혔다(正德元年辛卯年, 新井勘解由進獻儀注作り 朝鮮人の習禮を仕り 御白書院に 而御老中 持被出修禮あり)."

3) 新井白石,『折たく柴の記』卷中(改造出版社, 1937), 183面. すべて朝鮮聘使の時の事は 別に錄せし物どもあれば ここに詳にせず されども世人々我事を申す事の出來たりしは 此事より始りければ 其事の大要をばここにしるすなり.

일찍이 하쿠세키는 청년 시절(26살), 친구 니시야마 준타(西山順泰)의 소개로 제7차 통신사행(1682년)의 제술관 성완(成玩)·서기 이담령(李聃齡)·홍세태(洪世泰) 등을 만나 시창(詩唱)을 나누며 적극적으로 교류했다. 이때 자작시집인 『도정시집(陶情詩集)』에 대한 비평을 부탁하고 제술관 성완에게 서문을 써줄 것을 부탁할 정도로 조선의 학문과 문화에 대한 관심과 열정이 대단했음을 찾아볼 수 있다.[4] 그러나 일찍부터 시강(侍講)으로 모시고 있던 이에노부[5]가 쇼군으로 즉위한 호에이 6년(1709년) 5월 이후 막부정치에 참여하게 되면서부터 그의 조선관에 뚜렷한 변화가 나타났다.[6]

에도 막부 및 제8차 통신사행전례 등에 적지 않은 파장과 영향을 불러일으켰던 하쿠세키의 개혁 내용을 살펴보자. 그는 이에노부의 쇼군 취임 직후인 1709년 6월 22일 '의장(儀仗の事)'에 대한 건의를 비롯하여 동년 10월 10일 '의식' 관련 책자 봉헌, 1710년 1월 22일 『빙사의

---

4) 新井白石, 『折たく柴の記』 卷中 참조.

5) 도쿠가와 이에노부(1662∼1712년)는 원래 고후 영주 도쿠가와 쓰나시게(甲府 候德川綱重)의 장남이었으나, 호에이 1(1704)년 3월 제5대 쇼군 스나요시의 세자로 에도성 니시노마루(江戶城 西の丸)에 입성하면서 이름을 이에노부로 바꾸었다. 호에이 6(1709)년 1월 5대 쇼군 쓰나요시가 사망하자 동년 5월 이에 노부가 제6대 쇼군으로 즉위하게 되었다.

6) 宮崎道生, 『新井白石の硏究 增訂版』(吉川弘文館, 1969), 43面. 아라이 하쿠세 키는 쇼군 이에노부를 위해 『해동제국기 초역(海東諸國記抄釋)』, 『조선역대고 략(朝鮮歷代考略)』을 저술했으며, 나아가 조선에서 출판된 서적인 『해동제국기』, 『징비록(懲毖錄)』, 『교사촬요(巧事撮要)』, 『경국대전(經國大典)』등을 읽었다. 또한 『조선서간(朝鮮書簡)』, 『팔도관직(八道官職)』, 『양조국서(兩朝國書)』, 『대 명조선여일본 화평지조목(大明朝鮮與日本和平之條目)』, 『영애승람(瀛涯勝覽)』, 『필원잡기(筆苑雜記-徐居正)』 등의 필사본을 소지하고 있었다. 에도 막부의 제 6대 쇼군 이에노부의 시강이었던 하쿠세키는 조선에 대한 반발과 불신감, 대항 의식 등을 표출하여 그의 조선관이 종전과 크게 달라진 것을 찾아볼 수 있다.

속(聘事議續)』, 2월 1일 『응접사의(應接事議)』 2권, 4월 20일 「국서왕호건」 등을 진헌했다. 이러한 일련의 행동의 취지는 화평·간소·대등을 기본 방침으로 한 경비 절감[7]과 일본식 예법 의례에 대한 청종이었다. 구체적으로 쇼군의 왕호복호 문제를 비롯하여 쇼군의 어린 세자 와카기미(당시 2살)에 대한 빙례 중지, 예조에서 로추에게 보내는 서폐 중지, 노연(路宴)제도 변경, 통신사의 에도 객관 도착 의례 변경, 국서전명식 예법 변경 등 모두 여섯 항목에 걸쳐 개혁을 주장했으며, 이 중 통신사가 출발하기 전 미리 조선왕조에 통지된 것은 쇼군 이에노부의 세자(와카기미)에 대한 빙례 중지와 로추에게 보내는 서폐 중지에 대한 것인 두 가지뿐이었다.[8] 이하에서는 복호 문제를 비롯하여 그 개혁 내용을 구체적으로 살펴보기로 하자.

첫째로 복호 문제는 종전에 조선왕조가 에도 막부에 보내는 외교문서, 즉 국서에서 '일본국대군(日本國大君)'이라 불리던 호칭을 '일본국왕'으로 복원시켜 줄 것을 요구하는 것으로, 양국 간 불평등에 불만을 느낀 하쿠세키의 의견을 근간으로 한 개혁이었다.[9] 중세 무로마치 시대

---

7) 宮崎道生, 『新井白石の研究 增訂版』, 50面. "하쿠세키는 접대가 지나치게 과도하여 일본 전국(60여 주) 여러 다이묘 및 일반 백성들의 힘을 다 쏟아 영접하고 있는데 조정[京都]의 사신대접에서도 이러한 예를 찾아볼 수 없다며 간소화시킬 것을 주장하여 마침내 덴나 2(1682)년 제7차 통신사행 시 100만 냥이었던 경비를 약 60만 냥으로 감축하게 되었다고 한다."

8) 三宅英利, 『近世日朝關係史の研究』, 391面.

9) 新井白石, 『折たく柴記』 卷中, 184~185面. "이 중에 복호가 가장 어려운 일일 것이다. 이는 양국 수호가 시작되었을 때부터 저 나라 국서에 일본국왕이라고 기록해왔다. (……) 그런데 간에이 시대 무렵(1636년 ─ 지은이)부터, 일본국 대군이라고 기록하여 보낸다는 뜻을 전해온 이후부터 관례가 되었다. 그렇지만 대군이란, 저 나라에서는 그 신하에게 부여하는 직호에도 있는데, 그 칭호로서 보낸다는 것은 그 나라 관직을 부여받는다는 식으로 비칠 우려가 있다.(……)

(1392~1573년) 이래 양국의 외교문서 속에서는 쇼군을 '일본 국왕'이라 호칭했으나, 근세 에도 막부 제3대 쇼군 이에미쓰 시대(쇼군 재직 기간은 1623~1651년)의 제4차 통신사행(간에이 13, 1636년)부터 '일본국 대군'이라 불리게 되면서 이 호칭으로 고정되었다. 한편 한양을 출발한 통신사 일행이 부산에서 일본으로 건너갈 항해 여건을 살피며 대기하고 있던 외중에 쇼군의 왕호 복호를 위한 국서 개서를 요구하는 서계가 일본에서 도착하자, 이에 대한 찬반을 둘러싼 격렬한 논쟁이 조선왕조 묘당에서 거듭 열렸다. 결국 현실중시론 및 제7차 통신사행(1682년)의 정사였던 윤지완(尹趾完)의 개서무방론이 채택되어 신속히 개작된 국서가 동래부에 대기 중이었던 통신사 일행에게 전달되었다.[10]

둘째로 쇼군의 세자 와카기미에 대한 빙례 정지[11] 및 조선왕조의

단지 원래대로 일본국왕이라고 기록하여 보내야만 함을 쓰시마번주에게 전했다 (それが中復号の御事こそ 第一の難事なりつれ これは 両国の好修められ し初よりして 彼国の書には日本国王としるしまゐらす (……)しかるを寛 永の比に至て 日本国大君としるしまゐらすべき由を 仰つかはされしよ り 此事そののちの例とはなりたり されと大君といふは 彼国にしてその 臣子に授る所の職号にこそあれ 其号を以て称し申すべき由を 仰つかは されしは 彼国の官職をうけ給ふの嫌ありて (……) ただもとの如くに 日 本国王としるしまゐらすべき事を申すべき由 対馬守に仰下されぬ)."

10) 三宅英利, 『近世日朝関係史の研究』, 407面.
11) 新井白石,『折たく柴記』巻中, 185面. "또 덴나 연간, 간에이의 통신사 관례에 따라 와카기미에게도 그 빙례에 참가하게 했다. 그러나 와카기미가 아직 어리므로(당시 3살 — 지은이), 마사토시에게 대리로 그 예를 받게 한다. 외국의 사절 등이 국명을 받을 때 세자를 만난 일은 들어보지 못했으며, 집정을 만나는 일도 들어본 적이 없다. 와카기미가 아직 어리므로 이들 예법에 대해 왈가불가 다투는 것도 번잡스럽다는 의견이 있었다. 세자는 아직 오오쿠 밖으로 나가보지도 못했는데 빙례에 참가하는 것에 미치지 못한다고 쓰시마번에 전했다(また天和の時に 寛永の例によられて 若君にも彼聘を奉らしめら

예조에서 에도 막부 로추에게 보내는 서계·폐물 정지에 대한 요구[12]는 일찍부터 통보되었다는 점과 당시 3살이었던 연소한 세자의 나이를 감안하여 조선왕조에서도 그대로 수용했다.

셋째로 노연제도에 대한 개혁은 쓰시마에서 에도에 이르는 일본 내 여로 연변지역의 통신사 접대와 관련된 개혁으로서 아침·저녁 식사인 시치고산(七五三膳), 점심 식사인 고고산(五五三膳)에 대한 간소화를 주장하는 것이었다. 이 개혁에 대한 하쿠세키의 주장은, 조정(京都)에서 파견되어온 사절을 접대할 때도 그런 관례가 없으며, 또 도중 각 지역이 맡은 부담이 막중하므로 지금부터는 일본국 내의 사자 접대 관례와 똑같이 하여 아침·점심·저녁 식사를 간소화하고 노연도 네 곳 이외에는 단지 음식 재료만을 준다는 내용이었다.[13]

れる されど若君御幼稚の御事ならば 少將正俊の朝臣を御名代となされて其礼をうけられしに 外使等國命をうけし日 世子を拜すべき事は聞きぬ 執政を拜する事を聞かずと申 拜するにも及ばずして罷出づ 當時も若君御幼稚の間也 またこれらの礼を爭ひ申さむも 事煩しかるべしと議定ありて 世子いまだ閤を出給はず 聘をまゐらするに及ぶべからずと 對馬の國に仰下さる)."

12) 新井白石,『折たく柴記』卷中, 185~186面. "또 근래 저 나라의 예조로부터 본국 집정에게 서폐를 보내는 의례가 있다. 옛날 교토 시대에는 규슈의 탄다이(探題)라 하더라도 또한 그 의정부로부터 문서를 교통했는데, 지금 그 관례에 따르는 것은 그 나라도 원하는 바가 아닐 것이다. 근래의 같은 예는 우리나라도 원하는 바가 아니다. 이것을 그만두어야 한다고 쓰시마번에 명령했다(また近例彼國の禮曹 我國の執政に 書弊を附し贈る儀あり。むかし京の代には 九州の探題といへども なほ彼議政府よりこそ書をば通じたれ 今其例によらむ事は彼國にもねがふべからず。近例のごときは我國もまたねがふ所にあらず。此事をもとどむべしと 對馬國に仰下さる)."

13) 新井白石,『折たく柴記』卷中, 186面. "또한 근래 그 사신들의 오고 가는 곳곳에서 아침과 저녁의 식사인 시치고산, 점심식사의 고고산을 제공했는데,

　넷째로 통신사의 에도 객관 입장 시 의례 변경(객관 입장 시 가마에서 내려줄 것)과[14] 국서전명식 당일의 의례 수정(정사가 직접 국서를 봉진할 것, 정사와 고산케의 동석 폐지), 향연 시의 고산케(御三家) 상반(相伴) 의례 변경 등[15]이 오사카 체재 중이던 9월 22일에 통신사 일행에게 갑자기

───────

이런 일은 일본 조정의 천사를 접대하는 곳이라 하더라도 그런 예가 없었다. 특히 연변 각 지역의 노력과 경비 등 부담을 이루 다 헤아릴 수가 없다. 지금부터는 그 나라에서 우리나라 사신을 접대하는 예와 동등하게 하여 노연을 베푸는 것은 네 곳만으로 하고 그 외 지역에서는 음식 재료만을 제공하도록 쓰시마번에 명령했다(又近例は 彼使の來り過る所々にて 朝夕の膳七五三 晝の膳は五五三を供す かかる事は 我朝の天使を待せ給ふ所といへども其例なし 殊には路次の國々の勞費もはかりがたし 今よりしては 彼國にして我國の使を待する例のごとく 路宴賜む事 四所の外はただその食料をあたへらるべしと對馬國に仰下さる)."

14) 新井白石,『折たく柴記』卷中, 186面. "그쪽 사절들은 가마에 탄 채로 객관에 들어오는데, 우리 측 사절들이 객관에 영접 차 위문을 와도 마중 나오는 일이 없다. 이 모두가 옛날 예법에 맞지 않으며 옛날 우리 사신들이 그 나라에 갔을 때의 예법과도 일치되지 않는다. 지금부터는 그쪽 사절들이 객관에 들어올 때는 가마에서 내리도록 하며, 우리 측 사절이 객관에 가면 계단 아래에 내려와 마중하게 하는 의례 등등은 옛날 우리나라 사절이 그 나라에 갔을 때와 같이 해야 한다고 쓰시마번에 전달했다. 이 두 가지에 대하여 그쪽 사신들은 종전 예법을 근거로 오사카에서 머무르며 이 일로 인하여 연향에 참가할 수 없다고 고집을 부렸다(又近例には 彼使人等輿に乘りながら客館に入り 御使客館に至れども 迎送の儀もなし これらの事もつとも古禮に合ず またむかし我國の使彼國にゆきし時の例にもたがへり 今よりして後は 其使客館に入らむ時に輿より下り 御使客館に至らん時 階下に迎送するの儀等 むかし我國の使彼國にゆきし時の例のごとくなるべしと 對馬の國に仰下さる 此二つに至て 彼使等近例によりて其禮を爭ひ すでに大坂に至りぬれど 此事のために賜宴の事行はれずと聞えて世の人ことごとくいひのしりしかど これもつひに仰下されし事の如くにぞ行はれける)."

15) 新井白石,『折たく柴記』, 187面. "근례 그 사절의 쇼군 진견 때, 국서를 상상

전달되었다. 갑작스러운 의례 변경을 통보받은 정사 및 통신사 일행들은 전례에 없던 일이라며 강경히 거부했으나 쓰시마번주와 두 장로(쇼고쿠지 지쇼인의 연장로와 겐닌지 에이젠안의 집장로)의 간절한 요청과 부탁으로 마침내 어쩔 수 없이 승낙했다. 그러나 이는 제8차 통신사행의 귀국과 동시에 엄중한 처벌을 받는 원인이 되었다.

그러나 에도 막부 내 주요 관료 및 유학자, 외교 전문가들의 반대를 무시하고 단행되었던 하쿠세키의 빙례개혁은 결국 1716년 제8대 쇼군 도쿠가와 요시무네(쇼군 재직 기간은 1716~1745년) 즉위와 더불어 폐지되고 다시 덴나 연간 때와 같은 제7차 통신사행 시(1682년)의 의례로 돌아가게 되었다.

관이란 자가 들고 나오는데 이것은 마땅하지 않다. 마땅히 정사가 받들어 나오도록 해야만 한다. (……) 또 근래 정사의 배위가 고산케와 같은 자리인데 이도 개정해야 하며, 근례 향연 시에 정사와 고산케가 동반하도록 되어 있는데 교토 조정의 칙사가 왔을 때도 이렇게 접대하지 않았으며, 이 또한 옛 예법과 맞지 않는다(近例彼使進見の時 その國書をば 上上官といふものしてまゐらせたりき 此儀しかるべからず 正使これを捧げてまゐらべし …… 又近例彼使の拜位 我國三家の座に同じ しかるべからざるをもて 其位を改め定めらる 又近例彼使に饗を賜る時 三家御相伴の儀あり 我朝の天使を饗せられしといへども 此等の儀あらず また古の禮にも合ず)."

2부
에도 공간 속의 통신사

5장
통신사의 에도 입성

1. 에도 입성

　7월 5일 부산항을 떠난 신묘통신사 일행은 쓰시마 사스나우라에 입항한 이후 약 3개월이 넘는 긴 여정을 거쳐 10월 18일, 마침내 일본 내 최종 목적지인 에도에 도착했다. 이들이 지났던 각 지역에 대해서는 <표 2-2>에서 언급했으므로 여기서는 생략한다.

　한편 1711년 10월 17일 시나가와의 숙소 도카이지 겐세이인(東海寺 玄性院)에 머물렀던 통신사 일행은 다음 날 아침(18일) 일찍 장속(裝束)을 갖추어 입고 숙소를 출발하여 오른쪽으로 바다를 끼고 에도 숙소 히가시혼간지[1]까지 35리를 진행했다. 이때 통신사 행렬의 웅장한 모습과

---

1) 『通航一覽』卷66 朝鮮國部四十二,「信使着館幷滯留中御扱正德度」, 329面. "쇼토쿠 1 신묘년 10월 18일, 조선국의 신사가 에도에 도착하여 히가시혼간시를 여관으로 했다. 예를 들면, 통신사의 에도 숙소는 원래 바쿠로초 혼세이지였으나 덴나 2년 내빙 이후, 12월 화재로 인하여 소실되어 이번 아사쿠사의 히가시혼간지를 객관으로 정했다(正德元辛卯年十月十八日　朝鮮國の信使着府あり 東本願寺を旅館とす例馬喰町本誓寺なりしか 天和二年來聘後 十二月彼寺燒失により こ

〈그림 5-1〉 조선통신사의 에도 입성 행로

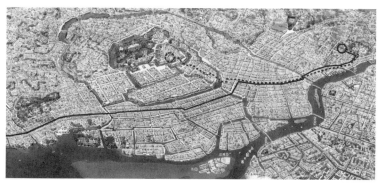

주: 숙소에서 에도성으로 이르는 노정을 점선으로 표시하고 있다. 그림의 오른쪽 원 부분
이 히가시혼간지이고, 그림 중앙의 점선으로 된 원 부분이 에도성이다.
자료: 嘉永·慶應, 『江戶切繪図』(人文社, 1999) 참조.

연변에서 구경하는 사람들의 모습이 이루 말할 수 없는 장관을 이루었
다.[2] 히가시혼간지는 새로 지은 광대한 수천 칸의 건물로 1711년 신묘
통신사행부터 에도 숙소로 사용하게 되었다. 히가시혼간지는 물론이고
그 주변 일대를 비롯하여 시나가와에서 에도 시내로 들어오는 모든 거리
에 대해서도 조선어용 책임자들에 의한 치밀하고도 면밀한 순회·점검
작업이 여러 차례에 걸쳐 시행되었다. 에도 막부 법령이 1711년 4월
27일, 5월 3일, 7월 11일·19일, 8월 4일·17일, 10월 2일·11일·17일
등 아홉 차례 이상 연이어서 빈번히 시달되었기 때문이다.[3]

한편 시나가와에서부터 에도 숙소 히가시혼간지에 이르기까지 거치
게 되는 각 지역의 구체적인 명칭과 순서는 다음과 같다.

れより以降本願寺を客館とさためらる)."

2) 『通航一覽』 卷66 朝鮮國部四十二, 「信使着館幷滯留中御扱正德度」, 336面.
"쇼토쿠 원년 10월 18일 조선인이 통과하는 것이 구름 같이 나아갔다(正德元年
十月十八日,朝鮮人通切候へは,雲霞のことく行合)."

3) 『通航一覽』 卷66 朝鮮國部四十二, 「信使着館幷滯留中御扱正德度」, 332面.

도카이지 겐세이인(東海寺玄性院:品川車町) → 오키도몬(大木戶門: 현 高
輪)→ 시바다초(芝田町) 9~1초메 → 시바마치(芝町) 3~1초메 → 가나스기
도오리(金杉通り) → 가나스기 바시(金杉橋) → 하마마쓰초(浜松町) 4~1초
메 → 진메이초(神明町) → 우다카와초(宇田川町) → 시바이초(柴井町) → 쓰
유쓰키초(露月町) → 겐스케초(源助町) → 시바구치마치(芝口町)   3~1초메
→ 시바구치바시(芝口橋=新橋) → 이즈모초(出雲町) → 다케가와초(竹川町)
→ 오와리초(尾張町) 2~1초메 → 긴자(銀座) 4~1초메 → 신료가에초(新兩
替町) → 교바시(京橋) →미나미 덴마초(南伝馬町) 3~1초메 → 나카하시 히
로고지초(中橋廣小路町) →니혼바시 도오리 미나미초(日本橋通南町)4~1
초메→니혼바시 도오리(日本橋通り) → 무로마치(室町) 1~ 3초메 → 혼마
치(本町) 3~4초메 → 다이덴마초(大伝馬町) 1~3초메 → 다비가고마치 도
오리(旅籠町通) → 아부라마치 도오리(油町通) → 시오마치 도오리(塩町通)
→ 요코야마초(橫山町) 1~3초메 → 도호초(同朋町) → 아사쿠사고몬도오리
(淺草御門通) → 가야초(茅町) → 가와라초(瓦町) → 덴노초(天王町) → 구라
마에 가타마치(藏前片町) → 모리다초(森田町) → 모토 다비가고마치(元旅籠
町) → 오쿠라초(御藏町) → 구로부네초(黑船町) → 스와초(諏訪町) → 고마
가타초(駒形町) → 간논라이몬 도오리(觀音雷門通り) → 히가시 나카초(東
仲町) → 다와라초(田原町) → 히가시혼간지[4]

이것을 에도 시가지 지도 속에 표시한 것이 <그림 5-1> 속의 실선
이며, 그림 오른쪽의 원 부분이 바로 통신사의 에도 숙소인 히가시혼간
지(이하 혼간지로 부름)이다.

---

4) 『通航一覽』 卷66 朝鮮國部四十二, 「信使着館幷滯留中御扱正德度」, 329~336面.

2. 에도 숙소 히가시혼간지 풍경

정사 조태억 이하 371여 명에 이르는 통신사 일행은 쓰시마번주 쇼 요시가타의 안내로 히가시혼간지에 도착했다. 먼저 국서를 히가시혼간 지의 정청에 봉안하고, 이어서 먼 길에 대한 위로로서 및 접대 관반인 사카이 슈리다이부 타다오토·사나다 이즈노카미 유키미치, 상사(上使) 인 고케(高家) 시나가와 부젠노카미 고레우지(品川豊前守伊氏)·마쓰다이 라 비젠노카미 마사히사(松平備前守正久) 등의 영접을 받았다.

통신사 일행을 비롯하여 이를 호위·접대하는 쓰시마번과 막부 측 조선어용 관련자들을 포함하면 그 숫자는 더욱 늘어나므로 혼간지뿐 아니라 주변에 위치한 많은 사찰들을 빌려서 이용했던 것 같다.5) 혼간 지 및 주변 여러 사찰의 숙박 상황을 정리한 것이 <표 5-1>이다. 통신사 일행과 에도 막부의 조선어용 관련자들이 혼간지를 포함하여 모두 37개 곳의 사찰에 분산되어 수용되었음을 살펴볼 수 있는데, 에도 막부의 통신사 접대의 규모와 현황을 알려주는 좋은 자료라고 생각된 다. 또한 각 사찰의 위치에 대한 이해를 돕기 위해 에도 시대 지도 속에 비정한 것이 <그림 5-2>이며, 비교를 위해 현재 아사쿠사 지역 의 지도(<그림 5-3>)도 제시해보았다.

---

5) 『通航一覽』 卷67 朝鮮國部四十三, 「信使着館幷滯留中御扱正德度」, 343~344面.

〈표 5-1〉 신묘통신사행과 일본 측 접대자 숙소

번호	사찰명	숙박자
1	히가시혼간지	통신사(삼사 등)
2	소후쿠지(崇福寺)	통신사(하관 등)
3	도쿠혼지(德本寺)	쓰시마번주 요시가타 등
4	도쿠혼지	관반 사카이 슈리다이부 타다오토 슈쿠보
5	신후쿠지	사카이 슈리다이부 다다오
6	젠쇼지(善照寺)	관반 사나다 이즈노카미 유키미치 슈쿠보
7	죠코지(長敎寺)	사나다 이즈노카미 유키미치 하숙
8	겐사이지(源際寺)	접대역 슈쿠보
9	쇼쿠즈이지(卽隨寺)	쇼 쓰시마번주 가로(家老) 하숙
10	가이세이지(開成寺)	쇼 쓰시마번주 가로
11	묘호지(妙法寺)	쇼 쓰시마번주 부하 슈쿠보
12	조쇼지(淨正寺)	쇼군 진상용 말 호송 조선인(삼사 도착 때까지), 쓰시마번 부하, 매 호송인
13	신코지(眞光寺)	쇼군 진상용 말 호송 조선인, 쓰시마번 부하, 매 호송인
14	렌코지(連光寺)	쓰시마번 가래 쓰시가시라(通詞頭)와 쓰시
15	묘준지(妙順寺)	쇼군 진상용 말 호송 조선인, 쓰시마번 부하, 매 호송인
16	조린지(淨林寺)	쓰시마번 부하
17	호젠지(法善寺)	쓰시마번 부하
18	고엔지(光圓寺)	쓰시마번 부하
19	간류지(顧龍寺)	쓰시마번 부하 사이반
20	미상	쓰시마번 하숙
21	소간지(證願寺)	쓰시마번 하숙
22	소교지(正行寺)	쓰시마번 하숙
23	사이코지(西光寺)	쓰시마번 하숙
24	도코지(等光寺)	쓰시마번 부하
25	쓰코지(通光寺)	쓰시마번 부하
26	교가쿠지(敬覺寺)	쓰시마번 부하
27	죠간지(乘願寺)	쓰시마번 부하
28	조센지(長泉寺)	쓰시마번 부하
29	곤넨지(嚴念寺)	쓰시마번 부하
30	소켄지(宗見寺)	접대
31	교쿠센지(玉泉寺)	접대
32	라이오우지(來應寺)	접대
33	젠류지(善龍寺)	접대
34	호유지(法融寺) (혼간지 내에 위치)	접대
35	호오지(法應寺)	접대
36	세이코지(淸光寺)	접대
37	다이쇼지(大松寺)	접대

〈그림 5-2〉 에도 시대 아사쿠사 히가시혼간지 주변(원 부분)

자료: 嘉永·慶應, 『江戶切繪図』(人文社, 1995).

〈그림 5-3〉 현재의 아사쿠사 히가시혼간지(원 부분)

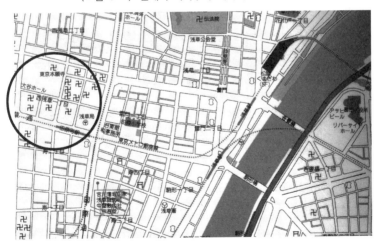

자료: 『東京時代MAP 大江戶編』(新創社, 2005) 참조.

6장
에도성 등성행렬

1. 신묘통신사의 에도 등성 노정

당초 10월 28일로 예정되었던 국서전명식은 우천으로 인해 11월 1일로 연기되었다. 드디어 국서전명식 당일 아침, 에도성은 신묘통신사행을 맞이하기 위한 준비로 분주했다. 예식을 준비하고 참가하기 위해 새벽부터 쉴 새 없이 조선어용 관료들이 모여들었다. 신묘통신사행의 에도 접대를 맡은 2명의 관반 사카이 다다오토(酒井忠音＝酒井修理大夫)와 사나다 유키미치(眞田幸道＝眞田伊豆守)는 이미 새벽 무렵 에도성에 입성했으며, 그 외 의례에 참가할 에도 막부의 관료 및 다이묘 등은 오전 8시까지 에도성에 입장하도록 지시가 내려져 있었다.

그리고 아사쿠사 일대의 사원에서 유숙하며 통신사행의 접대를 맡아온 쓰시마번주와 2명의 장로도 오전 9시경 에도성에 도착하여 통신사행의 영접 준비를 시작했다. 삼사를 비롯한 신묘통신사행은 숙소 아사쿠사의 히가시혼간지를 떠나 오전 10시까지[1] 에도성에 입성할 수 있도

---

1) 『通航一覽』 卷80 朝鮮國部五十六, 「信使聘禮 附登城行列諸警固 營中御饗應正德

록 에도 대시가지를 누비고 지나갈 행렬 채비를 했다.

1711년 11월 1일 히가시혼간지에서 에도성으로 나아가는 신묘통신
사행의 등성 노정을 구체적으로 살펴보자.

에도에서의 접대를 담당한 2명의 관반 사카이 슈리다이부와 사나다
이즈노카미 및 쓰시마번주 가신단의 호위 속에 숙소(히가시혼간지)를 떠
나 에도성으로 향하는 통신사의 등성행렬은 그야말로 화려하고 웅장하
기 그지없었다. 에도 민중의 열렬한 환영을 받았던 사실은 당시의 기록
들과 회화사료 속에 많이 묘사되어 있다. 에도 막부 측의 선두·후미
호위까지 포함하여 모두 2,000여 명이 훨씬 넘는 대규모 행렬이 수도인
에도의 중심 시가지를 누비며 나아가는 모습이 어찌 장관을 이루지

度」, 497面. "1. 조선신사 의례를 위해, 미토 님과 기이 님을 비롯하여 영국을
가진 다이묘 및 만석 이상의 영주들, 그 적자들, 예복 후이 이상을 착용하는
여러 관리들, 법인(최고 신분 승려 — 지은이)와 법안(法眼: 법인 바로 아래 신분
의 승려 — 지은이)은 에도성으로 등성할 것. 만석 이상 다이묘의 적자이더라도
관직이 없는 자는 등성하지 말 것.
단, 오와리노카미와 마쓰다이라 가가노카미는 귀국 중이므로 이에 해당되지 않음.
1. 오늘 에도성으로 출사하는 자들 중, 다이부 이상 신분은 의관을 갖추어 칼을
차고 그 외 6위 신분의 자들은 의관을 갖추고 칼을 찰 것이며 예복은 후이나
스오 등을 착용할 것.
1. 공개적으로는 8시까지 모이도록 할 것.
1. 조선인과 쇼 쓰시마노카미는 9시까지 올 것.
1. 쓰시마노카미와 접대를 맡은 두 장로는 삼사보다 먼저 에도성에 등성할 것이
며 신사 일행은 사시경(10시 — 지은이) 등성하도록 할 것.
(一 朝鮮信使御礼に付 水戸殿紀伊殿始め國持大名及万石以上之面々 同嫡子
布衣以上之諸役人 幷法印法眼登城 万石以上之嫡子無官者出仕無之 / 但尾
張殿 松平加賀守は在國 / 一 今日出仕之面々 諸大夫以上衣冠下襲帶劍 其外
仮六位衣冠下襲帶劍 布衣素袍等着之 / 一 表向五時揃 / 一 朝鮮人幷宗對馬
守は五半時揃 / 一 對馬守幷御馳走人兩長老は 三使に先達而登城 信使巳刻
過登城)."

않았겠는가.

그러나 일찍부터 행렬의 거대함 등에 대해서는 종종 언급된 바 있으나 실제 통신사행 및 에도 막부 측의 호위 인원을 포함한 행렬이 구체적으로 어떻게 구성되었으며, 각 호위 무사의 신분별 구성과 규모 그리고 진행 순서와 에도성 등성 노정 등에 대한 언급은 매우 부족했던 것이 사실이다. 이에 여기서는 통신사의 에도성 등성 노정에 대해 살펴본 다음, 이어서 에도 막부 측 호위 인원을 포함한 통신사 행렬의 구성 및 행렬 모습에 대해서 자세히 살펴보기로 한다.

통신사 일행의 숙소인 히가시혼간지에서 에도성으로 나아가는 등성 과정은 다음과 같다. 히가시혼간지에서 혼마치 3초메까지는 통신사 일행이 시나가와에서 처음으로 에도 시내를 거쳐 에도 숙소로 들어오는 노정과 동일하나, 혼마치 3초메에서 에도성으로 향할 때는 도키와바시(常磐橋) 노선을 택했다. 그 구체적인 지명은 다음과 같으며 이를 에도 시가지 지도 속에 표시한 것이 <그림 5-1>의 점선이다.

히가시혼간지 → 다와라초 → 히가시나카초 → 간논라이몬도오리 → 고마가타초 → 스와초 → 구로부네초 → 오쿠라초 → 모토타비가고마치 → 모리다초 → 구라마에가타마치 → 덴노초 → 가와라초 → 가야초 → 아사쿠사바시고몬도오리 → 도호초 → 요코야마초 → 시오마치도오리 → 아부라마치도오리 → 다비가고마치도오리 → 다이덴마초 → 혼마치 3초메 → 혼마치 2초메 → 혼마치 1초메 → 도키와바시고몬(常磐橋御門) → 마쓰다이라 이즈노카미 저택 앞(松平伊豆守屋敷前) → 사카이 가가쿠가시라 저택 앞(酒井雅樂頭屋敷前) → 오테고몬(大手御門) → 에도성

2. 등성행렬의 구성

통신사의 에도 등성행렬을 가장 상세하게 전하는 회화 자료로 제8차 통신사행에 대비하여 쇼토쿠 1년(1711년) 에도 막부 명령에 의해 만들어진 <조선국신사등성행렬도(朝鮮國信使登城行列図)>(이하 '등성행렬도'로 약칭)를 꼽을 수 있다. 이것은 두루마리 그림인데 <도중행렬도(道中行列図)>, <등성행렬도(登城行列図)>, <귀로행렬도(歸路行列図)>, <쓰시마주참착귀국행렬도(對馬島主參着歸國行列図)>의 네 종류로 구성되어 있다.2) 이 행렬도를 통해서 에도에서 행해졌던 통신사 행렬 및 에도 막부의 접대, 그리고 사행단 및 에도 시민들 사이에 활발하게 펼쳐진 문화교류 모습 등을 찾아볼 수 있는 것이다.

우선 이 신묘통신사행의 행렬도 작성 경위를 살펴보자.

쇼토쿠 원년 신묘 신사기록

---

2) 『大系朝鮮通信使』第四卷(明石書店, 1993), 61面. 현재 잔존하는 신묘통신사행 행렬도는 네 종류이며, 그 사본까지 포함하면 모두 10개 본이 있다. 다시로 가즈이(田代和生)는 10개 본에 대한 성격을 다음과 같이 정리한다. 통신사 행렬도의 내용은 <신사도중행렬도(信使道中行列圖)>·<신사등성행렬도(信使登城行列圖)>·<신사내빙귀로행렬도(信使來聘歸路行列圖)>·<쓰시마주참착귀국행렬도(對馬主參着歸國行列圖)>의 네 종으로서 그 소장처에 따라서 10개 본으로 나눠진다. 앞의 네 종의 4개 본은 원래 쓰시마번에서 소장하고 있었으나 후일 조선총독부를 거쳐 해방 이후 국사편찬위원회가 소장하게 되었다. 그리고 쓰시마의 역사민속자료관에 소장 중인 3개 본이 있다. 이 외에도 조선어용 쓰치야 마사나오에게 납입되었다가 현재 교토의 고려미술관에서 소장 중인 2개 본(「조선인 대행렬도권(朝鮮人大行列圖卷)」 1~4권, 5~8권)과 에도 막부에 수납되었다가 후일 신기수(辛基秀) 씨 개인 소장의 1개 본(「조선국서봉정행렬도권(朝鮮國書捧呈行列圖卷)」 1~3권)이 있어, 모두 총괄하면 10개 본으로 유추되는 것이다.

○ 통신사 도중 에도 입성

○ 세 차례 등성행렬

○ 귀로행렬

○ (쓰시마번) 영주님 에도 입성·출발행렬 (중략)

쇼토쿠 원년 8월 21일 에도에서

1. 쓰치야 사가미노카미 님의 비서 오쿠보 세자에몬 및 오가사하라 준노스케로부터 스기무라 사부로 자에몬(쓰시마번 에도번저의 류수이)에게 용건이 있으므로 건너오라는 전달이 있어 당장 달려가 오쿠보 세자에몬을 만나 뵈었다. 통신사에 대한 건으로서 문서로 명령하시길 이번에 통신사의 <u>도중행렬·에도 도착 당일 행렬·에도 출발행렬</u>의 모습을 자세하게 그림으로 그려 두루마리로 만들어 제출하도록 하라는 것이었다. 그중에 출발행렬은 조속히 만들어 제출할 것이며 에도 입성행렬과 출발행렬은 같아서 그다지 차이가 없으므로 별도로 그려 제출하지 아니해도 좋고 그 상황은 문장으로 제출하라는 것이었다. 원래 색채 등은 꼼꼼하게 하지 않아도 되고 상황 등만 알 수 있도록 유념하라는 것이었다. 최근에 류큐인들이 에도를 방문했을 때 마쓰다이라 사쓰마노카미에게 행렬 건에 대하여 명령하여, <u>도중·에도 도착·등성·출발행렬</u>의 네 차례에 걸친 행렬들을 두루마리로 완성하여 제출하게 했다. 그 사본을 쇼군으로부터 사가미노카미 님에게 내려주셨다. (중략)

사쓰마노카미로부터 제출된 등성행렬 하나를 보여주셨는데, 행렬이 지나가는 거리가 상세하게 그려져 있었으며 기마·보행무사들·도구·아시가루·소인 등에 이르기까지 상세하게 기록되어 있었다. 주요 관료들은 각각 그 역할 및 이름 등이 종이에 기록되어 붙어 있었다. 사부로자에몬이 수령하여 말하기를 명령하시는 뜻을 잘 받아 모시겠다고 했다(괄호와 밑줄은 지은이).[3]

　1711년 8월 21일 신묘통신사 접대의 총책임자였던 조선어용 로추 쓰치야 마사나오가 비서 오쿠보 세자에몬(大久保淸左衛門)과 오가사하라 준노스케(小笠原準之助) 등을 통해 쓰시마번의 에도번저 가로(家老) 스기무라 사부로자에몬을 호출했다. 이번에 방문하는 신묘통신사의 행렬도를 작성하라는 명령을 내리기 위해서였는데, 도중행렬·에도 도착 당일 및 에도 출발행렬 등을 긴 두루마리 형태로 그려서 제출하라는 것이었다. 그리고 얼마 전에 에도를 방문했던 류큐 사절단의 행렬도(도중·에도 도착·에도성 등성·출발행렬도)가 완성된 것을 언급하며 참조하도록 했다. 　이에 쓰시마번저의 에도가로 스기무라 사부로자에몬으로부터 조선

---

3)『正德元辛卯年信使記錄』第百十九冊.

　　正德元辛卯年信使記錄

　　○信使　道中江戶入

　　○三度登城之行列

　　○歸路之行列

　　○殿樣江戶入御發駕之御行列 (中略)

　　正德元年八月二十一日江戶に而

　一　土屋相模守樣御用人　大久保淸左衛門　小笠原準之助方より　杉村三朗左衛門方へ　御用之儀候間罷出候樣にと申來候に付　早速致參上候處　大久保淸左衛門被出會　信使に付而之御用とぞ被仰渡相濟而後　書付を以被仰渡候ハ　今度信使道中にて之行列　江戶到着之日之行列　江戶發足之行列之次第　具に繪に爲書　卷物に調候而差上候樣に　右之內　發足之行列　早々出來差上候得者　江戶入之行列　發足之行列　同樣に而　諸事違も無之候は　別に認被差上候に不及候　其譯書付に仕立出候樣に　尤彩図等入念調候に不及候　わけきへ見へ候得者能候間　其通相心得候樣　就夫先頃琉球人參向之節　松平薩摩守樣江　行列之儀被仰渡　道中江戶到着　登城發足之行列　四度之行列を卷軸に御仕立被差上　右之寫　御內所より相模守方江被遣候 (……) 薩摩守樣より御差上候　登城之行列一 / 卷爲御見被成披見仕候處　行列之通　悉ク繪に書キ被相附候　騎馬步行立之侍道具足輕小人等迄　具に相記　重立候役人ハ　面々役柄并誰某与附紙に書載押付有之　三朗左衛門　御請に申上候ハ　被仰付候趣奉畏候.

어용 로추의 명령을 전해 받은 쓰시마번 영주 쇼 요시가타는 당대 에도 막부 최고의 어용화가인 가노 쓰네노부(狩野常信: 1636~1713년)에게 부탁하여 그의 제자이자 쓰시마 출신인 화가 다와라 기자에몬(俵喜左衛門)을 총책임자로 선정했다. 그는 11월 10일부터 에도 시중에서 활약하던 화가(町繪師) 40명을 동원하여 141일이라는 시간을 투자하여 그림을 제작했다고 한다.[4]

이 신묘통신사 행렬도는 쓰시마번주 쇼씨 가문(對馬藩 宗家)에서 소유하고 있었으나 일제 강점기에 조선총독부가 매입했고, 해방 이후 우리나라 국사편찬위원회가 소장하게 된 것으로 알려져 있다. 국사편찬위원회가 소장하고 있는 <조선국신사등성행렬도권>(이하 <등성행렬도>로 약칭함)·<도중행렬도>·<귀로행렬도>·<쓰시마주참착귀국행렬도> 의 그림 네 벌은 전체가 세트를 이루며 거의 완전한 상태로 남아 있어서 1711년 통신사행은 물론이고 조선시대의 행렬 및 일본 에도 시대의 의례문화 이해에도 매우 큰 도움이 된다고 주목받고 있다.[5]

여기서는 위의 네 개의 두루마리 그림 중에서 <등성행렬도>를 중점적으로 분석하고 검토할 것이다. 국서전명식 — 조선국왕의 국서를 에도 막부 쇼군에게 전달하는 — 을 거행하기 위해서 에도성으로 등성하는 장면을 묘사한 이 그림이야말로 이 통신사행의 가장 중요한 목적을 나타내기 때문이다. 또한 국서전명식은 통신사를 맞이하는 에도 막부 측의 최대 관심사이자 선진문화를 전달하기 위해 사자를 보낸 조선왕조 측의 자존심을 건 외교 의례 현장이기도 했다. 그리하여 전근대 한일 양국의

---

4) 『大系朝鮮通信使』 第四卷, 60面.

5) 그동안 일반인의 접근이 힘들었던 이 회화 자료가 얼마 전 조선통신사문화사업회와 국사편찬위원회의 공동기획으로 『조선시대 통신사 행렬』이라는 제목으로 출간되었다. 차후의 통신사 연구 및 조선시대 의례문화 재현에도 적지 않은 도움을 줄 것으로 기대되는 바이다.

〈그림 6-1〉〈등성행렬도〉 선두 호위의 고치소닌 가신단 행렬 부분

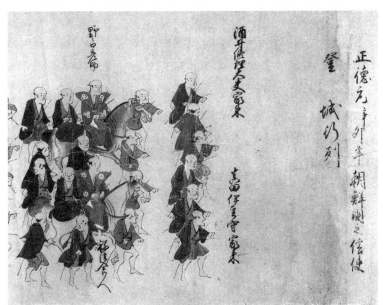

주: <등성행렬도>의 선두 호위의 맨 앞을 장식한 것은 에도 고치소닌 다이묘 사카이 슈
   리다이부 및 사나다 이즈노카미 가신단의 첫 번째 행렬이다. 좌측에는 다이묘 사카이
   가신단의 노노구치 히코노스케(野々口彦助) 일행이, 우측에는 다이묘 사나다 가신단의
   네즈샤진(禰津舍人) 일행이 2열 종대로 진행하고 있다. 이들 가신단은 각각 14명으로
   구성되어 있는데, 좌측에 말을 탄 무사 노노구치 히코노스케 및 우측의 네즈샤진을 비
   롯하여 그를 따르는 종자 13명(무사 4명·마부 2명·창잡이 1명·도구상자들이 1명·양산
   들이 1명·신발들이 1명·짐꾼 3명)의 14명으로 구성되어 있다.
자료: 『조선시대 통신사 행렬』, 2005년, 86~87쪽 참조.

외교적 자존심이 첨예하게 대립·교착하는 의례 현장에 대해 구체적으
로 접근할 수 있는 것이다. 또한 회화 자료 속에 내재된 전통문화의
표상과 의의를 읽음으로써 조선 후기 양국의 외교는 물론이고 대중문화
의 교류 양상에 대해서도 접근할 수 있다고 생각한다.

3. <등성행렬도> 분석

<등성행렬도>는 길이 41.72m, 폭 27cm의 긴 두루마리 그림이며, 여기에 나타난 행렬 순서는 크게 선두 호위, 통신사 행렬, 후미 호위의 세 부분으로 구성되어 있다. 선두 호위 및 후미 호위는 일본인이 맡았는데, 바로 에도에서의 접대를 맡은(=고치소닌) 두 다이묘, 사카이 슈리다이부 다다오토와 사나다 이즈노카미 유키미치와 전체 관반인 쓰시마번주 쇼 요시가타에 의한 호위인력(무사단·병졸·짐꾼)이다. 그리하여 선두와 후미 호위를 포함한 일본 무사단의 호위가 실로 다채로운 구성을 이루며 2,000여 명이 넘는 대규모 행렬을 펼친 것이다. 에도성을 향한 진행 순서에 따라 선두 호위, 통신사, 후미 호위의 세 부분으로 나누어 살펴보자.

1) 선두 호위 행렬

일본인에 의한 선두 호위 행렬은 (에도성 방향으로 진행하는 순서에 따라) '고치소닌 2명의 다이묘 가신단'과 '쓰시마번주 가신단'의 두 행렬로 이루어져 있다. 그 진행 순서에 따라 고치소닌 다이묘 가신단(다이묘 사카이 가신단과 다이묘 사나다 가신단)과 쓰시마번주 가신단으로 나누어 살펴보자.

(1) 고치소닌 다이묘 가신단 행렬

이 행렬은 고치소닌이라 불리는 에도의 통신사 접대총괄여 다이묘 사카이 슈리다이부 다다오토와 사나다 이즈노카미 유키미치의 가신단으로서 각각 2열 종대 10개조이며, 모두 20개조로 구성되어 있다.[6]

앞의 <그림 6-1>을 참조하여 고치소닌 가신단 행렬단의 20개조의 구성에 대해 보다 구체적으로 살펴보자. 행렬의 맨 앞을 장식한 것은 사카이 슈리다이부의 가신 노노구치 히코노스케 및 사나다 이즈노카미의 가신인 네즈샤진의 행렬로서, 정식 예복 차림에 말을 타고 하위 병졸 및 짐꾼을 거느리고 있다. 그 뒤를 이어서 역시 좌우 2열 종대로 두 다이묘의 가신단 행렬이 계속되는데, 진행 방향 좌측의 다이묘 사카이 슈리다이부 쪽 가신단, 우측의 다이묘 사나다 이즈노카미 쪽 가신단으로 나누어 살펴보기로 하자.

선두 호위의 첫 번째 행렬은 사카이 슈리다이부 쪽의 노노구치 히코스케와 사나다 이즈노카미 쪽의 네즈샤진이 거느린 행렬로서, 각각 마부(馬の口取, 2명), 무사(侍, 4명), 도구상자들이(挾箱持, 1명), 창잡이(槍持, 1명), 기타[5명: 잡졸(中間)·양산들이(傘持)·짐꾼(小荷駄) 등] 등 13명씩을 동반하고 있어 좌우 양쪽을 모두 합하면 28명으로 구성된다. 이어서 그 두 번째 행렬에 가가와 신고자에몬(香川新五左衛門)·나카마타 진고자에몬(中俣甚五左衛門), 세 번째 행렬에 에다 헤이지자에몬(江田平次左衛門)·엔도 간우에몬(遠藤勘右衛門), 네 번째 행렬에 단 간자에몬(團勘左衛門)·기무라 진고로(木村甚五郎)[7], 다섯 번째 행렬에 이시하라 후지자에몬(石原藤左

---

6) 『德川幕府役職集成』. 에도 막부의 경우 게이안(慶安) 연간(1648~1652년) 군역 규정에 의하여 막부로부터 지교(知行)를 받는 무사의 외출 시에는 아래와 같은 시종들을 거느릴 것이 의무화되어 있었다. 100고코(石)급 무사의 외출 시에는 적어도 창잡이 1명, 잡졸, 200고코급 무사 외출 시에는 무사 1명, 창잡이 1명, 신발들이 1명, 마부 1명, 짐꾼 1명, 잡졸, 400고코급 무사의 외출 시에는 무사 1명, 창잡이 1명, 도구상자들이 1명, 신발들이 1명, 마부 1명, 짐꾼 1명, 잡졸, 600고코급 무사의 외출 시에는 적어도 13명 정도로 규정되어 있으나 무사 3~4명, 창잡이 1명, 도구상자들이 1명, 신발들이 1명, 마부 1명, 잡졸 8명 정도는 필요했던 것 같다.

7) 세 번째 무리까지는 선두에 호위 병졸이 5명, 네 번째 무리는 호위 병사가 3명인데, 다섯 번째 무리부터는 선두 호위병의 모습이 보이지 않는다.

〈표 6-1〉 고치소닌 다이묘 가신단의 행렬

행렬 순서	인원 구성												합계	
	사카이 슈리다이부 가신단(좌측)						사나다 이즈노카미 가신단(우측)							
	가신의 이름	시종들					가신의 이름	시종들					사람	말
		무사	마부	도구상자들이	창잡이	*기타		무사	마부	도구상자들이	창잡이	*기타		
1	노노구치 히코노스케	7	2	1	1	5	네즈샤진	7	2	1	1	5	34	2
2	가가와 신고자에몬	4	2	1	1	5	나카마타 진고자에몬	5	2	1	1	5	29	2
3	에다 헤이지자에몬	5	2	1	1	5	엔도 간우에몬	4	2	1	1	5	29	2
4	단 간자에몬	5	2	1	1	5	기무라 진고로	4	2	1	1	4	28	2
5	이시하라 후지자에몬	3	2	1	1	3	스기타 규자에몬	4	2	1	1	4	24	2
6	오타니 겐바치	3	2	1	1	3	하세가와 겐노스케	4	2	1	1	4	24	2
7	가와무라 도코로우에몬	4	2	1	1	3	시노다 지우에몬	4	2	1	1	4	25	2
8	사카기바라 겐베	4	2	1	1	3	사다 고자에몬	4	2	1	1	4	25	2
9	와타베 우에몬	4	2	1	1	3	야나기지마 사노우에몬	4	2	1	1	4	25	2
10	나스 겐다이부	3	2	1	1	3	나루자와 간자에몬	3	2	1	1	4	23	2
합계	10	42	20	10	10	38	10	43	20	10	10	43	266	20

주: * 구성 인원의 '기타' 속에는 양쪽 모두 각각 양산들이 1명, 신발들이 1명이 포함되어 있다.
  ** 가신단은 유관무사(有官武士, 1명)에 무사(3~4명)·마부(2명)·도구상자들이(1명)·창잡이(1명)·신발들이(1명)·양산들이(1명)·짐꾼(1~3명)으로, 최소 11명에서 최다 16명의 종자로 구성된다. 한편 에도 시대 무사의 군역법 규정에 의하면 11명의 종자를 거느린 무사의 경우 500고쿠, 16명의 종자를 거느린 무사는 700~800고쿠를 받는 무사 신분이었다.

衛門)·스기타 규자에몬(杉田九左衛門), 여섯 번째 행렬에 오타니 겐바치(人谷源八)·하세가와 겐노스케(長谷川源之介), 일곱 번째 행렬에 가와무라 도코로우에몬(河村所右衛門)·시노다 지우에몬(忍田治右衛門), 여덟 번째 행렬에 사카기바라 겐베(榊原源兵)·사다 고자에몬(齋田五左衛門), 아홉 번째 행

〈그림 6-2〉〈등성행렬도〉 속의 선두 호위 쓰시마번주 가신단

주: '쓰시마번주 가신단' 행렬의 시작은 류수이 스즈키 사지우에몬의 행렬로 시작된다. 수
    행 종자가 모두 15명인 것으로 보아 700고쿠 정도의 무사 신분임을 유추할 수 있다.
자료: 『조선시대 통신사 행렬』, 2005년, 94쪽 참조.

렬에 와타베 우에몬(渡部卯右衛門)·야나기지마 사노우에몬(柳島左野右衛
門), 열 번째 행렬에 나스 겐다이부(那須源大夫)·나루자와 간자에몬(成澤勘
左衛門)이 따라간다.

거느린 시종들의 숫자는 약간씩 증감이 있지만 거의 같은 구성이다.
고치소닌 다이묘 가신단의 행렬에 대해 정리한 것이 <표 6-1>인데,
모두 266명(말 20필)의 호위 인력이 동원되었음을 알 수 있다.

(2) 쓰시마번주 가신단 행렬

위의 고치소닌 다이묘 가신단 행렬 뒤에 쓰시마번주 가신단 147명의
행렬이 바로 이어지는데 이를 묘사한 것이 <그림 6-2>다.

<그림 6-2>를 보면 "쇼 쓰시마노카미 부하(宗對馬守 家來)"라는 표

〈표 6-2〉 쓰시마번주 가신단

번호	신분	이름	무사	마부	창잡이	도구상자들이	양산들이	신발들이	기타	사람	말
										합계	
1	류수이	스즈키 사지우에몬	6	2	1	1	1	1	3	15	1
2	가로	히라다 하야토	16	2	1	3	1	1	7	31	1
3	가로	오우라 주자에몬(輿)**	14	2	1	3	1	1	13	35	1
4	사이반	데라다 이치로베	8	2	1	2	1	1	4	19	1
5	사이반	히구치 구메우에몬	8	2	1	2	1	1	4	19	1
6	슈쓰마	요시다 헤이자에몬	6	2	1	1	1	1	4	17	1
7	아시가루	미상								2	
8	가치	미상								2	
9	쓰시	미상								2	
합계		가마(輿)가 하나 있음	58	12	6	12	6	6	35	147	6

* 쓰시마번주 가신단의 최소 규모는 종자 15명[유관무사(1명)·무사(6명)·마부(2명)·창잡이
(1명)·도구상자들이(1명)·양산들이(1명)·신발들이(1명)·짐꾼(3명)], 최대 규모는 36명[유
관무사(1명)·무사(14명)·마부(2명)·창잡이(1명)·도구상자들이(3명)·양산들이(1명)·신발지
기(1명)·짐꾼(13명)]이었다. 가로 계층의 행렬은 32~36명으로서, 사이반(20명)·슈쓰마
역(17명)·류수이(16명)보다 많았다. 한편 15명의 종자를 거느린 무사는 700고쿠, 36명
의 종자를 거느린 무사는 약 2,000고쿠의 무사 신분이었다.
** 오우라 주자에몬 혼자 가마를 타고 있음.

현으로 시작되는데 앞의 고치소닌 가신단 행렬과 크게 다른 점은 일렬
종대를 이루고 있다는 점이다. 맨 앞에서 진행하는 쓰시마번 류수이
스즈키 사지우에몬(鈴木左治右衛門) 행렬은 모두 16명(말1필)으로서 그를
호위하는 종자 6명, 마부 2명, 양산들이 1명, 창잡이 1명, 도구상자들이
1명, 신발들이 1명, 기타 짐꾼 3명으로 구성되어 있다.

이에 계속하여 쓰시마번 가로 히라다 하야토의 일행 32명, 가로 오우
라 주자에몬의 일행 36명8), 사이반 데라다 이치로베(寺田市郎兵衛)의 일
행 20명, 사이반 히구치 구메우에몬(樋口久米右衛門)의 일행 20명, 슈쓰

8) 시종 구성과 인원으로 볼 때 가로의 신분이 류수이 및 슈쓰마보다 높음을 알
수 있다.

마(出馬) 요시다 헤이자에몬(吉田兵左衛門)의 일행 17명, 이어서 예복(上下: 가미시모)을 착용한 아시가루(足輕)·가치(徒士)·쓰시가 각각 2명씩 총 6명이 후미를 장식하여 모두 147명(말 6필)의 행렬이 이어지고 있다.

즉, 쓰시마번주 가신단 행렬을 총괄하면 맨 앞의 에도 류수이단 행렬을 시작으로 맨 마지막 통사단 행렬에 이르기까지 '쓰시 → 가치 → 아시가루 → 슈쓰마 → 사이반 2명 → 가로 2명 → 류수이'의 순서로 진행하고 있는데 이를 정리한 것이 <표 6-2>이다.

<표 6-1>과 <표 6-2>를 통해 선두 호위는 고치소넌 다이묘 가신단 266명과 쓰시마번주 가신단 147명을 합하여 모두 413명(말 26필)으로 형성되었음을 알 수 있다.

2) 통신사 행렬

<등성행렬도> 속의 신묘통신사 행렬은 정사 가마단, 부사 가마단, 그리고 종사관 가마단(상상관 이하 일행 포함)의 세 부분으로 구성된다. 삼사 가마단의 각 구성원을 살펴보면 정사 가마단이 94명, 부사 가마단이 70명, 종사관 가마단이 135명(상상관 이하 87명 포함)으로 모두 299명[9]이다. 일본 측 호위를 살펴보면 정사 가마단의 호위가 214명, 부사 가마단의 호위가 141명, 종사관 가마단의 호위가 97명, 그리고 상상관 등에 대한 호위가 292명으로서 모두 합하면 744명이었다. 따라서 통신사 및 호위하는 일본인의 숫자를 모두 합한다면 <등성행렬도> 중심

---

9) 총 500명의 신묘통신사행 중에서 오사카에서 체재한 사람이 129명이고 에도까지 올라온 사람이 371명이었다. 그런데 이 <등성행렬도>에 묘사되어 있는 우리 측 통신사행의 숫자는 모두 299명이다. 에도로 온 신묘통신사행 중 72명의 행방에 대해서는 두 가지의 해석이 가능하다. 이 72명이 에도의 숙소 히가시혼간지에 남아 있든지, 아니면 회화적 표현상 생략되었다고 유추하는 바이다.

〈그림 6-3〉 통신사 행렬 선두의 청도기

〈그림 6-4〉 통신사 행렬 선두의 독(纛)기

주: 소통사를 선두로 마상에서 청도기·독기·형명기를 든 기수대 행렬이 이어지고 있
다. 이들 기수대는 각각 일본 측(6명)의 호위를 받으며 행렬하고 있다.
자료: 『조선시대 통신사 행렬』, 2005년, 86~87쪽 참조.

부분에 묘사되어 있는 통신사 행렬이 모두 1,043명이나 되어 대규모의 인원이 진행하고 있음을 알게 된다. 삼사(정사·부사·종사관)별로 나누어 이 대규모 통신사 행렬의 구성을 살펴보면 각 가마단마다 다소 차이는 보이지만, 대체로 에도성 쪽 방향을 향해 '상판사 → 사령군관 → 삼사 (정사·부사·종사관) 가마단 → 사령군관 → 악대(n) → 기수(n)'의 구성을 이루고 있다는 공통점을 찾아볼 수 있다. 특히 삼사 행렬의 선두를 장식하는 기수 행렬의 '청도기(淸道旗)'와 '형명기(形名旗)' 등은 화려하기 그지없었다. 이렇게 일생일대의 장관을 이루는 통신사 행렬을 한 번이라도 보려는 구경꾼들로 인해 통신사가 지나가는 에도성으로 향하는 시가지 연변은 인산인해를 이루었으며 그 모습은 실로 대단했다.

<그림 6-3>과 <그림 6-4>는 일본인에 의한 선두 호위에 이어지는 '신묘통신사 행렬'의 시작 부분이며, 동시에 '정사 가마단' 행렬의 시작이기도 하다. 소통사(小通事)가 앞장서는 가운데 일본 측 호위를 받으며 말을 타고 청도기·독기·형명기를 든 통신사, 역시 말을 탄 도훈도, 그리고 악대 및 사령군관, 국서가마[10], 삼사 가마단, 사령군관, 상판사 일행들이 이어지고 있다. 이어지는 부사 가마단 및 종사관 가마단 역시 선두를 청도기가 장식한다는 점에서 공통점을 가지나, 그 외 기수 및 악대 구성원의 숫자가 많이 감소되었다. 즉, 청도기 등을 든 기수대는 20명(정사 가마단), 19명(부사 가마단), 12명(종사관 가마단)으로 줄어들었

---

10) 국왕의 친서를 실은 국서가마는 왕실의 옥책이나 금보를 운반할 때 쓰던 금채의 용이 장식된 용정자(龍亭子)로, 부사 임수간의 『동사일기』에 의하면 국내에서 가져간 것인데, 여타 행렬도와 달리 조선인 교군들이 직접 운송하고 주위를 일본인들이 호위하고 있다. 이 국서가마를 전후로 각종 기와 창을 든 의장대열과 나팔수, 나각수 등의 대규모 악대와 여러 재인들, 사자관과 역관, 군관의 행렬이 이어진다. 악대와 기수 및 창을 든 군사들의 경우 도중과 귀로 시에는 말을 타고 이동하는데, 여기서는 도보로 행진하는 모습으로 그려져 있다.

<그림 6-5> 통신사 행렬의 국서가마

<그림 6-6> 통신사 행렬의 정사 가마단

〈그림 6-7〉 통신사 행렬의 부사 가마단

〈그림 6-8〉 통신사 행렬의 종사관 가마단

<표 6-3> 통신사 행렬의 삼사 가마단 구성

분류		정사 가마단		부사 가마단		종사관 가마단	
		통신사	일본인	통신사	일본인	통신사	일본인
소통사		2				-	
기수대	청도기	2	14(말 2)	2	10(말 2)	2	10(말 2)
	독기	1	5(말 1)	1	5(말 1)		
	형명기	1	6(말 1)	1	6(말 1)	-	
	언월도	2		2			
	장창	2		2		2	
	순시(기)	2		2		2	
	삼지창	2		2		2	
	령(슈, 기)	2		2		2	
	포수	2		2		2	
	도훈도	2 (+종자 1)	7(말 1)	2 (+종자 1)		-	
	가치 2 쓰시 2		4			-	
악대	나팔수	2		2		2	
	나각수	2		2		2	
	태평소	2		2		2	
	세악	1		1		1	
	동고	1		1		1	
	고타수	2		2		2	
	삼혈수	1		1		1	
	쟁수	2		2		2	
	도훈도	2 (+종자 1)	6(말 1)	2 (+종자 1)	6(말 1)	-	
	가치 2 쓰시 4		6			-	
	포수	2				-	
	마상재	2	12(말 2)			-	
	별파진	2	12(말 2)				
	해금	1		1		-	
	고수	1		1		-	
	슬	1		1		-	
	장고	1		1		-	
	적	1		1		-	
	쟁수/동고	쟁수 1		동고 1		-	
	전악	1	6(말 1)	2 (+종자 1)	6(말 1)	-	
	아시가루		2			-	

		1	2	3	4	5	6
	가치 2 쓰시 2		4	-			
	사령	2		2		2	
	군관	2	12(말 2)	2	12(말 2)	2	12(말 2)
국서 가마	가마 매기	12(하관)	무사 6 (말 1)	-		-	
	사자관 2	4 (+종자 2)	12(말 2)				
	포수	2					
	인신관첩	1(종자)	5(말 1)				
삼사 가마	소동	2	12	4	24 (말 4)	4	24(말 4)
	군관	2	12	-		-	
	월·절	2	10(말 2)	2	10 (말 2)	-	
	사령	2		2		2	
	흡창	4		4		4	
	삼사(가마)	정사 1	27명 (무사 11·가마 16)	부사 1	27명 (무사 11·가마 16)	종사관	28(무사 12·가마 16)
	군관4	8 (+종자 4)	24(말 4)	8 (+종자 4)	24 (말4)	4(+종자 2)	12(말 2)
	상판사	2 (+종자 1)	6(말1)	2 (+종자 1)	6(말 1)	2(+종자 1)	7(말 1)
	쓰시 2 아시가루 2		4		4		2(쓰시)
종사관·가마단·후미	상상관 가마단					사령 2	
						상상관(+종자 1)	15 (무사 4·가마 등 11)
						소동 1	6(말 1)
						사령 2	
						상상관(+종자2)	15 (무사 4·가마 등11)
						소동1	6(말1)
						상상관(+종자 2)	13 (무사 2·가마 등 11)
						소동 1	6(말 1)
	상판사 가마단					사령 2	
						상판사(+종자 2)	12 (무사 2·가마 등 11)
						소동 1	6(말 1)
	제술관					제술관	14

가마					(+종자 2)	(무사 4· 가마 등 10)
					소동	6(말 1)
양의 가마					양의(+종자 1)	12 (무사 4· 가마 등 8)
쓰시						2
판사 일행					판사(+종자 1)	6(말 1)
					판사(+종자 1)	7(말 1)
					판사(+종자 2)	6(말 1)
					판사(+종자 2)	6(말 1)
					판사(+종자 2)	6(말 1)
					판사(+종자 2)	6(말 1)
					판사(+종자 2)	6(말 1)
					판사(+종자 2)	6(말 1)
					판사(+종자 2)	6(말 1)
아시가루						2
서기 일행					서기(+종자 2)	6(말 1)
					서기(+종자 2)	6(말 1)
					서기(+종자 2)	6(말 1)
아시가루						2
반당 일행					반당(+종자 1)	6(말 1)
					반당(+종자 1)	6(말 1)
					반당(+종자 1)	6(말 1)
아시가루						2
청직 일행					청직(+종자 1)	6(말 1)
					청직(+종자 1)	6(말 1)
					청직(+종자 1)	6(말 1)
반전직 일행					반전직 (+종자 1)	6(말 1)
					반전직 (+종자 1)	6(말 1)
					반전직 (+종자 1)	6(말 1)
사노자 일행					사노자 (+종자 1)	6(말 1)
					사노자	6(말 1)
					사노자	6(말 1)
					사노자	6(말 1)
					사노자	6(말 1)
					사노자	6(말 1)
일행 노사					일행 노자	6(말 1)
쓰시						2
아시가루						2

합계	94	214 (말 26)	70	141 (말 20)	48+87=135	97+292= 389(말 44)
	통신사 299명/일본 측 호위병 744명 /말 90필					

으며, 악대 또한 바로 앞의 순서대로 언급하면 28명, 23명, 13명이어서 수행 인원 구성상에서 특히 종사단 가마단의 감축이 두드러짐을 알 수 있다. 그리고 종사관 가마단의 경우, 상상관 이하의 상·중·하관 등 에도로 올라온 기타 통신사 일행들이 모두 편성되어 있음도 찾아볼 수 있다.

통신사행 구성에 대한 이해를 돕기 위하여 삼사 가마단의 행렬 모습을 담은 것이<그림 6-5>, <그림 6-6>, <그림 6-7>, <그림 6-8>[11]이며, 전체 구성원에 대해 정리한 것이 <표 6-3>이다.

3) 후미 호위

통신사 행렬에 이어서 바로 일본인에 의한 후미 호위 행렬이 이어진다. 그 구성은 선두 호위와 동일하게 쓰시마번주 가신단과 고치소닌 다이묘 가신단으로 이루어져 있으나, 진행 순서는 선두 호위 때와 달리 쓰시마번주 가신단이 앞서고 맨 마지막에 고치소닌 다이묘 가신단들이 호위를 맡는다. 즉, 에도에서의 접대총괄책임을 맡은 고치소닌 다이묘의 가신단이 선두 호위의 첫 부분과 후미 호위의 맨 마지막을 장식한 것이다.

---

11) 각각의 그림은 『조선시대 통신사 행렬』(2005), 109~124쪽 참조.

〈표 6-4〉 후미 호위의 쓰시마번주 가신단 부분

번호	인원 구성										
	신분	이름	무사	마부	창잡이	도구상자들이	양산들이	신반들이	기타	합계	
										사람	말
1	구미카시라a	다와라 고로자에몬(기마)	8	2	1	1	1	1	4	19	1
2	구미카시라b	요시가와 로쿠로자에몬(기마)	7	2	1	1	1	1	4	18	1
3	슈쓰마	미우라 사다우에몬(기마)	8	2	1	1	1	1	4	19	1
4	신몬	아메노모리 호슈(기마)	4	2	1	1	1	1	4	15	1
5	가로	스기무라 요리도모(가마)	14	2	1	3	1	1	13	36	1
합계			41	10	5	7	5	5	29	107	6

주: 쓰시마번주 가신단의 경우 그 수행 종자가 최소 14명에서 최대 35명에 이르는데, 그 녹고(祿高)의 분포가 600~2,000고쿠임을 알 수 있다.

(1) 쓰시마번주 가신단에 의한 후미 호위

쓰시마번주 가신단에 의한 후미 호위 행렬은 모두 107명으로 구성되며 '가로(家老) → 신몬 일행 → 슈쓰마 → 구미카시라(組頭) a·b'가 순서에 따라 일렬로 질서정연하게 진행하는데, 이를 구체적으로 나타낸 것이 <표 6-4>이다.

이 행렬의 진행 순서에 맞추어 쓰시마번 무사들의 역할·이름, 각 가신단 구성인원 등을 소개하면 구미카시라a는 다와라 고로자에몬(俵五郎左衛門)으로서 일행 19명, 구미카시라b는 요시가와 로쿠로자에몬(吉川六郎左衛門)으로서 일행 18명, 슈쓰마는 미우라 사다우에몬(三浦貞右衛門)으로서 일행 19명, 신몬은 아메노모리 도고로(雨森東五郎＝雨森芳洲, 아메노모리 호슈)로서 일행 15명, 가로는 스기무라 요리도모(杉村賴母)로서 일행 36명으로서 모두 107명이다.

<그림 6-9>는 후미 호위 쓰시마번주 가신단 행렬의 시작인 다와라 고로자에몬 일행의 행렬을 묘사하고 있다.

〈그림 6-9〉 후미 호위 쓰시마번주 가신단 행렬의 시작 부분

주: 후미 호위의 제일 선두인 구미카시라 다와라 고로자에몬의 행렬로서 무사 8명(선두 5명,
    중앙 3명)을 비롯하여 기타 종자 10명을 포함한 모두 18명의 종자가 수행하고 있다.
자료: 『조선시대 통신사 행렬』(2005), 140쪽 참조.

(2) 고치소닌 다이묘 가신단

후미 호위를 맡은 고치소닌 다이묘 가신단 행렬은 호위병을 비롯하
여 창잡이·마부·인부 등을 포함하며, 선두 호위처럼 좌우 2열 종대를
이루고 모두 605명으로 구성되어 신묘통신사 등성행렬의 마지막을 화
려하게 장식한다. 각 가신단의 구성을 좀 더 구체적으로 살펴보자.

첫째, 고치소닌 가신단 일행은 사카이 슈리다이부 및 사나다 이즈노
카미 가신단이 2열 종대로 나뉘어 진행하는데, 사카이 슈리다이부 가신
단의 경우 미우라 마타자에몬(三浦又左衛門)부터 시작하여 데라다 단우
에몬(寺田段右衛門), 우라토 구메노스케(裏藤久米之介), 다쓰미 한자에몬(辰
見半左衛門), 미야케 쇼다이부(三宅庄太夫) 일행의 순으로 76명, 사나다

〈그림 6-10〉 후미 호위의 고치소닌 다이묘 가신단

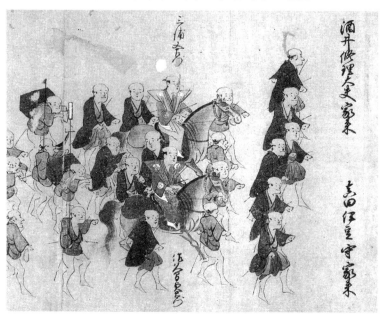

주: 후미 호위 행렬의 쓰시마번주 가신단 다음에 이어지는 고치소닌 가신단 행렬(605명)
　　의 시작 부분으로 사카이 슈리다이부의 가신인 미우라 마타자에몬과 사나다 이즈노
　　카미의 가신인 사쿠마 사다우에몬의 행렬을 엿볼 수 있다. 그 뒤에 이어지는 행렬의
　　구체적인 양상은 <표 6-5>를 참고하라.
자료: 『조선시대 통신사 행렬』(2005), 145쪽 참조.

이즈노카미 가신단의 경우 사쿠마 사다우에몬(佐久間貞右衛門)부터 시작
하여 나가이 스케우에몬(長井助右衛門), 오카노 야우에몬(岡野弥右衛門),
구보다 이와우에몬(窪田岩右衛門), 이케다 우콘(池田右近) 일행 순으로 73
명이며, 양쪽을 모두 합하여 149명이었다.

　둘째, 이에 이어지는 행렬은 두 고치소닌 다이묘 가신단의 나가에(長
柄: 길이가 약 5m 되는 창으로 주로 하급무사 아시가루기 사용함) 행렬로서,
나가에를 든 하급무사 20명이 두 줄로 진행하고, 그 뒤를 이어 3명씩
열을 지은 무사들이 모두 25줄로 진행하여 총 166명[12]의 행렬이 이어
진다.

〈표 6-5〉 후미 호위의 고치소닌 가신단

행렬 순서		인원 구성												합계	
		사카이 슈리다이부 가신단(좌측)						사나다 이즈노카미 가신단(우측)							
		가신	시종들					가신	시종들					사람	말
			무사	마부	도구상자들이	창잡이	기타		무사	마부	도구상자들이	창잡이	기타		
가신단	1	미우라 마타자에몬	6	2	1	1	5	사쿠마 사다우에몬	6	2	1	1	5	32	2
	2	데라다 단우에몬	5	2	1	1	5	나가이 스케우에몬	5	2	1	1	5	30	2
	3	우라토 구메노스케	5	2	1	1	5	오카노 야우에몬	4	2	1	1	4	28	2
	4	다쓰미 한자에몬	4	2	1	1	5	구보다 이와우에몬	4	2	1	1	4	27	2
	4	미야케 쇼다이부	6	2	1	1	5	이케다 우콘	6	2	1	1	5	32	2
	합계	5기마	26	10	5	5	25	5기마	25	10	5	5	23	149	20
나가에	1	나가에 행렬 20명						나가에 행렬 20명						40	
	2	하급무사 5명 씩 25줄+1명												126	
모치야리		모치야리 행렬 26명						모치야리 행렬 84명						110	
견마		견마 행렬 36명(18필)·짐꾼 86명						견마 행렬 34명(말 7필)						156	25
호위		호위무사												24	
합계														605	45

주: * 기타에는 각각 양산들이 1명과 신반들이 1명이 포함되어 있음.
　** 고치소닌 가신단의 경우 그 수행종자가 12명에서 15명이므로 그 녹고가 500~600고 쿠임을 알 수 있음.

셋째, 그 뒤에는 사나다 이즈노카미 가신단의 모치야리(持鑓: 무사가 사용하는 창으로 주로 종자에게 창을 들게 함) 행렬 84명과 그 견마(牽馬) 행렬로 마부 14명(말 7필)을 비롯한 34명이 이어진다.

넷째, 사카이 슈리다이부 가신단의 모치야리 행렬 26명과 그 견마

12) 나가에 행렬(20줄) 바로 뒤의 무사 행렬만 6명이므로 1명을 추가하여, (2×20) +(5×25)+1＝166명이 된다.

행렬 36명(말 18필)을 확인할 수 있다. 그 뒤를 잇는 짐꾼 86명[도구상자들이 26명, 바구니들이 12명, 기타 48명], 호위무사 24명 등 146명의 행렬이 등성행렬 후미 호위의 맨 마지막을 장식한다.

후미 호위 중 고치소닌 다이묘 가신단의 605명 행렬에 대한 구성을 자세하게 정리한 것이 <표 6-5>이다. 그리하여 후미 호위 행렬은 쓰시마번주 가신단+고치소닌 다이묘 가신단의 두 행렬을 모두 합하여 712명이 됨을 알 수 있다.

7장

에도성의 국서전명식

1. 에도성 혼마루

1) 혼마루의 공간구조

조선 후기 통신사행의 최종 목적인 국서전명식이 거행되는 에도성 혼마루(江戶城本丸)의 공간구조에 대해 살펴보기로 하자. 에도성 전체의 경관을 구체적으로 잘 묘사하고 있는 것이 바로 <그림 7-1>이다. 에도성은 혼마루, 니노마루, 산노마루, 니시노마루(西の丸), 기타노마루(北の丸), 모미지야마(紅葉山) 등 많은 건물로 이루어져 있다. 우치보리(內堀=해자)라 불리는 호수로 둘러싸인 에도성은 에도 막부 쇼군의 거소이자 막부의 정무 공간(政廳)인 혼마루를 비롯하여, 은퇴한 쇼군 및 세자의 거처인 니시노마루, 쇼군의 별택으로 혼마루 외곽에 위치한 니노마루, 니노마루 외곽에 자리 잡은 산노마루, 그 외곽에 자리 잡은 기타노마루, 후키아게(吹上) 등으로 구성된다. 광대한 정원의 후키아게를 제외한다면 혼마루가 가장 넓은 면적을 차지하고 있었다. 이외에도 역대 쇼군의 사당 묘(廟)·서고(書庫)가 설치된 모미지야마(紅葉山) 등이 설치되어 있으

〈그림 7-1〉 에도성 배치도

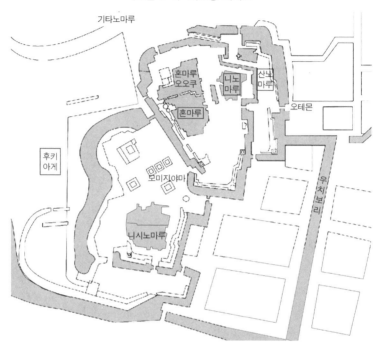

자료: 中江克己, 『見取り図で讀み解く江戶の暮らし』(靑春出版社, 2007), 29쪽 참조.

며, 내·외곽을 합쳐 92개의 성문과 19개의 망루(櫓)가 있었다.

한편 쇼군이 거주하는 혼마루도 다양한 공간으로 이루어진 복합적인 건축물인데, 그 기능상 크게 오모테(表)·나카오쿠(中奧)·오오쿠의 세 부분으로 나뉘어 남쪽에서부터 북쪽을 향해 나란히 배치되어 있었다.[1]

'오모테'는 쇼군을 알현하는 공식 행사 및 관리들의 집무공간으로서, 다로시타(大廊下)·다마리노마(溜の間)·데칸노마(帝鑑の間)·야나기노마(柳の間)·기노마(雁の間)·기쿠노마(菊の間)·부요노마(芙蓉の間)·오히로노마(人廣の間)[2] 등으로 이루어졌다.

---

1) 平井聖 監修, 『江戶城と將軍の暮らし』(學習硏究社, 2004), 18面.

〈그림 7-2〉 에도성 혼마루의 세 부분(오모테 · 나카오쿠 · 오오쿠)

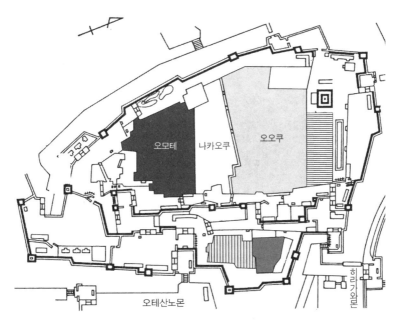

자료: 武士生活研究會 編,『繪図でさぐる武士の生活』(柏書店, 1982), 28쪽 참조.

'나가오쿠'는 흔히 '오쿠'라고도 불리는 쇼군의 사적 공간이자 집무 공간이다. 쇼군의 측근 및 비서 역할을 하는 많은 관리가 근무하기 위하여 고쿠쇼인(黑書院)·어자노마(御座の間)·고큐소쿠노마(御休息の間) 등 많은 방이 배치되어 있었다.

___

2) 오히로노마(大廣間)는 에도 막부 쇼군 권위가 최대로 연출되는 장소로서 쇼군 선하 및 무가제법도의 발포, 연시인사 등 공식 행사를 하는 장소이다. 오히로노마의 하단(39조), 중단(30조), 상단(28조)은 각 바닥 높이를 차례로 7촌(21cm)씩 높였고, 니노마(二の間, 63조), 산노마(三の間, 67조), 욘노마[四の間: 일명 마쓰노마(松の間), 88조]로 나뉜다. 오히로노마의 중단 측 마루(西の緣)엔 고산케 및 다메즈메(溜詰) 등이, 중단에는 로추가, 하단에는 4위 이상의 다이묘가, 그리고 니노마부터 욘노마에는 구니모치(國持) 5위 이하의 다이묘들이 착좌했다.

〈그림 7-3〉〈에도성 혼마루 상세도〉 일부

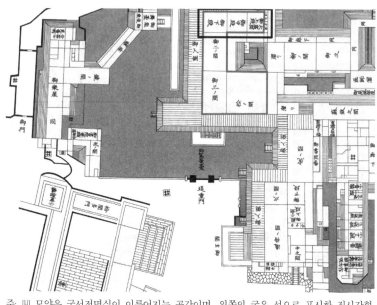

주: 凹 모양은 국서전명식이 이루어지는 공간이며, 위쪽의 굵은 선으로 표시한 직사각형
   부분이 오히로노마이다.
자료: 『江戸城本丸詳細圖』, 人文社.

오오쿠는 쇼군의 정실부인, 즉 미다이도코로(御台所)를 비롯하여 측실
과 하녀들이 생활하는 쇼군의 사저(私邸)로서 쇼군의 일상 거처와 활동
공간인 나카오쿠와 좁은 복도로 바로 연결되었다. 다만 오오쿠에서 나
가오쿠로 통하는 문은 평소에는 잠겨 있어 쇼군 이외의 외부인 출입이
규제되고, 오오쿠에서 에도성 밖으로 나갈 때는 히라가와몬을 이용해야
했다.

2) 혼마루의 오히로노마

오히로노마는 상단(쇼군 좌석)·중단(로추 좌석)·하단(4위 이상 다이묘 좌
석)으로 삼분되며 바닥에 각각 7촌(21cm)씩 단차를 두고, 그 천장 장식

〈그림 7-4〉 오히로노마의 상단·중단·하단의 좌석배치 구조

자료: 中江克己, 『見取り図で讀み解く江戸の暮らし』(靑春出版社, 2007), 33쪽 참조.

도 각각 신분에 따라 달리했다. 한편 상·중·하 3단의 경계에는 방문[襖]
등과 같은 것을 일체 두지 않아서 쇼군 즉위식 등을 비롯한 의례행사
시에는 하나의 공간이 되어 쇼군과 다이묘 알현을 가능케 했다.

3) 통신사의 혼마루 입장 과정

1711년 11월 1일 아침 일찍 숙소인 히가시혼간지를 출발하여 에도
성 오테몬에 도착한 통신사는 열을 정비하여 산노고몬(三の御門) 및 나
카노고몬(中の御門), 그리고 혼마루의 최종 출입문인 주자쿠몬(中雀門)을
거쳐 마침내 혼마루 현관으로 들어가게 된다.

한편 통신사 일행의 숙소 아사쿠사의 히가시혼간지부터 혼마루 현관
에 이르는 과정을 진행 순서에 따라 구체적으로 설명하면 다음과 같다.

(1) 오테몬~게죠바시

아사쿠사의 히가시혼간지를 출발한 통신사 일행은 일단 에도성의
정문인 오테몬에 도착하여 잠시 머물며 선물을 비롯한 입성 준비를
재차 갖추었고, 통신사 일행 중 하관들은 오테몬 대기소 일대에 머물게

〈그림 7-5〉 에도성 입구의 오테몬 통신사

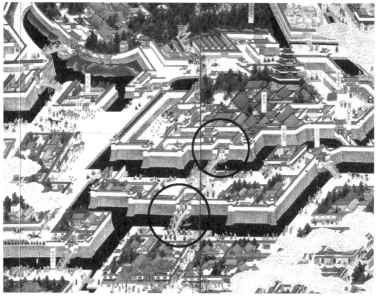

주: 아래 동그라미는 오테몬을 가리키고, 위의 원 부분은 게죠바시이다.
자료: 조선통신사 문화사업추진위원회, 『마음의 교류 조선통신사』(2004), 98쪽 참고.

되었다. 한편 오테몬 안의 광장에는 하마(下馬)라는 팻말이 몇 개 설치되어 있다. 다이묘들은 여기에서 일단 말에서 내린 후 신발들이[조리모치(草履持)]·도구상자들이[하시미바코모치(挾箱持)] 만을 거느리고 걸어 들어갔으며 다른 시종들은 대기시켰다. 가마 등을 허락받은 다이묘 및 중직 관리들은 그대로 가마를 타고 들어가 오테몬 안쪽의 게죠바시(下乘橋)에서 내려 혼마루 현관까지 걸어가야 했다. 고산케(御三家)만이 주자쿠몬까지 가마를 타고 들어갈 수 있지만 주자쿠몬에서 혼마루 현관까지는 도보로 가야 했다. 그리고 오테몬 및 광장에는 길이 60간(間), 폭 7간 정도의 비교적 넓은 대기소가 마련되어 있었으나 고산케나 다이로(大老)·로추·와카도시요리의 시종들만이 이용할 수 있었으며, 많은 무사가 등성하는 아침 시간에는 극도로 혼잡했다.

〈그림 7-6〉 에도성의 성문 입성 과정

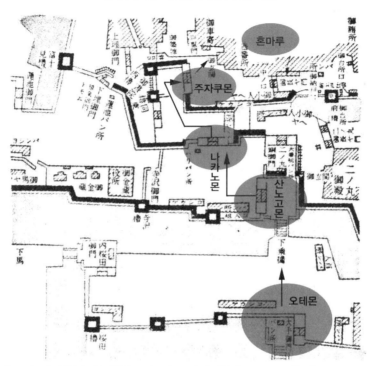

자료: 武士生活研究會 編, 『繪図でさぐる武士の生活』(柏書店, 1982), 28쪽 참조.

상상관 3명은 오테몬 안쪽 게죠바시에서 가마에서 내려 걷고, 삼사 일행은 계속 가마를 타고 산노고몬이라는 문을 통과하여 하쿠닌쿠미반 소(百人組番所) 앞에서 내린다. 그리고 도보로 나카노몬 및 주자쿠몬을 통과하여 혼마루 현관에 이르게 된다. <그림 7-6>은 오테몬, 산노고 몬, 나카노몬, 주자쿠몬을 거쳐 에도성 혼마루 현관에 이르는 과정을 나타내고 있다.

(2) 나카노몬 입장

산노고몬 입장 후 시작되는 에도 막부 관료진에 의한 호위에 대해

〈7-7〉 나카노몬 입장 과정

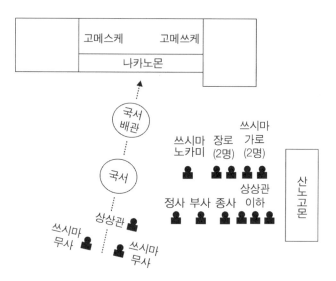

좀 더 구체적으로 알아보기로 하자. 국서가마 및 삼사 일행은 쓰시마번주, 장로 2명, 오메쓰케 센고쿠 단바노카미, 에도 고치소닌 다이묘 2명 (사카이 슈리다이부와 사나다 이즈노카미), 고메쓰케 홋타 마고우에몬(堀田孫右衛門), 나가사키 한자에몬(長崎半左衛門)의 안내를 받게 되는데 그 안내 양상을 묘사한 것이 <그림 7-7>이다. 이때 나카노몬 안에서 대기하고 있던 고메쓰케 2명을 향하여 오메쓰케, 에도 고치소닌 다이묘, 쓰시마번주, 장로 2명, 쓰시마 가로(2명)가 순서대로 2열로 대기하며, 그 사이로 대각선 방향으로 늘어선 '국서·상상관 → 국서 배관' 행렬과 삼사 일행이 앞으로 나아가게 된다.

(3) 나카노몬~주자쿠몬

나카노몬 입구에서 기다리고 있던 2명의 고메쓰케(홋타 마고우에몬과 나가사키 한자에몬)를 비롯하여 오메쓰케 센고쿠 단바노카미, 고치소닌 다이묘 등의 안내로 다시 통신사 일행은 나카노몬에서 주자쿠몬으로

〈7-8〉 나카노몬에서 주자쿠몬으로 입장하는 과정

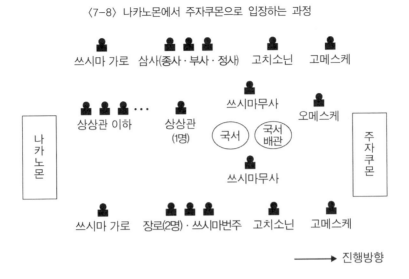

향한다. 그 양상을 묘사한 것이 <그림 7-8>이다.

(4) 주자쿠몬~혼마루 현관

주자쿠몬에서부터 혼마루 현관까지의 진행 순서에 대해 살펴보자. 국서가 주자쿠몬을 들어서면 국서배관은 국서를 가마에서 꺼내어 상상관에게 건네주고, 국서가마 및 이를 호송하던 쓰시마번 무사들은 주자쿠몬 안 서쪽 편에 대기하게 된다. 국서배관은 나중에 상관이 입장할 때 그 행렬과 함께 혼마루 현관으로 들어가는데 주자쿠몬에서부터 혼마루 현관을 향한 통신사 일행의 진행 순서는 <그림 7-9>처럼 '상상관 이하 → 쓰시마 가로 2명 → 상상관 2명 → 삼사(좌측)·삼반관(우측) → 상상관 1명 → 국서 → 오메쓰케'이다. 한편 삼사 일행이 주자쿠몬 안으로 들어서면 바로 혼마루 현관이 보이는데 지샤부교(혼다 단쇼 쇼히쓰)는 혼마루의 다이산노마(第三の間), 고메쓰케 일행은 다이니노마(第二の間)에서 남북으로 마주 바라보며 대기하고 있었다.

〈그림 7-9〉 주자쿠몬에서 혼마루 현관으로 입장하는 과정

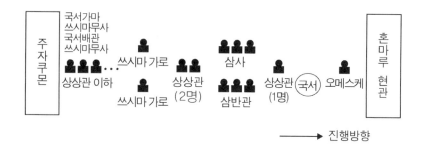

(5) 혼마루 현관~오히로노마

혼마루 현관에서 국서전명식이 행해지는 오히로노마에 이르는 진행 순서를 살펴보자. 대기하고 있던 2명의 고메쓰케의 안내를 받으며 오메 쓰케가 현관 계단을 오르면, 이어서 지샤부교, 국서, 상상관, 삼반관(쓰 시마번주·장로 2명), 삼사, 고치소닌 다이묘 2명, 상상관 2명, 상상관 이하 (쇼군 알현자에 제한됨), 고메쓰케, 쓰시마 가로 순으로 나아가게 된다. 그 과정을 묘사한 것이 <그림 7-10>이다.

(6) 덴조노마에 국서상자 안치

상상관이 받든 조선국왕의 국서상자는 혼마루 현관을 올라와 덴조쓰 기노마(殿上次の間)라는 방을 거쳐 덴조노마(殿上の間)라 불리는 방의 상 단(上段) 중앙에 소중히 모셔지고 삼사는 바로 그 아래쪽 하단(下段)에 착석하여 잠시 머물게 된다. 덴조노마는 혼마루 현관 입구 쪽에 위치한 공간으로서 덴조쓰기노마, 덴조노마 상단(殿上の間上段), 덴조노마 하단 (殿上の間下段) 등 세 개의 방으로 구분된다. 덴조노마 하단 문 양쪽에 삼사와 삼반관이 마주 보고 앉고, 그 바깥 측의 쓰기노마에 2명의 지샤 부교와 오메쓰케·상상관(국서배상관)이 서로 마주 보며 나란히 착석하는

〈그림 7-10〉 혼마루 현관 입장 과정

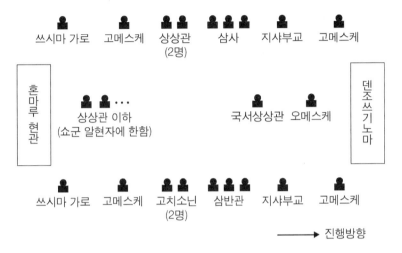

데 이러한 좌석 배치를 묘사한 것이 <그림 7-11>이다. 한편 상관 이하의 종자들도 자리를 잡는데, 상관 이상은 덴조쓰기노마라는 방에 착좌할 수 있으나 차관 및 소동들은 남쪽 마루 쪽에 앉았다.

2. 국서전명식 거행

혼마루 내 오히로노마의 준비가 완료되고, 에도 막부 제6대 쇼군 도쿠가와 이에노부가 오히로노마 상단에 착좌하면서 국서전명식이 시작되었다. 국서전명식은 11월 1일(1711년) 10시경부터 오후 2시까지[3] 약 4시간 동안 이어졌으며, 삼사가 오히로노마로 안내되고 이어서 국서

3) 『通航一覽』 卷81 朝鮮國部五十七, 「信使聘禮 附登城行列諸警固 營中御饗應正德度」, 524面.

〈그림 7-11〉 덴조노마 대기 중의 삼사

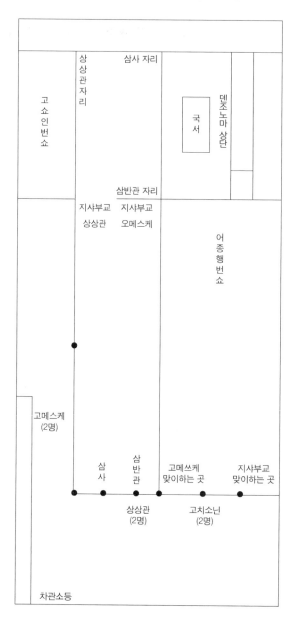

양도 및 삼사의 배례(拜禮)의식, 쇼군의 사주(賜酒)의식 등이 계속되었다.4)

여기서는 신묘통신사행의 국서전명식 의례 과정을 혼마루 덴조노마 대기에서부터 에도성 퇴장에 이르기까지 일곱 단계로 나누어 각 상황별로 살펴볼 것이다.

혼마루 오히로노마의 준비 상황을 보면 다음과 같다(<그림 7-12> 참조). 국서전명식에 참가한 로추 및 각종 관료, 다이묘들이 즐비하게 모여 각자의 자리에 착석하고는 국서전명식의 시작을 기다리는데 그 좌석 배치를 살펴보면, 오히로노마 중단(中段)에 쇼군의 산케(三家: 쇼군을 배출한 세 가문) 중 미토 주나곤(水戶中納言)과 기이 주나곤(紀伊中納言)이, 오히로노마 하단 및 마루에는 로추5) 및 고케, 도자마 다이묘(外樣大名)들이, 그리고 오히로노마 하단에서 아래로 펼쳐지는 방인 니노마·산노마·욘노마('마쓰노마'라고도 부름)로 연결되는 넓은 공간에는 부다이 다이묘(譜代大名), 도자마 즈메슈(外樣詰衆), 쇼자반(奏者番: 쇼군 곁에서 제반 업무를 연계하고 중개하는 관리), 그 외 후이 착용 계층(후이를 입을 수 있는)

---

4) 『通航一覽』 卷80 朝鮮國部五十六, 「信使聘禮 附登城行列諸警固 營中御饗應正德度」, 497面.
   "쇼토쿠 원년 11월 초하루, 조선국왕의 신사 빙례가 있어 제반 관리역인들이 예복을 갖추어 입고 출사했다. 그 규모와 의례의 엄중하고 화려한 것이 예전보다 심히 더했다(正德元年十一月朔日, 朝鮮國王之信使 自注,正史通政大夫趙泰億, 副使通訓大夫任守幹,從事通訓大夫李邦彥 聘禮,自注,宗對馬守幷兩 長老候 諸役人着衣冠出仕,自注,布衣役人着六位袍 其規式甚嚴重華美超過於舊例)."

5) 『通航一覽』 卷81 朝鮮國部五十七, 「信使聘禮 附登城行列諸警固 營中御饗應正德度」, 515面. 오히로노마 하단 동쪽 윗부분에서부터 로추 쓰치야 사가미노카미, 오쿠보 가카노카미, 아베분고노카미(阿部豊後守)가, 서쪽 윗부분에서부터 로추 아키모토 다지마노카미, 이노우에 가와치카미가 좌우로 나뉘어 차례대로 착석하고 있었다.

〈그림 7-12〉 쇼군 착석 이전의 오히로노마 좌석 배치

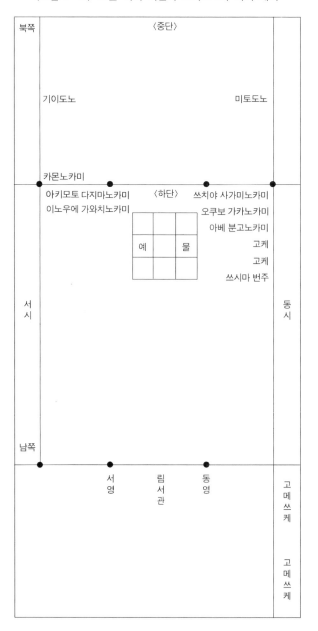

무사들이 각자 신분에 걸맞은 예복을 차려입고 착석해 있었다. 그리고 오히로노마 하단 및 마루(御緣) 좌우에는 조선국왕이 에도 막부 쇼군에게 보내는 선물[호피(虎皮)·어피(魚皮)·인삼(人蔘)·필묵(筆墨)] 등이 좌우로 나열되고, 조선의 말 2필도 혼마루 정원에서 대기하고 있었다. 이 좌석 배치를 나타낸 것이 <그림 7-12>이다.

그다음, 막부관료 측의 준비 완료와 더불어 쇼군 이에노부 등장 이후 의례 절차에 대해 살펴보자. 정식 예복 히다타레를 차려입은 쇼군 이에노부가 오전 11시(巳中), 오히로노마의 상단(上段)에 착석하면 이른바 '진견의례(進見儀禮)'라 불리는 국서전명식이 시작된다. 의례를 시작하라는 쇼군의 뜻이 조선어용 로추 쓰치야 사가미노카미를 통해 고케 오다 노토노카미(織田能登守)에게 전달되면 고케는 다시 2명의 오메쓰케 센고쿠 단바노카미와 마쓰다이라 이와미노카미(松平石見守)에게 전하고 자기 자리로 돌아와 착석한다. 이어서 오메쓰케는 덴조노마 하단에 대기하고 있는 삼사를 맞이하기 위하여 건너가 고쇼인번쇼(御書院番所) 남쪽 마루에 남북으로 서로 마주 보고 서서 기다린다.

이후 삼사는 오메쓰케의 안내를 받아 국서전명식장인 오히로노마로 안내되며, 조선왕조의 국서가 에도 막부 측에 접수되는 의례 절차가 이어진다(<그림 7-13> 참조). 오메쓰케를 통해 의례 시작을 전해 받은 쓰시마번주는 상상관을 통해 삼사에게 그 뜻을 알리고, 삼사는 상상관에게 명령을 내려 국서를 받들어 모시게 한 후 오메쓰케 및 쓰시마번주, 지샤부교, 고메쓰케 등의 안내를 받으며 오히로노마 마루로 향한다. 국서를 높이 받든 상상관이 도중에 고케 오사와 이즈모노카미(大澤出雲守), 마에다 오키노카미(前田隱岐守)의 영접을 받아 오히로노마 하단 바깥쪽 마루에 이르면 정사는 상상관으로부터 국서가 담긴 상자를 건네받는다.[6] 이어서 정사는 오히로노마 하단으로 올라가 하단의 중앙 부분에서 국서를 고케 시나가와 부젠노카미에게 넘겨주고 다시 자신의 자리로 돌아와 앉는다. 시나가와 부젠노카미는 국서를 들고 무릎걸음으로 오히로노마 중단까지 와서 고산케 자리 중간 부분에 놓고는 자기 자리(오히로노마 하단)로 돌아온다.

다음으로 삼사의 사배(四拜) 및 에도 막부 서관의 국서 독서 의례절차를 살펴보자(<그림 7-13> 참조). 2명의 인례 고케 오사와 이즈모노카미와 마에다 오키노카미가 삼사에게 인사를 하고 나아가 미리 오히로노마 하단에 놓아두었던 예물의 좌우에 꿇어앉는다. 삼사가 그 예물 앞에서 북쪽을 향해 사배를 드리면 '조선의 신사'라 소개하고 원래 자리로 돌아간다. 이후 하단에 배치되어 있던 예물을 비롯하여 말과 마루에 놓여 있던 예물 모두가 다른 곳으로 치워진다. 이어서 에도 막부에서 유학을 담당한 하야시 다이가쿠카시라 및 그의 아들 시치사부로(七三郎)가 국서를 읽기 위해 오히로노마의 하단에 오른다. 국서를 접수했던 고케 시나가와 부젠노카미는 오히로노마 중단에 놓인 국서상자에서 국서 및 별폭을 가지고 내려와 하야시 다이가쿠카시라에게 전한다. 그리고 하야시 다이가쿠카시라는 국서를 모두 읽고 난 뒤 원래대로 감아서 고케에게 다시 넘겨주고는 자기 자리로 돌아간다. 고케는 다시 히로노마의 중단으로 올라가 국서를 국서상자에 담아서 받들어 쇼군이 앉아 있는 상단에 바치고는 무릎걸음으로 물러난다.

---

6) 『通航一覽』卷81 朝鮮國部五十七,「信使聘禮 附登城行列諸警固 營中御饗應正德度」, 512面.
   "쇼토쿠 1년 신묘 11월 1일 미시 중간 시각 이후, 분쇼인 전하께서 오히로노마에 행차하여 통신사가 가져온 조선 국왕 이돈의 서계를 받았다. 빙례 후, 3사에게 술을 내리고, 상상관 이하 종자들에 이르기까지 알현을 받고 퇴출했다(正德元年辛卯年十月朔日 巳中刻 文昭院殿大廣間出御 信使朝鮮國王李焞の書儀を獻す 聘禮の後中 三使に御杯を賜はる また上上官以下從者にいたるまで拜謁を遂で退出す)."

〈그림 7-13〉 진견의례 중의 오히로노마 배치도

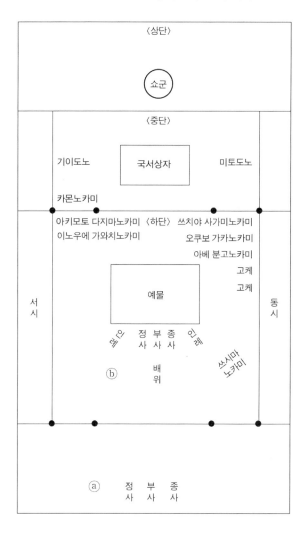

이어서 쇼군이 통신사의 노고를 위로하는 사주의례 과정에 대해 살펴보자(<그림 7-14> 참조). 쇼군의 최측근인 마쓰다이라 오쿠라 쇼스케 (松平大藏少輔)가 국서상자를 어장대(御帳臺)에 보관하면 조선어용 로추 쓰치야 마사나오는 오히로노마 하단에서 중단으로 올라가 '쇼군이 술

〈그림 7-14〉 오히로노마의 사주(賜酒) 의식 때 자리 배치도

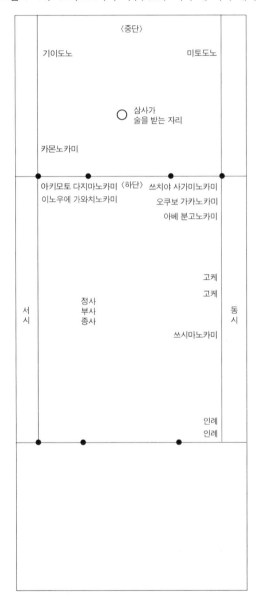

〈그림 7-15〉〈조선통신사 환대도〉

주: 흰색 점선 부분이 오히로노마이다.
자료: 조선통신사문화사업회, 『마음의 교류 조선통신사』, 98~99쪽 참조.

을 내린다[賜酒]'라는 뜻을 받고 다시 하단으로 돌아와 쓰시마번주를 통해 전한다. 쓰시마번주는 다시 나카몬 마루에 있는 상상관에게 전하며, 상상관은 다시 삼사에게 전한다. 이에 삼사는 고메쓰케의 안내로 오히로노마 하단에 착좌하며, 정사·부사·종사관이 차례대로 오히로노마 중단에서 베풀어지는 사주(賜酒)의례에 참가하여 식의 전후에 사배례(四拜禮)를 한 뒤 자기 자리로 돌아온다.

곧바로 통신사 일행 전체에 대한 소개가 이어져 상상관은 인례 고케미우라 이키노카미(三浦壹岐守)와 마쓰우라 비젠노카미(松浦備前守) 등의 안내를 받으며 히로노마 하단으로 올라가 배례의식을 한다. 나머지 상관 이하의 통신사 일행들도 대기하고 있던 덴조노마로부터 고구르마요리(御車寄) 문을 통해 오히로노마 쪽으로 와서 배례의식을 거행한다. 상관은 인례 마쓰다이라 미야우치 쇼스케(松平宮內少輔)와 모리가와 데와노카미(森川出羽守)의 안내로 오히로노마 하단 마루[板敷]에서, 차관 및 소동 등은 오메쓰케 아마노 이고우에몬(天野弥五右衛門), 오오카 주우에몬(大岡忠右衛門)의 안내로 오히로노마 툇마루[落緣]에서, 중관 수십 명은 인례 고가치가시라(御徒頭) 하세가와 한시로(長谷川半四郞), 가와라 요우에몬(河原与右衛門)의 안내로 오히로노마의 앞뜰[庭上] 무대 앞에서 두서

너 차례로 나누어 배례를 하고는 퇴장한다. 이러한 국서전명식 풍경을 소개한 것이 에도 막부의 어용화가 가노 마스노부(狩野益信)가 그린 <조선통신사 환대도> 병풍이다<그림 7-15> 참조).

이때 쇼군 이에노부는 조선국왕의 안부와 '수륙만사무사도래(水陸萬事無事到來)를 기뻐한다'는 통신사행의 노고에 대한 위로를 조선어용 로추 쓰치야 사가미노카미를 통해 삼사에게 전달하고 이에 대한 삼사의 답변이 상상관의 통역을 통해 있은 뒤, 삼사와 상상관은 쓰시마번주 안내하에 오히로노마를 물러나 원래 자리로 돌아간다.

통신사의 진견의례가 일단락되면 고케 시나가와 부젠노카미는 하단의 중앙으로 나와 꿇어앉아서 의례의 종료를 선언한다. 이에 중단에 앉아 있던 고산케 미토도노와 기이도노가 먼저 퇴장하고, 이어서 의례에 참석했던 여러 다이묘들의 쇼군 알현의식이 진행된다. 먼저 4품위(四品位) 이상의 다이묘들이 일렬로 서서 쇼군을 알현하는 인사를 한다. 그것이 끝나면 입례알현(立禮謁見)이 시작되는데, 로추가 기립하여 오히로노마 하단의 후스마를 열면 쇼군이 오히로노마 하단에서 동쪽을 향해 바라보며 니노마 및 산노마 등의 방에 열석(列席)한 다이묘들의 인사를 받는다. 이 모든 알현 의식이 끝나면 쇼군은 퇴장하여 나가오쿠(中奧) 쪽으로 들어간다. 오후 2시경 쇼군이 퇴장하면 성내의 호위무사들도 모두 물러나고, 마침내 삼사 및 상상관을 비롯한 통신사 일행의 에도성 퇴장이 이어진다.

마지막으로 삼사를 비롯한 통신사 일행이 국서전명식을 마치고 에도성을 떠나 숙소로 돌아가는 의례이다. 삼사 일행이 쓰시마번주, 인례, 고케, 쇼자반, 오메쓰케, 고메쓰케 등의 안내로 혼마루 현관으로 향하는 동안 다른 통신사 일행들도 차례로 퇴장하여 현관 밖에서 대기한다. 삼사 일행은 덴조노마 부근부터 현관까지는 혼마루 입장 때처럼 '고메쓰케 2명(좌우 2열) → 오메쓰케 2명(좌우 2열) → 지샤부교 2명(좌우 2열)

→ 삼반관(우측)·삼사(좌측) → 상상관 3명 → 고메쓰케 2명(좌우 2열)'
호위하에, 그리고 현관에서부터는 고치소닌 2명(사카이 슈리다이부·사나
다 이즈노카미)의 호위가 추가되어 '고메쓰케 2명(좌우 2열) → 오메쓰케
센고쿠 단바노카미 → 삼관반(우측)·삼사(좌측) → 상상관 3명 → 쓰시마
번 가로 2명 → 상관 이하 통신사 일행'의 순서대로 열을 지어 주자쿠몬
을 거쳐 나카노몬까지 나간다. 마지막으로 나카노몬에서 오메쓰케, 고
치소닌 다이묘 2명, 삼관반 등이 통신사에게 송별인사를 마치면 이후
통신사 일행은 쓰시마번 및 고치쇼닌 다이묘 휘하 부하들의 호위 속에
산노몬(三の門)과 오테몬을 나와 에도 시가지를 경유하여 숙소 히가시
혼간지로 돌아갔다.

500명이나 되는 대규모 통신사 일행의 기나긴 여정에서 가장 중요한
목적인 국서전명식 의례를 에도성 입장부터 퇴장에 이르기까지 매우
상세하게 검토해보았다. 이를 맞이하는 에도 막부 측의 준비 또한 시간
적·공간적으로도 대단했을 뿐만 아니라 준비하는 인적 동원에 대한 노
력도 막대했음을 찾아볼 수 있었다. 국서전명식 당일, 통신사를 맞이하
는 에도성 안의 호위 및 의례 진행상의 중심인물 또한 적지 않았는데,
이에 대한 이해를 다소 돕기 위하여 에도성 안에서의 통신사 호위 및
안내 관련 인물을 <표 7-1>에 정리했다.

〈표 7-1〉 국서전명식 당일 혼마루 안내 및 봉공 역할

장소	역할	이름
숙소~ 오테몬	고치소닌	사카이 슈리다이부·사나다 이즈노카미 가신(家臣)·무사
	호위	쓰시마 가로·무사
산노고몬 ~나카노몬	삼관반	쓰시마번주·집장로·연장로
	고치소닌	사카이 슈리다이부·사나다 이즈노카미
	오메쓰케	센고쿠 단바노카미
나카노몬 ~ 주자쿠몬	고메쓰케	홋다 겐우에몬(堀田源右衛門)·나가사키 반자에몬
	오메쓰케	센고쿠 단바노카미 히사나오
	고치소닌	사카이 슈리다이부·사나다 이즈노카미
	호위	쓰시마번 무사 2명
	삼관반 종자	쓰시마번주·집장로·연장로·쓰시마 가로 2명
주자쿠몬~ 혼마루 현관	오메쓰케	센고쿠 단바노카미 히사나오
	삼관반 종자	쓰시마번주·집장로·연장로·쓰시마 가로 2명
현관 ~ 덴조노마	고메쓰케	이세 헤하치로(伊勢平八郞)·마루게 고로베에(丸手五郞兵衛)
	오메쓰케	센고쿠 단바노카미 히사나오
	지샤부교	안도 우쿄스케·혼다 단쇼 쇼히쓰
	삼관반	쓰시마번주·집장로·연장로
	고시소닌	사카이 슈리다이부·사나다 이즈노카미
	고메쓰케	히라오카 이치우에몬(平岡市右衛門)·무라세 이자에몬(村賴伊左衛門)
	호위	쓰시마 가로 2인 2행(行)
덴조노마 ~ 오히로노마	오메쓰케	센고쿠 단바노카미 히사나오·마쓰다이라 이와미노카미 (삼사 안내·영접)
	관반	쓰시마노카미·집장로·연장로
	지샤부교	안도 우쿄스케·혼다 단쇼 쇼히쓰
	고메쓰케	히라오카 이치우에몬·무라세 이자에몬
	인례	고케 오사와 이즈모노카미·마에다 오키노카미
오히로노마 -국서전명식	고산케	미토도노·기이도노
	다이로(大老)	이이 카몬노카미
	전중의례	고케 오다 노토노카미·시나가와 부젠노카미(국서 접수)
	인례	고케 오사와 이즈모노카미·마에다 오키노카미
	로추	(조선어용 로추) 쓰치야 사가미노카미
		아키모토 다지마카미·이노우에 가와치카미·오쿠보 가카노카미·아베 분고노카미
	관반	쓰시마번수(전체 운영의 중개 역)
	고킨지닌	마쓰우라 오쿠라슈스케
	국서 독서	하야시 다이가쿠카시라·시치사부로
	고메쓰케	히라오카 이치우에몬·무라세 이자에몬(안내)

상관 안내	마쓰다이라 미야우치 쇼스케·모리가와 데와노카미
중관 안내	고가치가시라 하세가와 한시로·가와라 요우에몬
차관·소동 안내	고메쓰케 아마노 이고우에몬·오오카 주에몬
사주 의례	나카조 야마시로노카미·오도모 인바노카미·요코세 스루가와노카미·오다 사누키노카미
	삼사의 보조[정사-나카오쿠소쇼 우치다 와카사노카미(中奥小姓内田若狭守), 부사-소가 슈오노카미(曾我周防守), 종사관-안도 야마시노카미(安藤山城守)]

8장
에도향연과 국위분쟁

1. 에도의 향연

1) 사연 의례

1711년 11월 3일 사연(賜宴)의례가 에도성 내에서 베풀어졌다. 이때는 종래 에도성 혼마루 내 고하쿠쇼인에서 연주되었던 산악(散樂)이 폐지되고, 아라이 하쿠세키의 건의에 의하여 새로이 채택된 12종류의 연악(燕樂)이 연주되었다.[1] 이 신묘통신사행의 사연의례는 에도성 혼마루 오히로노마에서 베풀어졌으며, 8명의 집정과 더불어 쓰시마번주와 2명의 장로(長老) 등이 참석했다. 오히로노마에서 삼사에게 식사[七五三] 및 술을 대접하고 난 뒤 춤과 음악이 이어졌는데 통신사행의 좌석배치는 다음과 같다. 삼사가 오히로노마, 상상관은 욘노마, 상관·제술관·의관

---

1) 『大系朝鮮通信使』, 第4卷, 66面. 이때 연주된 12종의 연악 중 5종의 유악[장보악(長保樂)·인화악(仁和樂)·고조소(古鳥蘇)·임가(林歌)·납증리(納曾利)]은 고려의 고악무(古樂舞)로서, 이를 들은 통신사행은 조선에 이미 단절된 음악들이 일본에 보존되고 있음에 경탄했다고 한다.

등은 덴조노마, 관관(冠官)은 야나기노마, 군관은 야나기노마의 아랫방,
차관·소동은 고요노마(紅葉間), 중관·하관 등은 혼마루의 현관 앞 의자
에서 각각 음식을 대접받았다.

한편 사연의례를 위한 에도성 내 통신사의 송영예절은 앞의 11월
1일과 거의 동일하므로 여기서는 일일이 소개하지 않기로 한다.[2] 다만
사연의례 때와 달라진 점은 삼사의 좌석 배치와 고산케의 불참이었다.[3]

---

2) 『通航一覽』 卷82 朝鮮國部五十八, 「信使聘禮 附登城行列諸警固 營中御饗應正德
度」, 542面. 正德元年十一月三日 / 一 大廣間前殿にて三使に享を賜ふ 執政
老中 間部越前守 本多中務大輔 三使に面對し敍礼畢りて皆入る 既にして
飯を設く 自注七五三 館伴對して共に食す 上上官は松間 自注七五三 上官 製述
官 医官等は殿上間 自注五五三 冠官は柳之間の上之間 自注五五三 軍官は柳之
間下の間 自注五五三 次官小童は紅葉間 自注三汁十菜 中官等は檜木折の饅頭
下官等は赤飯を賜ふ 御玄關前の腰掛にて對州の役人等 是を銘々に分配す

3) 『通航一覽』 卷82 朝鮮國部五十八, 「信使聘禮 附登城行列諸警固 營中御饗應正德
度」, 526面.
"조선인 등성에 있어 무악 연주 시에 대한 기록
1. 미토도노, 기이도노 및 영국을 소지한 다이묘와 도자마 다이묘, 만고쿠 이상
영주들은 등성(참가)하지 않음.
1. 마쓰노마, 니노마, 산노마에 착석할 무사들과 후이 이상을 착용할 수 있는
관리들이 참가한다.
1. 에도성 내 근무하는 관리들은 고하쿠쇼인 및 야나기노마 등의 방에 착좌한
다. 고하쿠쇼인의 부다이슈·고케슈 및 시종 이상과 관위 4품 이상 관리, 야나기
노마·부요노마의 관리와 반토 및 모노가시라는 후이를 착용한다.
1. 다이고반 출입의 백 명은 욘노마라는 방에서 착좌하며 스오를 착용한다.
1. 오늘 행사 참가자는 각각 가리기누 및 스오 등을 착용할 것. 법령사본 ○생각
건대, 유영일차기에 실려 있는 의복시각 관련 포고문에는 고부다이슈는 아침
8시경 등성이라고 보인다(朝鮮人登城舞樂被仰付候節之書方 / 一 水戸殿 紀
伊殿幷國持等並外樣 万石以上之面々 登城無之 / 一 松之間 二之間 三之間
詰衆 幷布衣以上之御役人伺公 / 一 營中伺公之面々 御白書院柳之間等之座
に著 御白書院御譜代衆高家衆詰衆幷侍從以上壹席 四品壹席 柳之間芙蓉之

<그림 8-1> <에도성 내 응접도 병풍>

자료: 조선통신사문화사업회, 『마음의 교류 조선통신사』, 100쪽

이에 대해서는 사연 직전에 정사 조태억이 강력하게 항의를 했으나 아라이 하쿠세키는 이를 무시하고 강행했다.

2) 마상재

11월 4일에는 에도성 북쪽의 문, 다야쓰몬 내 다이칸쵸(代官町)에 신축된 조선마장(朝鮮馬場) 광장에서 마상재가 시연되었다. 아침 6시경부터 마장에 대한 준비가 갖추어져 정오경 관람을 위해 쇼군이 행차하고 로추와 고케, 그리고 에도성 근무 관리 이하 제반 무사[쓰메슈(詰衆)·고소쟈반슈(御奏者番衆)·오메쓰케·마치부교·간죠부교·고후신부교] 등이 함께 관람했다.[4] 그 기묘한 곡예 기량과 솜씨는 에도 막부 쇼군을 비롯한 민중들

間御役人番頭物頭布衣以上 / 一 大御番出入百人 四ゝ間に勤仕 素袍 / 一 今日殿中伺公之面々狩衣素袍着 御書付寫○按するに 柳營日次記に載する衣服刻限触に 御譜代衆五時登城と見えたり)."

4) 『通航一覽』卷91 朝鮮國部六十七,「曲馬上覽幷騎射」, 568面.
"쇼토쿠 원년 11월 4일, 빙례가 이달 1일 행해지다. 조선인에 의한 마상재가

을 매료시켰다. <그림 8-2>는 마상재가 시연된 다이쓰몬 내 조선마장
의 위치를 나타내고 있다.

한편 이날(1711년 11월 4일) 마상재를 시연한 사람은 지기택(池起澤, 34
살)과 이두흥(李斗興, 29살)이었는데,[5] 마상립(馬上立)·마상도립(馬上倒立)·
마상도예(馬上倒曳)·마상좌우칠보(馬上左右七步)·마상횡와(馬上橫臥)·마신
상앙와(馬腎上仰臥)·마협은신(馬脇隱身)·쌍마(雙馬)의 8가지 마상재 곡예를
선보였던 것으로 알려져 있다.[6] <그림 8-3>은 신묘통신사행 시 지기
택과 이두흥이 펼친 마상재 곡예 중 마상립과 마상도립, 쌍마의 시연
모습을 묘사하고 있다고 전해지는 그림이다.

이에 앞서 11월 2일 쓰시마번 에도번저에서 연습을 겸한 마상재 시
연회가 있었으며, 16일에도 쓰시마번 에도번저에서 마상재가 네 차례
나 시연되어 이곳으로 찾아온 다이묘 등을 대단히 기쁘게 했다.[7] 그리
고 11월 7일에는 쓰시마번주가 시모야(下谷)에 위치한 에도번저로 삼사

행해져 쇼군이 관람했다. 이달 2일 쓰시마번주 쇼씨 에도 저택에서 연습이 있었
다. 다이칸초 새로운 경마장에 쇼군의 임시 거처가 만들어져 ― 이것은 이번에
새로 건축한 것으로 지금 조선마장이라 불리는 연유가 되었다 ― 왕림했다. 고
케 이하 제반 관리 및 무사들에게 관람을 명령했다. 마치고 나서 상상관 및
마상재 등에게 술과 안주, 과자 등을 선물로 내렸다(正德元辛卯年十一月四日
聘礼行はれしは この月朔日なり 朝鮮人馬藝上覽 この事により この月二日宗氏において
習試あり 代官町新馬場 これたび新たに築かる所にして 今に朝鮮馬場を称する是なり
假御殿に渡御なり 高家詰衆以下諸御役人等見物を命せらる 畢て上上官馬
上才等に酒肴菓子を賜はる)."

5) 『通航一覽』 卷91 朝鮮國部六十七, 「曲馬上覽幷騎射」, 62面.
6) 『通航一覽』 卷91 朝鮮國部六十七, 「曲馬上覽幷騎射」, 60面. "馬藝之者 / 池
起澤 / 李斗興 / 乘形 / 馬上立立ちーさん馬上倒立さかだち 馬上倒曳さがりふじ
馬上左右七步左右七步 馬上橫臥よこのり 馬腎上仰臥くはんぬきだち 馬脇隱身よ
こそへ 雙馬二疋にのりかへしかける 騎訖て出."
7) 『通航一覽』 卷107 朝鮮國部八十三, 「曲馬上覽幷騎射」, 260面.

〈그림 8-2〉 다야쓰몬 내 조선마장

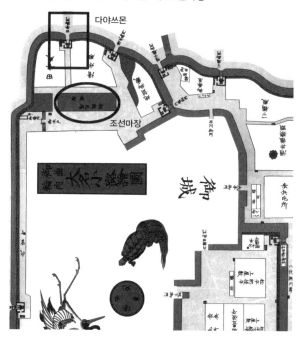

자료: 嘉永·慶應, 『江戸切絵図』(人文社, 1995).

를 초대하여 매우 성대히 접대했다. 삼사 일행은 국곡(鞠曲) 및 팽이 돌리기 등을 대단히 즐거워했다. 이 국곡 및 팽이 돌리기 놀이는 통역이 필요했던 일본 전통 연극 노(能)와는 달리 통역 없이 서로 즐길 수 있었던 모양이다.8)

조선 후기 통신사행이 에도에 입성했을 때는 대체로 빙례가 끝난 후 통신사의 노고와 마상재 예비 연습 등을 위해 종종 쓰시마번주의

---

8) 『通航一覧』 巻107 朝鮮國部八十三, 「宗氏信使招待等」, 260面. 正徳元年 三 使宗對馬守屋敷へ來り 馳走として鞠の曲 こま廻し等は 三使をはじめ甚 感悦して見物す 御能拝見は通詞を以て謡を聞せけり 鞠こまなどは 通辭 不入して 天晴才覺の馳走なり 元正間記.

<그림 8-3> 마상재

주: 왼쪽 그림부터 마상립, 마상도립, 쌍마 장면을 나타냄
자료: 조선통신사문화사업회, 『마음의 교류 조선통신사』, 107쪽 참조.

초대를 받아 그의 저택을 방문했던 것으로 알려져 있다. 에도에 있었던
쓰시마번주의 시모야 저택에 대한 이해를 돕기 위해 에도 시대 모습과
현재의 위치를 상호 대조하여 제시한 것이 <그림 8-4>과 <그림
8-5>이다.

신묘통신사행이 10월 18일 에도에 도착하여 11월 19일 떠날 때까지
한 달 남짓의 기간 동안 지식인들과 나누었던 교류에 대해서 잠깐 덧붙
이기로 한다. 10월 27~28일 양일간에 걸쳐 에도 막부의 학문, 교학(教
學)을 담당한 대표적 유학자이자 다이가쿠카시라를 맡고 있던 하야시
노부아쓰 및 그의 아들 시치사부로를 비롯하여 하야시 가문[林家]9)의

---

9) 『日本史大事典』 卷5(平凡社, 1997), 871面. '林家'는 '린케'라고도 불리는데,
   에도 시대 하야시 라잔(林羅山)을 초대로 12대에 걸쳐서 막부의 교학(敎學=유
   학)을 담당한 가문이다. 1607년 도쿠가 막부 초대 쇼군인 도쿠가와 이에야스
   에게 등용되어 제반 법도를 만들고 외교문서를 기안하는 등 측근 역할을 맡았
   으며, 제2대 쇼군 히데타다와 제3대 쇼군 이에미쓰 시대까지도 임무를 맡아
   에도 한학 진흥의 기초를 닦았다. 특히 제3대 하야시 노부아쓰부터 다이가쿠카
   시라로 임명되어 제5~8대 쇼군을 모셨으며, 한때 제6대 쇼군 이에노부 시대인
   쇼토쿠 연간(1711~1716년)에 아라이 하쿠세키에게 밀렸으나 제8대 쇼군 요
   시무네(1716~1736년) 시대부터 권위를 회복하여 많은 문하생들을 여러 번에
   파견했고 에도 막부 붕괴 때까지 그 권위가 계속되었다.

〈그림 8-4〉에도 시모야(下谷)에 있었던 쓰시마번주의 에도 저택(굵은 표시된 부분)

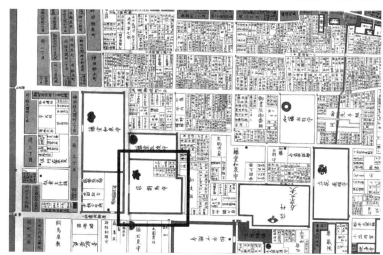

자료: 嘉永·慶應, 『江戶切繪図』(人文社, 1995)

문하생 등 25명이 필담을 나누었다.[10] 그리고 동 5일에는 정사 조태억
과 아라이 하쿠세키 사이에 자유분방한 필담이 이루어져 그 내용이

---

10) 『通航一覽』 卷110 朝鮮國部八十六, 「筆談唱和等」, 290面.
　　"1. 10월 27일 아침 8시부터 히가시혼간지에 모였는데, 에도 유학자의 대표자
　　제주공(하야시 노부아쓰― 지은이)과 그 아들 시치사부로, 하쿠스케, 그 외
　　관유·관리·서생 등 14~15명이 창화하기를 매우 많이 했으며 동 28일에는 기
　　노시타 헤이사부로를 비롯하여 후카미 신우에몬, 미야케 큐주로, 무로 신스케,
　　도이 켄시로, 핫도리 후지쿠로, 후카미 히사노료, 기온 요이치 등이 아침 8시부
　　터 모여 창화했으며, 점심때부터는 학사·서기 등도 합세하여 촛불을 밝혀 밤
　　8시까지 창화하기를 수없이 했다(一 十月二十七日五ツ時より相詰於西本願
　　寺 老祭酒公幷七三郎 百介 其外官儒仕官幷書生之面々十四五人也 唱和夥
　　有之 同二十八日木下平三朗を初として深見新右衛門 三宅九十郎 室新介
　　土肥源四郎 服部藤九郎 深見久之亮 祇園与一 五ツ時より相詰 午の内は學
　　士書記等引込和讀して罷出 日暮把燭の頃夜の五ツ時迄も 唱和夥敷有之)."
　　인용문 중 밑줄 친 '西本願寺'는 '히가시혼간지(東本願寺)'의 오기다.

〈그림 8-5〉 현대 지도 속의 쓰시마번주의 에도 저택(굵은 표시된 부분)

자료: 『東京時代MAP 大江戶編』(新創社, 2005) 참조.

『강한필담』으로 정리되었다.

2. 사견의례와 국위분쟁

사견(辭見)의례란 국서전명식과 관련된 외교업무를 마치고 에도 막부 쇼군이 조선 국왕에게 보내는 답서를 받은 후 귀국하려는 즈음에 작별을 아쉬워하며 베푸는 잔치를 일컫는다.

11월 11일 쇼군 이에노부(日本國王源家宣)가 조선국왕에게 보내는 답서 및 별폭이 히가시혼간지에 머물고 있던 통신사에게 전해졌다.[11] 관

11) 『通航一覽』 卷97 朝鮮國部七十三, 「兩國書幷儀物信使御暇等正德度」, 132面. "쇼토쿠 원년 신묘 11월 11일, 신사들을 에도성에 초대하여 귀국잔치를 열었다. 중관에 이르기까지 알현을 허락했다. 마친 다음 답서 및 별폭이 부여되었다

례대로 한다면 에도 막부 쇼군의 답서와 별폭, 선물 등을 받은 다음 11월 16일 경 에도를 출발하여 귀국길에 나섰을 것이나, 통신사는 답서 속에 조선 국왕의 휘자(諱字)가 포함된 것과 답서를 봉하는 종이[封書] 바깥에 답인(踏印)이 없는 것을 발견하고 답서 수정을 요구했다.[12] 조선 제11대 중종(1488~1544년)의 이름인 '역(懌)'이라는 글자가 포함되어 있었기 때문이었다.

그러나 이에 대해 에도 막부는 아라이 하쿠세키의 의견을 받아들여 답서 개서를 거부하고 오히려 조선 측 국서 속에서 '광소기도(光紹基圖)'란 문구를 찾아내어 에도 막부 제3대 쇼군 이에미쓰의 휘를 범했다며 비난하고 나섰다. 이런 상황 속에서 정사 조태억을 비롯하여 통신사 일행들은 "우리들이 여기서 죽을지언정 도저히 이 국서를 가지고는 한 발자국도 이곳 문 밖을 나설 수 없으며 또 원래부터 죽음 같은 것은 두려워하지도 않는다"라며 강경한 자세로 항의를 표하며 해결될 때까지 에도에 체재할 것을 선언했다.

에도 막부는 통신사행의 에도 체재가 무한정 연기되는 것으로 인하

　　(正德元辛卯年十一月十一日　信使を營中に召され　歸國の御暇賜はり　中官 に至るまで拝謁を許さる　畢て御返簡および御進物を授与せしめらる)."
12)『通航一覽』卷99 朝鮮國部七十五,「兩國書幷儀物信使御暇等正德度」, 160面. "쇼토쿠 원년 신묘 1월, 답서 중의 휘자 및 봉함 형식에 대해서 삼사로부터 쓰시마번주 쇼 요시가타를 통해 개서해줄 것에 대한 요구가 있었다. 조선어용 로추 쓰치야 마사나오는 쇼군의 뜻을 받아서 쓰시마번주 요시가타에게 대답하기를, 저쪽에서 온 국서 중에도 또한 우리 측 휘자를 범한 일을 힐문하니 그들이 굴복하여 마침내 양국은 서로 개서하여 교환하기로 결정했다(正德元辛卯年 十一月　御返簡中諱字及び封式の事によて　三使より宗對馬守義方等によ りて改書等の事を乞ひ奉る　老中土屋相模守政直上旨を奉り　義方の許に 書牘を投してかの來書中また我御諱字を犯せし事を詰問せしめられし かは　かれ屈して終に兩國互いに改換の沙汰に及へり)."

여 막대하게 불어날 경비가 부담스러워 다음과 같은 건의안을 제시했고
결국 이를 삼사 일행이 받아들였다. 쇼군 이에노부의 답서는 일단 반환
하고 조선에 보내는 국서는 일단 삼사가 지참하여 돌아가서 고친 다음
쓰시마에서 다시 서로 교환하자는 제안이었다.

9장
에도 출발과 귀로

1. 에도에서 쓰시마까지

마침내 통신사 일행은 11월 19일 에도를 출발하여 귀국길에 나섰다. 그러나 쇼군의 답서를 받지 못하고 이미 봉정했던 조선국왕의 국서도 도로 가지고 가는 실로 이례적인 귀향길이었다.

에도에서 쓰시마 후나이(1712년 2월 9일)에 도착하는 데에는 약 2달 20일이 걸렸다. 귀로의 경우 중간 휴식(점심식사)을 비롯하여 숙박지 등은 대체로 왕로와 거의 동일했으나, 7개 숙박지[히비아(日比), 모모지마(桃嶋), 다카하루(高原), 가무로(家室), 가사도(笠戶), 다쓰노구치(龍口), 모토야마(本山)]만 상이했다. 그리하여 중간에 휴식한 곳이 15곳, 숙박한 곳이 37곳이었다.

한편 통신사 일행은 쓰시마 후나이에서 열흘 남짓 머물며 최종적인 귀국 준비를 갖추어 2월 18일 쓰시마 후나이에서 승선했다. 사스우리 등을 거쳐 2월 25일 마침내 부산포에 도착히여 3월 9일 한양에 입성힘으로써 10개월 남짓에 걸친 긴 사행길이 끝났다.

이 신묘통신사 일행의 귀국 노정을 정리한 것이 <표 9-1>이다.

〈표 9-1〉 신묘통신사행 귀로 여정

연월일		지명	숙박	비고
	11.19.	사시(巳の刻)에 에도 출발		
	11.19.	무사시노쿠니 시나가와 도착[유각(酉刻)에 출발]		
	11.19.	해각(亥刻)에 무사시노쿠니 가와사키 도착	○	
	11.20.	사가미 도쓰카	○	
	11.21.	사가미 오이소		
	11.21.	사가미 오다와라	○	
	11.22.	사가미 하코네		
	11.22.	이즈 미시마	○	
	11.23.	스루가와 요시와라		
	11.23.	스루가와 에지리	○	
	11.24.	스루가와 후나이		귀로향연[御饗応]
	11.24.	스루가와 후지에다	○	
	11.25.	도토우미 가네다니, 낮에 쉼		
	11.25.	도토우미 가케가와	○	
	11.26.	도토우미 미쓰케		
	11.26.	도토우미 하마마쓰	○	
	11.27.	도토우미 아라이, 낮에 쉼		
	11.27.	미가와 요시다	○	
1711	11.28.	미가와 아카사카, 오전에 쉼		
	11.28.	미가와 오카자키	○	
	11.29.	오와리 나루미		
	11.29.	오와리 나고야	○	귀로향연
	12. 1.	미노노 오기		
	12. 1.	미노노 오가키	○	
	12. 2.	미노노 이마쓰		
	12. 2.	오우미 히코네	○	
	12. 3.	오우미 야하타		
	12. 3.	오우미 모리야마	○	
	12. 4.	오우미 오쓰		
	12. 4.	교토 혼고쿠지(유각 도착)	○	귀로향연 (12월 7일까지 체재)
	12. 8.	야마시로 요도 [미각(未刻)에 도착]		낮에 쉼, 신각(申刻)에 승선
	12. 8.	요도가와를 배로 건넘	○	
	12. 9.	셋쓰 오사카 니시혼간지(西本願寺)	○	귀로향연(12월 11일) 17일까지 체재
	12.18.	오사카가와(大坂川) 입구	○	정사 질병으로 출발 연기 (22일까지 체재)

	12.23.	셋쓰 효고	○	
	12.24.	셋쓰 무로쓰	○	26일까지 체재
	12.27.	비젠 우시마도	○	귀로향연
	12.28.	비젠 히비	○	
	12.29.	빈고 도모노우라	○	
	1. 1.	빈고 모모지마	○	
	1. 2.	아키 다카시마	○	
	1. 3.	아키 가무로	○	
	1. 4.	스오 가사도	○	
	1. 4.	스오 가미노세키	○	
	1. 5.	스오 후카우라(深浦)	○	1월 11일까지 체재
	1.12.	스오 다쓰노구치	○	
	1.18.	나카토 모토야마	○	
1712	1.20.	나카토 아카마세키	○	1월 29일까지 체재
	2. 1.	지쿠젠 아이노시마	○	
	2. 2.	이키시마 가자모토	○	
	2. 9.	쓰시마 후나이 도착	○	2월 17일까지 체재
	2.18.	쓰시마 후나이 출발	○	
	2.19.	쓰시마 좌수나포	○	2월 25일까지 체재 (2월 25일 부산포 도착)
	2.28.	동래 출발		
	3. 9.	한양 도착		

주: 지명 중 고딕으로 표시된 것은 올 때의 길과 다른 곳임.
자료: 『通航一覽』卷113~117, 332~374쪽 참조.

2. 쓰시마에서 동래부 귀국

1712년 2월 15일 호환차왜단 정관 오우라 주자에몬이 쓰시마번저 고쇼인에서 번주를 알현하고 도선주(나카하라 덴조) 및 봉진(오우라 이베), 정관의 부인(附人) 5명 등은 서지혈판을 행했다. 2월 17일 정관은 번저에서 조선국으로 가져갈 문서 네 상자를 비롯하여 예물 별폭, 일본어 서간 등을 건네받았다.

드디어 2월 18일 호환차왜단의 호위하에 신묘통신사 일행이 귀국길에 나섰다. 통신사가 후나이를 출발하기 전에 쓰시마 가로 히구치

사자에몬은 예복을 차려입고 객사로 찾아가 조선국 예조 등에 보낼 일본 측 답서를 삼사에게 전달하는 의례를 거행했다. 이때 삼사가 받은 일본 측 서간은 예조에 보내는 답서·별폭 각 1통, 이테이안(집장로·연장로)의 답서·별폭 각 1통, 반쇼인의 답서·별폭 각 1통으로서 모두 한 개의 상자(검은 옻칠을 하여 안에 금종이를 바르고 금으로 입힌 주머니에 담아 가죽 끈으로 묶었다)에 담겨 있었다. 삼사 등은 답서를 전달받자마자 승선하여 이즈하라를 출발했다. 동년 2월 25일 동래부 좌수영남천에 도착하고, 마침내 3월 9일 한양에 입성함으로써 시간상으로는 모두 289일, 이동 거리로는 수륙 모두 합쳐 574여 리에 이르는 긴 노정이 마무리되었다.

한편 쓰시마에서부터 통신사를 호위한 일본의 호환차왜단은 초량왜관에서 개최된 동년 4월 9일의 송빙사 다례, 4월 24일의 송빙사 봉진연, 5월 9일의 연석을 거쳐 6월 23일 배를 타고 쓰시마로 돌아갔다. 이로써 신묘통신사행의 일정은 일단락되었다.

그러나 약 10개월에 걸친 긴 여정을 마치고 한양에 입성한 통신사 일행에게는 엄준한 처벌이 기다리고 있었다. 삼사는 당장 구속되어 의정부의 논의하에 관직 박탈과 성문 밖 추방이라는 처분을 받았다. 그 외 수역관 이하의 역관들도 각각 엄한 처벌을 받아 전근대 한일 양국 간에 전개된 외교현장 속의 의례의 중요성과 준엄함에 대해 다시금 생각하게 해준다.

글을 닫으며

　제8차 신묘통신사행(1711년)은 전근대 한일 양국의 외교 및 문화교류에서 많은 의미를 함축한다. 이 통신사행의 행렬을 묘사한 일련의 회화자료(<도중행렬도>, <등성행렬도>, <귀로행렬도>, <쓰시마주참착귀국행렬도>) 및 에도성 혼마루에서 행해진 국서전명식 의례 과정에 대한 회화자료는 18세기 초 한일 양국의 전례의식 및 문화교류 양상을 구체적으로 알려준다. 하지만 이러한 외교현장 속의 통신사 행렬의 전모 및 에도성 내 국서전명식 의례 과정에 대한 연구는 그다지 많지 않았으므로 이 책에서는 회화자료를 이용하여 전근대 한일 양국의 외교의례 실상 및 통신사 초빙 과정과 노정 등에 대해 구체적으로 살펴보았다.

　이 중 신묘통신사행 초빙 과정 절차는 『쇼토쿠신사기록(正德信使記錄)』을 중심으로 살펴보았다. 이를 통해 관백고부차왜, 관백승습고경차왜, 통신사청래차왜, 통신사호행차왜, 통신사호환차왜 등 다섯 차례에 걸쳐 에도 막부의 명령을 받든 쓰시마번 사자가 피견되어 에도 믹부(조선어용로추), 쓰시마번(쓰시마번 에도기로 및 쓰시마번), 왜관, 동래부, 조선왕소(예조) 간의 의견 조율을 맡고 있음을 알 수 있었다.

　그리고 통신사행의 국내 및 일본 내 노정에 대해서는 지도와 표를 이용하여 왕로인 1711년 5월 15일부터 7월 5일까지의 국내 노정과 7월 5일부터 이듬해(1712년) 2월 24일까지 일본 체재 노정, 그리고 귀로인 1712년 2월 25일 부산포 도착 및 3월 9일 한양 입성까지의 노정과 시일 등을 살펴보았다. 국내 노정은 32개 지역, 일본 노정은 50개 지역을 숙박 및 휴게 지역으로 이용했으며, 일본 노정의 경우 그 지역 영주들의 환대가 대단했음을 확인할 수 있었다. 또한 에도 공간 속의 통신사 행렬에 대해서는 숙소 아사쿠사의 히가시혼간지와 국서전명식, 마상재 등을 중심으로 그 동향을 살펴보았다.

11월 1일 국서전명식을 위해 에도성으로 향하는 통신사행의 모습을 묘사한 <등성행렬도> 분석에 의하면, 행렬이 에도성 진행 방향으로 선두 호위(일본인 413명), 통신사행(1,043명: 통신사 299명+일본 측 호위 744명), 후미 호위(일본인 712명)를 합하여 모두 2,168명으로 구성되었음을 알 수 있었다. 에도의 대표적 번화가인 니혼바시 앞을 지나가는 통신사 행렬을 한눈에 보고자 모여든 구경꾼들을 포함한다면 한마디로 다 표현할 수 없는 장관이었을 것이다.

또한 에도 시대 일본 속의 한류로 손꼽히는 것 중에 마상재가 있었다. 마상재는 에도 막부 쇼군을 비롯하여 다이묘 등 관료들에게 매우 인기가 있었다. 신묘통신사행의 마상재는 에도성에서의 시연 전에 쓰시마번의 에도번저에서 미리 행해지기도 했으나, 쇼군도 관람하는 11월 4일의 시연 때는 에도성의 다야쓰몬 안에 '조선마장'을 특별히 마련하여 지기택과 이두홍이 마상립, 마상도립, 마상도예, 마상좌우칠보, 마상횡와, 마신상앙와, 마협은신, 쌍마 등 여덟 가지 곡예를 화려하게 선보였다.

한편 신묘통신사행에서 특히 중요한 것으로는 아라이 하쿠세키에 의한 빙례개혁과 그를 둘러싼 양국의 외교 분쟁을 들 수 있다. 그는 제6대 쇼군 도쿠가와 이에노부의 신임을 바탕으로 한일 양국 외교의 대등·간소화를 표방하며 통신사 빙례개혁을 추진함으로써 당시 조선왕조와 에도 막부 간의 외교 분쟁을 불러일으켰다. 신묘통신사행은 1712년 3월 9일 한양에 입성하자마자 삼사의 경우 구금되어 의금부의 판결 하에 관직박탈과 추방령을 받았고 그 외 수역(首譯)을 비롯한 역관들도 각기 처벌을 받았다. 바로 아라이 하쿠세키에 의한 빙례개혁, 즉 국서전명식의 의례 변경 및 국서개서 문제 때문이었다. 그러면 아라이 하쿠세키의 빙례개혁이란 어떤 것이었는가? 빙례개혁은 조선국왕이 보내는 국서의 수신자인 쇼군의 칭호를 일본국왕으로 변경하는 것을 비롯하여, 통신사의 일본 국내 노정 속의 연회 감축, 통신사의 에도 객관 입장 의례 변경, 국서전명식 당일의 의례 수정, 향연 시의 고산케 불참 등을 내용으로 한다.

과감하고 강경한 아라이 아쿠세키를 에도 막부 문벌 중로들은 '귀신'이라 부르기까지 했으며, 그에 대한 막부 내 주요 관료 및 외교 실무자들의 비판 또한 적지 않았던 것 같다. 먼저 에도 막부 쇼군으로부터 조선어용 총괄책임을 위임받은 로추 쓰치야 마사나오의 입장을 들 수 있는데, 최대한 성의를 다하여 화려하게 통신사를 접대하고자 했던 쓰치야는 "모든 것을 이론대로 정치를 하는 하쿠세키를 증오하여 칼로 죽이고자 했다는 소문까지도 전해지고 있다(すべて學理通りに政事をとる白石を憎み刃殺せんとしている噂まで伝えられている。老中も白石の言動に批判的であった)"라 할 정도로 매우 불편한 심기를 드러내고 있음을 엿볼 수 있다.

그리고 에도 막부의 유학자를 대표하는 하야시 다이가쿠카시라도 쇼군 이에노부의 후원을 믿고 종횡무진 하는 아라이 히쿠세키의 빙례개혁에 대해 매우 비판적이었으며, 또한 당시 양국 간의 외교실무 담당사 아메노모리 호슈도 불만이 많았던 것 같다. 아메노모리 호슈와 아라이 하쿠세키는 17세기 일본을 대표하는 유학자 기노시타 준안의 밑에서 같이 공부한 동학으로서 서로 잘 아는 사이였으나, 외교문제에서만큼은 의견이 달라 상당히 불만을 가지고 있었던 것으로 보인다. 아메노모리 는 외교 실무 경험상으로 볼 때 빙례개혁이 불합리하다고 생각했으며, 양자 간에 신랄한 논쟁도 여러 차례 거듭되었던 것이다.

　이러한 아라이의 빙례개혁은 1716년 도쿠가와 요시무네의 제8대 쇼군 즉위와 더불어 모두 폐지되어버렸다. 그리하여 아라이는 정치적 일선에서 퇴진하고 그가 만들었던 무가제법도도 폐지되었으며, 통신사 빙례의례도 다시 이전의 덴나 연간의 구례(舊禮)로 복원되었다. 이로 인해 제8대 쇼군의 즉위를 축하하는 제9차(1719년) 통신사행의 경우 종전보다 더 화려하고 융성한 통신사 영접이 준비되었다. 그러나 유의 할 점은 아라이 하쿠세키의 사상이 18세기 후반 대두하는 국학 사상가 들에게 영향을 미치고, 후일 막부 말기인 유신기 및 메이지 초기의 근대 사상 전개에 적지 않은 영향을 미쳤다는 것이다.

　마지막으로 신묘통신사행과 하야시 노부아쓰, 아라이 하쿠세키, 무로 규소, 기온 난카이(祇園南海, 1676?~1751년) 등 에도 지식인들 사이의 왕 성한 학문 교류를 찾아볼 수 있다. 특히 아라이 하쿠세키와 통신사 삼사 의 필담문집인 『강한필담』 및 정사 조태억의 『동사록(東槎錄)』(규장각 문고 소장), 부사 임수간이 쓴 『동사일기(東槎日記)』(규장각문고 소장), 압물 통사(押物通事) 김현문의 『동사록(東槎錄)』(교토대학 도서관 문학부 소장) 등 에서 이와 관련된 기록을 구체적으로 찾아볼 수 있다. 이 외에 『필담창 화집』 등은 권말의 부록과 참고문헌을 참조하기 바란다.

참고문헌

1. 기초 자료

『通航一覽』(國書刊行會. 1913[1967 복간]).
「正德信使記錄」(국사편찬위원회소장).
『국역 해행총재』(민족문화추진회, 1984).
申維翰. 『海游錄』(『국역 해행총재』 소수).
조선통신사문화사업회. 2004. 『마음의 교류 조선통신사』. 세한기획.
_____. 2005. 『조선시대 통신사 행렬』.

2. 논문 및 단행본

『三國志』 卷30 「烏丸鮮卑東夷傳」(中華書房, 1995).
『新唐書』 卷219 「渤海傳」(中華書房, 1995).
幣原担. 1924. 『朝鮮史話』. 富山房.
松田甲. 1925~30. 『日朝史話』 1~3. 朝鮮總督府.
朝鮮史學會. 1926. 『朝鮮史講座』.
日笠護. 1930. 『日朝關係の史的考察と其の研究』. 四海書房. 1930.
松田甲. 1930. 『續日朝史話』 2. 朝鮮總督府.
宮崎道生. 1951. 『新井白石序論』(增訂板).
宮崎道生. 1957. 『新井白石』. 至文堂.
宮崎道生. 1958. 『新井白石の硏究』(1984增補). 吉川弘文館.
宮崎道生. 1985. 『新井白石と思想家·文人』. 吉川弘文館.
宮崎道生·宮崎道生. 1974. 『新井白石の洋學と海外知識』. 吉川弘文館.
宮崎道生編. 1985. 『新井白石の現代的考察』. 吉川弘文館.
三上參次. 1944. 『江戶時代史』(1976版). 富山房.

中村榮孝. 1965. 『日朝關係史の硏究』 下.

中村榮孝. 1966. 『日本と朝鮮』. 至文堂.

旗田巍. 1969. 『日本人の朝鮮觀』. 勁草書房.

李進熙. 1976. 『李朝の通信使-江戶時代の日本と朝鮮』. 講談社.

辛基秀 외. 1979. 『江戶時代の朝鮮通信使』. 每日新聞社.

三宅英利. 1962. 『朝鮮觀の史的展開』. 北九大生協.

三宅英利. 1986. 『近世日朝關係史の硏究』. 文獻出版.

兒玉·辛多·北島正元. 1977. 『藩史總覽』. 新人物往來社.

武士生活硏究會 編. 1982. 『繪図でさぐる武士の生活』 I·II·III. 柏書房.

藤野保. 1983. 『日本封建制と幕藩体制』. 塙書房.

中田易直. 1984. 『近世對外關係史の硏究』. 吉川弘文館.

김건서. 『增正交隣志』. 민족문화추진회.

李基東. 1982. 「신라의 골품제와 일본의 씨성제도」. ≪역사학보≫ 94·95.

芳賀登編. 1986. 『日韓文化交流史の硏究』. 雄山閣.

玉井哲雄. 1986. 『江戶 失われた都市空間を讀む』. 平凡社.

荒野泰典. 1988. 『近世日本と東アジア』. 東大出版會.

中尾宏. 1989. 『前近代の日本と朝鮮』. 明石書店.

上垣外憲一. 1989 『雨森芳州-元祿享保の國際人』. 中公新書.

ロナルド·トビ. 1990. 『近世日本の國家形成と外交』. 勁草書房.

仲尾宏 外. 1993. 『大系 朝鮮通信使第四卷』. 明石書店.

조항래 외. 1994. 『강좌 한일관계사』. 玄音社.

申瑩植. 「통일신라의 대일관계」(『강좌한일관계사』 소수).

羅鐘宇. 「고려전기의 대일관계」(『강좌한일관계사』 소수).

하우봉. 「조선전기의 대일관계」(『강좌한일관계사』 소수).

손승철. 「조선후기 탈중화의 교린체제」(『강좌한일관계사』 소수).

日本地図選集刊行委員會 編. 1995. 『江戶城本丸詳細図』. 人文社.

嘉永·慶應. 1995. 『江戶切繪図』. 人文社.

笹間良彦. 1995. 『復元江戶生活図鑑』. 柏書房.

深井雅海. 1997. 『江戶城をよむ』. 原書房.

高正晴子. 2001. 『朝鮮通信使の饗応』. 明石書店.

村井章介 外. 2001. 『境界の日本史』. 山川出版社.

酒寄雅志. 「日本と渤海·靺鞨との交流ー日本海オホーツク海域圈と船」

176

(『境界の日本史』 소수).

小嶋芳孝. 「日本海の島々と靺鞨・渤海の交流」(『境界の日本史』 소수).

柳町敬直. 2002. 『ビジュアル・ワイド江戸時代館』. 小學館.

竹內誠. 2003. 『江戸庶民の衣食住』. 學習研究社.

竹內誠 監修. 2004. 『地圖・グラフ・圖解でみる 一目でわかる江戸時代』. 小字館.

平井聖 監修. 2004. 『江戸城と將軍の暮らし』. 學習研究社.

조선통신사문화사업회. 2005. 『東京時代MAP 大江戸編』. 新創社.

山本博文. 2007. 『將軍と大奧』, 卷1~6. 小學館.

中江克己. 2007. 『見取り図で讀み解く江戸の暮らし』. 靑春出版社.

NHKテータ情報部 編. 1991. 『江戸事情』. 雄山閣.

仲尾宏. 1997. 『朝鮮通信使と德川幕府』. 明石書店.

仲尾宏. 2006. 『朝鮮通信使をよみなおす』. 明石書店.

黑木淸三. 1918. 「白石と朝鮮聘使」. ≪國史界≫ 2-9~10.

三浦周行. 1924. 「新井白石と復号問題. ≪四林≫ 9-3.

松田甲. 1925. 「德川時代の朝鮮通信使」. ≪朝鮮≫ 122.

武田勝藏. 1925. 「正德信使改札の敎諭原本に就て」. ≪史林≫ 10·4.

阿部秀助. 1925. 「江戸幕府の對外政策」. ≪史學雜誌≫ 36-12.

武田勝藏. 1926. 「宗家史料による復号一件」. ≪史學≫ 5-1.

今村鞆. 1926. 「新井白石と朝鮮特使」. ≪朝鮮≫ 147.

友納養德. 1927. 「新井白石の鮮使待遇改正に就て」. ≪歷史敎育≫ 2-5.

德島一郎. 1928. 「新井白石の外交政策」. ≪歷史と地理≫ 22·23·24.

_____. 1929. 「新井白石と德川幕府の對外文書に於ける」. ≪歷史と地理≫, 32-1.

山田義直. 1929. 「新井白石の朝鮮使者の待遇法改善」. ≪歷史敎育≫ 4~5.

植野武雄. 1929. 「木下順庵父子と朝鮮使節」. ≪朝鮮≫ 174.

末松保和. 1933. 「日韓關係. 岩波講座. ≪日本歷史≫ 4-1.

多田正知. 1936. 「正德辛卯朝鮮通信使と日本の漢文學」. ≪斯文≫ 18-2.

中山久四郎. 1937. 「朝鮮通信隣交史の一面」の內」. ≪歷史敎育≫ 12-9.

羽塚啓明. 1938. 「正德觀樂記」. ≪東洋音樂研究≫ 1-4.

中村榮孝. 1939. 「朝鮮史論」. ≪アジア問題講座≫ 7.

朝鮮史編修會. 1938. 「正德朝鮮信使登城行列図解說」. ≪朝鮮史料叢刊解說≫ 20.

伊藤多三郞. 1953. 「將軍 日本國王と称す」. ≪日本歷史≫ 67.

宮崎道生. 1953. 「國書復号記事批判」. ≪芸林≫ 4-4.

阿部吉雄. 1955. 「日本近世初期の儒學と朝鮮」. ≪東大人文科學科紀要≫ 7.

中村榮孝. 1967. 「前近代アジア外交上の德川政權」. ≪朝鮮學報≫ 45.

矢澤康裕. 1969. 「江戶時代における日本人の朝鮮觀について」. ≪朝鮮史研究會論集≫ 6.

中村榮孝. 1972. 「大君外交の國際認識—華夷秩序の中の日本」. ≪國際政治≫ 51.

ロナルド・トビ. 1975. "Korean-Japanese Diplomacy in 1771-Court and Shogun's Title." ≪朝鮮學報≫ 74.

李元植. 1978. 「江戶時代における朝鮮國信使の遺無墨について」. ≪朝鮮學報≫ 88.

三宅英利. 1981. 「新井白石の聘礼改変と朝鮮王朝」. ≪北九大紀要≫ B13.

泉澄一. 1981. 「正德享保期の釜山窯と注文燒物-宗家史料「御燒物御注文留」めぐて」. ≪關大東西學術研紀要≫ 14.

加藤榮一. 1981. 『鎖國と幕藩制國家』. 有斐閣.

ロナルド・トビ. 1983. State and Diplomacy in Early Modern Japan. Asia in Development of the Tokugawa Bakufu. プリンストン大出版部.

中尾宏. 1984. 『京・近江と朝鮮通信使』. 季刊三千里.

奈良本辰也. 1984. 「白石の外交」. ≪日本歷史≫ 17.

李元植. 1985. 新井白石と朝鮮通信使—筆談と唱和を中心に. 『新井白石の現代的考察』. 吉川弘文館.

三宅英利. 1985. 『朝鮮官人の白石像』. 吉川弘文館.

姜在彦. 1985. 「江戶時代の朝鮮通信使」. ≪韓國文化≫ 7-6.

李元植. 1985. 「新井白石と朝鮮通信使」. ≪韓國文化≫ 7-7.

田中健夫. 1985. 「朝鮮の通信使」. 東博特別觀. 『朝鮮通信使-近世200年の日韓文化交流』. 東京國立博物館.

三宅英利. 1987. 「近世日朝交流の特質」. ≪北九大紀要≫ 40記念号.

_____. 1961. 「李朝肅宗期の日本聘礼と長州藩」. ≪九州史學≫ 17.

荒野泰 1989. 「典.近世の日朝關係」. 『日朝關係を考える』. 靑木書店.

田代和生. 1990.「正德通信使繪卷行列の研究-正德元年(1711)の繪卷仕立
　　を中心に」.≪朝鮮學報≫ 137.

山本博文. 1995.『對馬藩江戶家老』. 請談社.

笹間良彦. 1995.『復元江戶生活圖鑑』. 柏書房.

부록

1. 조선통신사 관계 문서 목록

1) 등재 지면: ≪靑丘學術論集叢≫ 제21집, 177∼284쪽(2002년 10월), 한
   국문화연구진흥재단.
   조선시대 문헌은 물론이고, 일본 에도 시대에 작성된 통신사 관련 문서들
   이 총망라되어 있으므로 한국의 연구자들을 위해 정리하여 표로 만들었
   다. 가능한 원형에 충실한 형태로 다만 한국 연구자들의 이해를 돕기 위해
   연도 등은 서력을 부기했다. 나아가 자료의 소장·보관자 및 참고문헌 중
   에서 빈번하게 출현하는 명칭을 지면상의 문제 등으로 인해 표에서는 약
   자를 사용했다. 이에 그 약자의 정식 명칭을 아래에 명시했다.

2) 소장·보관자에 대한 약자의 정식 명칭
   韓中圖(한국중앙국립도서관), 日國圖(일본국회도서관), 東都圖(東京都中
   央圖書館), 天理圖書館(天理大學附屬天理圖書館)

3) 각 고문서의 소장처
   ● 櫻井義之文庫(東京經濟大學圖書館), 竹田文庫(福岡縣立圖書館), 小笠
   原文庫(福岡縣立豊津高等學校), 井伊家文書(彦根市敎育委員會), 伊藤家
   文書(赤間關本陣), 宗家文庫(長崎縣立對馬歷史民俗資料館), 宗家文書(韓
   國國史編纂委員會), 雨森芳洲文庫(高月町立觀音の里歷史民俗資料館), 毛
   利家文庫(山口縣文書館), 黑田家文書(福岡縣立図書館), 以酊庵文書(建仁
   寺兩足院), 小場家文書(福山城鏡櫓文書館), 池田家文庫(岡山大學附屬圖
   書館), 竹原書院圖書館(竹原市立竹原書院圖書館)
   ● 李元植콜렉션·山口縣立山口圖書館: 尼崎市敎育委員會,
   ● 山口家文書·吹原家文書·不破家文書·坂口家文書·阿古田家文書-岐阜
   縣歷史資料館

4) 참고문헌 약자의 정식 명칭

　　『大系』→『大系朝鮮通信使』

　　『こころ』→『こころの交流 朝鮮通信使』

　　『研究』→『朝鮮通信使の研究』

　　『宗家記錄』→『宗家記錄と朝鮮通信使』

　　『芳洲報告書』→『雨森芳州關係資料調査報告書』

　　『芳州と朝通使』→『雨森芳州と朝鮮通信使』

　　『朝鮮(下關)』→『朝鮮通信使(下關)』

　　『朝鮮(東京)』→『朝鮮通信使(東京)』

　　『朝鮮(岐阜)』→『朝鮮通信使(岐阜)』

　　『朝通使』→『朝鮮時代通信使』

　　『史料展』→『朝鮮後期通信使와 韓·日交流史料展』

　　『東アジア』→『東アジアなかの下關』

　　『繪圖』→『朝鮮通信使繪図集成』

　　『江戸の人々』→『朝鮮通信使と江戸時代の人々』

　　『羅山文集』→『羅山林先生文集』

　　『蒲生郡』→『近江蒲生郡志』

　　『日光』→『日光市史』

　　『邑久郡』→『改訂邑久郡志』

　　『津町』→『御津町史(兵庫)』

　　『鞆の津』→ :『朝鮮通信使と福山藩港·鞆の津』, 『彦根藩』:『彦根藩文書調査報告書』

　　『清見寺』→『清見寺綜合資料調査報告書』

　　『滋賀縣』→『滋賀縣八幡町史』

2. 조선통신사 관계 문서 목록 세부 내용

연대	제목 및 내용	작성자	형태	소장처	출처
1605~1607	『海行錄』 - 예조외교기록	礼曹	冊子	奎章閣文庫	『大系』1, 138面
17세기 말~18세기 초	『観感錄』附東槎錄	-	堅帳	佐賀縣立名護屋城博物館	『こころ』, 19面
1605	『韓客筆語』 - 林羅山·松雲大師필담	林羅山	-	『羅山文集』卷60	『研究』, 649面
1607	『海槎錄』	慶暹(副使)	堅帳	『海行總載』	『大系』1, 164面 『研究』, 644面
1573~1619(明曆 연간)	『万曆年中歲條來書』	-	堅帳	宗家文書	『大系』2, 56面 『宗家記錄』, 70面 『史料展』, 66面
에도 후기	『慶長十二年從朝鮮之勅使於紫野宿之事』 - 大德寺宿泊時의 記錄	-	堅帳	東京國立博物館	『こころ』, 80面
에도 초기	『鵝溪遺稿』 - 1711년 통신사행 李東郭 外高祖	李鵝溪(製述官)	堅帳	芳洲文庫	『芳洲報告書』, 96面 『芳州と朝通使』, 12面
1617.3.18.	「長府藩家老宛毛利秀就書狀」 - 萩藩主가 가로에게 내린 지시	毛利秀就	一紙	三吉家(三吉英一郎)	『東アジア』, 48面
1617.7.25.	『毛利三代實錄考證』112	-	冊子	毛利家文庫	『山口縣史』資料近世1下, 686面
1617.7.4~9.18.	『東槎上日錄』	吳允謙(正使)	堅帳	『海行總載』	『大系』1, 176面
1617.5.28~11.16	『東槎日記』	朴榟(副使)	堅帳	奎章閣文庫	『大系』1, 182面 『研究』, 645面
1617	『扶桑錄』	李景稷(從事官)	-	『海行總載』	『研究』, 644面
1617	『朝鮮人來聘書』 - 通信使關係文書29通收錄		卷子	東京國立博物館	『朝鮮(東京)』, 54面
1617	『朝鮮通信使來貢記』	林羅山	-	『羅山文集』卷22「記事」	『研究』, 129面
1617	『東槎錄』	李景稷(石門)	堅帳	個人藏	『こころ』34面
1617	『韓使贈答略記』 -天和二(1682)年~正德元(1711)	尹趾完(東山)외	堅帳	天理圖書館	『朝鮮(下關)』, 30面 『江戸の人々』, 6面 『研究』, 653面
1617	『備陽六郡志』	宮原直御		九州大學九州文化史研究所	『福山市史』近世, 268面
1624(寬永 1)	『寬永元甲子歲信使來聘往來日帳』	-	堅帳(2冊)	東京國立博物館	『朝鮮(東京)』, 55面

	- 9월 14일 통신사가 부산에 도착한 후부 터의 기록				
1624	『大江氏四代實錄』 卷25 - 寬永元年10月2日 條, 朝鮮通信使通 行記錄.	-	冊子	毛利家文庫 (山口縣文書館)	『山口縣史』史料近 世1上, 264面
1624	『自得公濟美錄』18 - 廣島藩의 蒲刈島接 待	-	冊子	淺野家文書 (淺野長愛)	『廣島縣史』年表別, 267面
1624	『寄朝鮮國副使姜弘 重』	林羅山		『羅山文集』卷14 『外國書』下	『研究』, 649面
1624.8.20～ 1625.3.5.	『東槎錄』	姜弘重 (副使)	堅帳	『海行總載』	『大系』1, 200面 『研究』, 644面
1624	『天啓年中歲條來書』 - 덴케이(天啓) 연간 에 조선으로부터 받은 외교서간집	-	堅帳	宗家文書	『大系』2, 56面 『宗家記錄』, 70面 『史料展』, 66面
1631	『朝鮮人來宿御林立 木拝借願書』	-	一紙	平松眞	『音羽町誌』, 658面
1622.8.13 ～ 1632.5.13.	『忠利公御日記寫』	-	冊子 (七)	松平文庫(島原市公 民館)	『豊橋市史』6, 51面
1636 (寬永 13)	『宗義成宛東萊府使書 契』 - 崇禎9年(寬永13年) 九月	鄭良弼 宗義成	堅紙	藤井齊成會有鄰館	『朝鮮(下關)』, 60面
1636.11.	『信使出京之時人馬 日錄』 - 朝鮮使節來朝接待 役	-	-	-	『蒲生郡』8, 166面
1636.12.2.	朝鮮使節來朝二付一 筆	小堀遠江守 外	-	長濱町下鄉共濟會 所藏文書	『蒲生郡』8, 169面
1636. 12.11～12.	『寬永日記』	-		內閣文庫	『日光市史』史料中, 790面
1631～ 1636	『寬永丙子信使記錄』 - 對馬藩江戶藩邸備 忘錄	-	堅帳 (八)	東京國立博物館	『大系』2, 60面 『朝通使』, 72面 『朝鮮(東京)』, 56面
1636 (寬永 13). 8.18 ～12.17	『大江氏四代實錄』 卷28	-	冊子	毛利家文庫	『山口縣史』史料近 世1上, 385, 387, 389, 390面
1636. 12.12～24.	『大河內家譜』2	-	冊子	-	『豊橋市史』6, 576 面
1636. 12.14～25	『朝鮮往來』 - 日光參詣旅程	-	-	內閣문고	『いまいち市史』通 史2, 372～373面 『日光市史』史料中,

					791面
1636	『舊記』 - 12월, 조선인 日光山 기록	-	冊子	-	『いまいち市史』通史2, 377面
1636	『寛永十三年朝鮮人來朝記』 -「朝鮮國武器之圖」收載	-	堅帳	九州大學附屬圖書館	『大系』2, 62面
1636	『朝鮮人筆談』 - 醫學筆談	野間三竹 白士立	冊子	富士川游文庫 (京都大學附屬圖書)	『研究』88, 649面
1636	『松浦家世傳』 - 松浦蕃통신사接待例	-	-	-	『勝本町史』上, 176面
1636	『与朝鮮權伏筆語』	林羅山	-	『羅山文集』卷60 『雜著』5	『研究』, 649面
1636	『与朝鮮文弘績筆語』	林羅山	-	『羅山文集』卷60 『雜著』5	『研究』, 649面
1636	『信使來聘記錄之略』	-	堅帳	以酊庵文書	『大系』2, 65面
1637.1.18. (寛永 14)	『与朝鮮國權學士菊軒筆談書』	石川丈山	冊子	靜嘉堂文庫	『研究』, 155, 649面
1637.1.2.	『奉謝淀城永井公』 (「覆醬集」卷上)	金世濂 (東溟)	-	-	『研究』, 157面
1637.1.	「永井尙政筆七言絕句」	永井尙政 (淀城主)	一紙	小倉콜렉션	『研究』, 158面
1636.10.6~ 1637.2.25.	『東槎錄』	黃㦿 (從事官)	堅帳	「海行總載」	『大系』2, 146面 『研究』, 644面
1636.10.6~ 1637.2.25.	『丙子日本日記』	任絖 (正使)	堅帳	「海行總載」	『大系』2, 122面 『研究』, 644面
1636.8.11~ 1637.3.9.	『海槎錄』	金世濂 (副使)	堅帳	「海行總載」	『研究』, 644面
1636.5~ 1637.3.	『日日記』	-	堅帳	宗家文書	『宗家記錄』, 58面 『大系』2, 58面 『史料展』, 57面
1639.9.	「東萊府使宛宗義成書狀」	宗義成	繼紙	宗家文書	『史料展』, 24面
1634~ 1639	『本邦朝鮮往復書』	-	堅帳	宗家文書	『宗家記錄』, 70面 『史料展』, 74面
1636~ 1642	朝鮮來往本集	-	堅帳	宗家文書	『大系』2, 57面 『宗家記錄』, 50面 『史料展』, 90面
1676 (延寶 4)	「朝鮮國使日錄」 - 1636년 播州藩主의 기록을 書寫	和田宗允	堅帳	京都文化博物館	『こころ』, 29面
1676	『新編覆醬續集卷』16 - 寛永13年「與朝鮮	石川丈山	-	-	『研究』, 155面

	「國權學士菊軒筆談集」收錄				
1682 (天和 2)	『丈山筆語』 - 寛永13年筆談唱和集	石川丈山 (權伏)	冊子	-	『研究』, 649面
1694 (元祿 7)	「東照官御道具留書」	-		「社家御番所日記」第17卷 附錄	『日光』史料中, 813面
1711 (正德 1)	「朝鮮筆語」	石川丈山 (權伏)	冊子		『研究』, 649面
-	『朝鮮物語』附柳川一件	林春齋	-	內閣文庫	『研究』, 131面
1642 (寛永 19)	「日光東照宮所在 朝鮮鐘拓本」	-	一紙	東京國立博物館	『朝鮮(東京)』, 49面
1643.1 (寛永 20)	『烏江村萬御改幷御法度跡帳』	-	竪帳	吹原家文書	『朝鮮(岐阜)』45, 88面
1643.4.5.	「老中書狀」	阿部對馬守 阿部豊後守 松平伊豆守	-	-	『邑久郡』上, 581面
1643.4.6.	「水野勝重書狀」	水野勝重 中山壹岐守 外	一紙	小場家文書	『廣島縣史』近世資料2, 849面
1643.5.26.	『玄德公濟美錄』14	-	冊子	淺野家문서	『廣島縣史』年表別, 278面
1643.5.18~6.2.	「天城屋敷池田氏侍帳奉公書上」(牛窓接待件)	-	-	池田家	『倉敷市史』12, 128面
1643.6.17.	「鮮使節通行ニ付差出人馬依賴狀」	松清兵衛親茂 外	一紙	中村重博	『靜岡縣史』13, 321面
1643.7.7.	『加藤家年譜上』	-	-	-	『愛媛縣史』資料近世下, 115面 『愛媛縣史』近世上, 769面 『愛媛縣史』年表, 165面
1643.7.18~8.3.	『大河內家譜』2	-	冊子		『豊橋市史』6, 587面
1643.7.22~8.3.	「朝鮮往來」(朝鮮使節記錄)	-	-	內閣文庫	『日光』史料中, 811面
1643	『東槎錄』	趙絅 (龍洲)	竪帳	海行總載	『大系』2, 166面 『研究』, 644面
1642.9.22~1643.10.8	『大江氏四代實錄』卷32	-	冊子	毛利家文庫	『山口縣史』史料近世1上, 522, 532, 535~536, 538~539面
1643.2.20~11.8.	『癸未東槎日記』	-	竪帳	海行總載	『大系』2, 158面 『研究』, 644面
1641~43	『朝鮮信使記錄』	-	竪帳	東京國立博物館	『朝鮮(東京)』, 57面
1643	『寛永年中信使來聘	-	竪帳	宗家文書	『宗家記錄』, 58面

(寛永 20)	『記』				『史料展』, 73面
1643	『海槎錄』	申濡 (從事官)	-	海行總載	『研究』, 644面
1643	『朝鮮人來朝之記』 - 都田村年代手鑑	-	橫帳	坂本柳次(都田村年 代手鑑)	『浜松市史』史料2, 188面
1643	『寛永二十年七月 與 朝鮮進士 朴安期筆 語』	林羅山 朴安期	卷子	『羅山文集』 卷60 「韓客筆語」, 東京大學史料編纂 所	『朝鮮(東京)』, 61面 『研究』, 650面
1643	『朝鮮信使記錄』 卷3	-	冊子	宗家文庫	『津町』3, 310面
1643	『朝鮮信使記錄』 卷5	-	冊子	宗家文庫	『津町』3, 311面
1643	『朝鮮信使記錄』 卷 11		冊子	宗家文庫	『津町』3, 316面
1643	『森家先代實錄』7	-	冊子	森可展	『岡山縣史』25, 119面
1643	『細川三齋遺愛石』	申濡 (竹堂)	冊子		『研究』, 650面
1643	『謝朝鮮國三官使』	林羅山	-	『羅山文集』 卷14 「外國書」 下	『研究』, 650面
1643	『謝朝鮮國信使申竹 堂』	林羅山	-	『羅山文集』 卷14 「外國書」 下	『研究』, 650面
1643	『寄朝鮮國朴進士五 篇』	林羅山	-	『羅山文集』 卷14 「外國書」 下	『研究』, 650面
1643	『答朝鮮國副使趙龍 洲』	林羅山	-	『羅山文集』 卷14 「外國書」 下	『研究』, 650面
1643	『与朝鮮朴安期筆語』	林羅山	-	『羅山文集』 卷60 「雜著」 5	『研究』, 650面
1624~ 1643 (崇禎 연간)	『崇禎年中歲條來書』	-	竪帳	宗家文書	『大系』2, 56面 『宗家記錄』, 70面 『史料展』, 66面
1642~ 1645 (寛永 19~ 正保 2)	『御當家小日記』	-	冊子	東都圖大學附屬圖 書館	『豊橋市史』6, 271面
1656 (明歷 2)	『韓使贈答日錄』前 集	申濡 朴安期 林信勝 (羅山)	竪帳	天理圖書館	『江戶の人々』, 5面 『研究』, 651面
1639~ 1702 (寛永 16~ 元祿 15)	『天龍院公實錄』	-	竪帳	宗家文書	『史料展』81, 115面 『宗家記錄』, 104面
-	『朝鮮通信總錄』	新井白石	冊子	內閣文庫 ; 東都圖	『日光』史料中, 805, 813, 818, 831面
1654.5.19. (承應 3)	『朝鮮使節來朝ニ付 達』	-	-	-	『靜岡市史』2, 123面
1654	『御在江戶中每日記』	-	竪帳	宗家文書	『大系』3, 57面 『宗家記錄』 67, 124 面 『史料展』57, 115面

1655.4 (明歷 1)	「輪王寺寶物調書」	-	-	日光山輪王寺	『日光』史料中, 817面
1655.6.10~ 6.22.	『永代日記』	-	冊子	-	『小田原市史』史料 近世1, 415面
1655.7.1.	『池田家履歷略記』	-	-	池田家文庫	『邑久郡』上, 582面
1655.7.5.	『永代日記』	-	冊子	-	『小田原市史』史料 近世1, 417面
1655.7.	『森家先代實錄』7	-	冊子	森可展	『岡山縣史』25, 122面
1655.9.6.	「朝鮮信使接待ニ付 書狀」	大膳綱廣	-	毛利家文庫-「右田 毛利譜錄」	『防府市史』通史2, 608面
1655.9.17.	「朝鮮使節參向ニ付 人馬割」	松平淸兵衛 山田宇右衛門 宮崎三左衛門	一紙	中村重博	『靜岡縣史』資料編 13, 321面
1655.8.28~ 9.29.	『永代日記』	-	冊子	-	『小田原市史』史料 近世1, 418面
1655.9.29.	「朝鮮使節御饗應 ニ付取替證文之事」	阿多古下組中 村名主十藏 외	一紙	坪井宣孝	『靜岡縣史』資料編 13, 321面
1655.10.11.	「町觸」	-	-	-	『いまいち市史』通 史2, 382面
1655.10.18.	『永代日記』	-	冊子	-	『小田原市史』史料 近世1, 420面
1655.10.	「明曆朝鮮信使來朝 記」	-	-	內閣文庫	『いまいち市史』通 史2, 382面 『日光』史料 中, 823 面
1655.11.5.	「朝鮮人歸國人馬割 當覺」	柴山長兵衛 외	折紙	阿古田家文書	『朝鮮(岐阜)』81, 95 面
1655.11.5.	「朝鮮使節下向ニ付 豆州浦々請書」	松崎庄屋半左 衛門 외	一紙	勝呂安	『靜岡縣史』資料編 13, 322面
1655.10.29 ~12.10.	『永代日記』	-	冊子	-	『小田原市史』史料 近世1, 420面
1655.12. 하순	「韓客過室津錄」	源(榊原)忠次	卷子	賀茂神社	『大系』3, 68面 『圖說朝鮮通信使の 旅』, 49面 『津町』3, 318面
1655	『韓客過室津錄』	源(榊原)忠次	冊子	高畠家	
1655	『裁判每日記』	佐護式右衛門	堅帳	宗家文書	『宗家記錄』90, 126 面 『史料展』60, 115面
1655	『朝鮮人來朝覺』	-	冊子	岩國微古館	『上關町史』289面
1655	『明曆度信使來聘記』	-	堅帳	宗家文書	『宗家記錄』58, 124 面 『大系』3, 56面 『史料展』, 108面
1655	『朝鮮人來朝之記』 -「都田村年代手鑑」	-	橫帳	坂本柳次	『兵松市史』史料2, 190面

1655	『朝鮮信使東槎紀行』	趙翠屏 愈秋潭 南壺谷 외	竪帳	雨森芳洲文庫	『芳洲報告書』, 96面 『芳洲と信使』, 12面 『研究』, 651面
1655	『朝鮮三官使酬和』	-	冊子	東京都立中央圖書館	『研究』, 651面
1655	『聞見別錄』	南龍翼(壺谷)	竪帳	海行總載	『大系』3, 170面
1655	『朝鮮人來朝記』	-	-	內閣文庫	『いまいち市史』通史2, 373面
1655	『落葉集』	-	-	內閣文庫	『いまいち市史』通史2, 384面
1655	「御堂慈眼堂御道具之覺」	-	-	日光山輪王寺	『日光』史料中, 832面
1655	『備後史談; 十之十』	-	-	-	『福山市史』近世, 268面
1655	「明曆朝鮮使來朝記」	-	-	-	『日光』中, 170面
1655	「答朝鮮國信使兪秋潭」	林羅山	-	『羅山文集』卷14「外國書」下	『研究』, 651面
1655	「今度朝鮮人來朝之時海陸御馳走」-「朝鮮往來」	-	-	-	『蒲生郡』8, 170面
1655.4.20~1656.2.1.	『扶桑日記』	趙珩著 今西龜滿太筆寫	竪帳	하바드大學燕京硏究所	『大系』3, 136面 『研究』, 645面
1655.4.20(효종 6)~1656.2.10.	『日本紀行』	-	-	今西文庫(天理圖書館)	『江戶の人々』, 29面 『研究』, 645面 『大系』3, 133面
1654.10.29~1656.2.20	『扶桑錄』	南龍翼(從事官)	竪帳	海行總載(동양문고)天理圖書館 『壺谷集』卷11·12	『大系』3, 170面 『江戶の人々』, 29面
1656(明曆 2)	『韓使贈答日錄』後集	趙珩(翠屏) 林信勝(羅山)외	竪帳	天理圖書館	『江戶の人々』, 5面
1656	『朝鮮國より硫黃所望之儀記之』	-	竪帳	宗家文書	『史料展』, 56, 112面
1656	『朝鮮國より硫黃所望之儀記之候帳面之寫』	-	竪帳	宗家文書	『宗家記錄』, 97, 127面 『史料展』, 56, 112面
1796(寬政 8)	『攝津名所圖繪大成』卷9下	秋里舜福著 竹原信繁畵	竪帳	國會圖	『研究』, 90面
1681.12.2.	「來秋朝鮮人就來朝(触書)」	彦壹岐 右宿問屋年寄中	-	-	『墨俣町史』, 252面
1681.12.	「來秋朝鮮人來朝ニ付道中宿宿檢分舊記」	-	-	西川貞次郎	『蒲生郡』8, 165面
1681	『天和信使記錄』	-	竪帳	宗家文書	『大系』3, 57面 『宗家記錄』, 58面 『史料展』, 75面

1681	『朝鮮使者江戸下リ赤坂宿割圖面』	-	繪圖	花井春正	『音羽町誌』, 792面
1682.6.19.	『朝鮮人來朝之節賄下行之定』-「池田家日記」	-	-	-	『邑久郡』上, 585面
1682.7.9.	『損軒詩橋』	貝原益軒	冊子	竹田文庫(福岡縣立圖書館)	『硏究』, 177, 654面
1682.7.18.	『通信使赤間關出發二付人馬觸』	石原淸左衛門 外	繼紙	阿子田家文書	『朝鮮(岐阜)』79, 94面
1682.7.21.	『牛窓詩』- 「吉備文庫」2	富田元眞	-	-	『硏究』, 180, 653面
1682.8.23.	『相州酒匂御舟橋入用金目錄』	彌三兵衛 外	-	勝呂安	『靜岡縣史』資料編13, 323面
1682.7~8	『和韓唱酬集』	成琬南宗祖辰	冊子	東都圖	『硏究』, 652面
1682.8.21~9.12.	『天保校訂紀氏雜錄』	-	冊子	佐倉厚生園	『佐倉藩紀氏雜錄』115面
1682.9.12.	『森家先代實錄』9	-	冊子	森可展	『岡山縣史』, 25, 166面
1682.7.20~10.10.	『水野記』	-	-	浜本文庫	『山市史』近世, 268面
1681(辛酉)5.~1682.2.16.	『東槎錄』	洪禹載(天和元年)	竪帳	海行總載	『大系』3, 170面『硏究』, 644面
1681.8.14~1682.2.19	『東槎日錄』	金指南(李明)	-	海行總載	『大系』3, 170面『硏究』, 644面
1682.12.19.	『朝鮮人來朝骨折米二付伺』	村田小右衛門	-	「評定留」	『邑久郡』上, 586面
1682.12.26.	「口上」	郡屋吉兵衛 外	-	舟手留帳	『邑久郡』上, 587面
1682	『朝鮮人歸國記錄』第四	-	竪帳	黑田家文書	『こころ』, 52面
1682	『朝鮮人來朝萬調物本帳上』第1	-	竪帳	黑田家文書	『こころ』, 52面
1682(天和 2)	『天和二壬戌歳朝鮮人來朝御目見規式』	-	竪帳	李元植콜렉션	-
1682	『和韓唱酬集』	成琬南宗祖辰 外	竪帳	李元植콜렉션	『硏究』, 197, 653面
1682	『與洪滄浪筆語』	洪世泰成琬	卷子	新井家	『硏究』, 209, 654面
1682	『桑韓筆語唱和集』	熊谷了庵瀧川昌樂	冊子	韓中圖: 東都圖	『硏究』, 221, 653面
1682	『朝鮮人筆談幷贈答詩』- 附唐人口連事朝鮮言葉阿蘭陀言葉	、	冊子	韓中圖	『硏究』, 652面
1682	『水戸公朝鮮人贈答集』	-	冊子	韓中圖	『硏究』, 652面
1682	『朝鮮人來朝之記』	-	橫帳	「都田村年代手鑑」	『浜松市史』史料2,

연도	書名	著者	형태	소장처	출전
					196面
1682	『韓客酬唱錄』	山田復軒	卷子	佐野正己	『研究』, 653面
1682	『韓人筆語』	-	冊子	東京大學史料編纂所	『研究』, 653面
1682	『木下順庵·熊谷了庵與朝鮮人筆語詩集』	木下順庵 成翠虛 外	竪帳	江戶東京博物館	-
1682	『木下順庵橋外題』	木下貞幹 (順庵)	冊子	東都圖	『研究』, 652面
1682	『任處士筆語』	洪世泰;佐々木玄龍 외	冊子	內閣文庫	『研究』, 653面
1682	「鮮桑筆語」	日下道標	冊子	內閣文庫	『研究』, 653面
1682	『天和來聘韓客手口錄』	人見友元 (鶴山)	-	內閣文庫	『研究』, 216, 653面
1682	『韓客酬唱錄』	山田原欽	橫帳	萩市鄉土博物館	『朝鮮(下關)』, 28面 『研究』, 653面
1682	『朝鮮人來朝之時道中畫獻立』	-	-	原田良夫	『靜岡縣史』資料編13, 324面
1682	『朝鮮人來朝手筈之寫』	-	竪帳	福禪寺	『鞆の津』, 17面
1682	『壬戌韓使唱和』	-	冊子	祐德神社	『研究』, 653面
1682	『鶴山筆談』	人見友元洪世泰	-	-	『日鮮史話』第1編 『研究』, 653面
1682	『木下順庵自筆詩橋』	木下順庵	冊子	-	『書道全集』第21卷105頁(平凡社, 1930年) 『研究』, 193面
1682	「西山遺事」 - 附朝鮮使書簡	-	-	-	『研究』, 653面
1682	『野ざらし紀行』	松尾芭蕉	竪帳		『研究』, 73面
1682	『牛聰詩藻』 - 「吉備文庫」4	小原善助 (大丈軒)	-	-	『研究』, 653面
1682	『對韓橋』 - 「錦里文集」12	木下順庵	-	-	木下順庵,『錦里文集』(國書刊行會, 1982) 『研究』, 187面
1682	『韓使贈答(寫)』	成琬 李聃齡(鵬溟) 外	冊子	李元植콜렉션	『研究』, 653面
1682	『水戶侯與韓使酬和(寫)』	德川光圀	冊子	李元植콜렉션	『研究』, 653面
1682	「牛窓茶屋部屋割圖」	-	繪圖	岡山大學附屬圖書館	『USHIMADO』15, 27面
1682	『天和朝鮮人來朝記』	-	冊子	京都大學文學部	『岡山縣史』6, 452面
1682	『朝鮮使節來朝ニ付接待宿記錄』	-	-	西川貞次郎氏所藏記錄	『蒲生郡』8, 172面
1682	『韓館唱和集』	柳川震澤	冊子	李元植	『研究』, 653面
1682 이후	『朝鮮人來朝次第』(天和二年通信使記錄)	-	冊子	江戶東京博物館	-

1683.6.17	「請取申銀子之事」	横大路九郎兵衛 外	一紙	竹内家文書2, 枚方市	-
1680~1683	『御意之覺』-「當職所御用狀之寫3」	熊野七右衛門	冊子	毛利家文庫	『下關市史』資料編3, 576面
1680~1683	『御用狀』	益田與三左衛門 외	冊子	毛利家文庫	『下關市史』資料編3, 570面
1680~1683	『御用狀』	毛利外記 細川官内 梧杜主殿	冊子	毛利家文庫	『下關市史』資料編3, 572面
1683 (天和 2)	『和韓唱酬集』	成琬 南宗祖辰	竪帳	天理圖書館	『大系』三, 66面 『江戶の人々』, 6面 『研究』, 653面
1687 (貞享 4)	『東人詩話』	-	-	李元植콜렉션	-
1688.8.13.	『河州交野郡宇山村明細帳』	今井九右衛門	冊子	上山昭則家文書	『枚方市史』7, 92面
1690 (元祿 3)	『河州茨田郡中振村銘細帳』	中振村庄屋忠兵衛 외	冊子	畠山洋子家文書(枚方市)	『枚方市史』7, 103面
1691	『古每日記』		竪帳	宗家文書	『宗家記錄』, 88面 『史料展』, 68面
1695	『朝鮮方每日記』	-	竪帳	宗家文書	『宗家記錄』, 88面 『史料展』, 115面
1696	『朝鮮人八人松前江漂着之覺書』	-	竪帳	宗家文書	『宗家記錄』, 76面 『史料展』, 58面
1700~1702	『日乘』- 朝鮮方佐役 任命日記	雨森芳洲	竪帳	雨森芳洲文庫	『芳洲報告書』, 56面
1704 (寶永 1)	『寶永華洛細見圖』卷10	金屋平右衛門	竪帳	京都府立總合資料館	『研究』, 175面 『こころ』79, 219面
1718.5.	「天和二戊年朝鮮人來朝之節御役相勤申候覺」	江尻本鄉町丁頭彌次右衛門 외	一紙	舊佐藤氏所藏史料 (淸水市立圖書館)	『淸水市史資料』近世1, 190面
1663~1730	「西宮尼崎兵庫三カ蒲加子役定證文」	西宮組三茶屋蒲三郎兵衛 외	一紙	住田文庫(神戶大學附屬圖書館)	『兵庫縣史』史料近世4, 429面
1682~1763	「朝鮮通信使來朝之事」	-	-	玉祖神社 -「玉祖明神御緣記」	『防府市史』史料2, 533面
1856.4.22	「御公儀樣より拜借被爲仰付候覺-傳馬町文書」	問屋三郎右衛門	一紙	-	『彥根市史』中, 315面
-	「柳下集」	洪世泰(滄浪)	-	東洋文庫	『研究』, 223, 653面
1710.10.2.	「祇園南海宛新井白石書狀」	新井白石	繼紙	個人藏	『朝鮮通信使と紀州』, 37, 61面
1710.12.27.	「荻野角右衛門書狀」	荻野角右衛門 외	一紙	伊藤家文書 (伊藤根光)	『下關市史』資料4, 737面
1709.8~ 1710.12.	「裁判記錄」	-	-	宗家文書	『宗家記錄』, 90, 126面

				『史料展』, 52, 111面
1711 (寶永 7)	「朝鮮人來朝之覺」 - 本陣文書	-	-	-	『墨俣町史』, 247面
1712.3.29.	「書狀(池田家日記)」	松平伊豫守	-	-	『邑久郡』上, 589面
1712.3.	「朝鮮使節來朝通行 二付願書」	見付宿大助鄕 村 外	一紙	飯田貞李	『磐田市史』史料2, 421面
1712.3.	「朝鮮人御用御廻狀」	大久保大隅守 忠香 외	竪帳	小川近	『靜岡縣史』資料編 13, 329面
1712.3.	「兩東唱和錄」	-	竪帳	淸見寺(朝鮮通信使 關係資料)	『淸見寺』, 209面
1712.4.1.	「御請合申舟之事」	中村淸右衛門	一紙	棚橋家文書 (岐阜縣史歷史資料館)	『朝鮮(岐阜)』, 44, 88面
1711.4.	「公達」	-		「留帳	『邑久郡』上, 589面
1711.6.7.	「朝鮮使節通行二付 差出人馬之觸」(江 戶~淀)	豊後:河內 외	一紙	小川近	『靜岡縣史』資料編 13, 330面
1711.6.	「御舟橋御用綱藤追 割帳」	中泉御役所	竪帳	中村重博	『靜岡縣史』資料編 13, 332面
1711.6.	「御普請所覺書」(本 陣文書)	-	-	-	『墨俣町史』, 249面
1711.7.1.	「覺」	植木野右衛門	冊子	竹原市立竹原書院 圖書館	『廣島縣史』近世資 料3, 289面
1711.7.2.	「朝鮮使節來朝二付 呈書」 - 「駿城護衛系譜」	-	-	-	『靜岡市史』2, 124面
1711.7.2.	「佐渡川船橋御用繩 請取之事」	辻六左衛門手 代棚橋間野右 衛門 외	一紙	阿子田家文書	『朝鮮(岐阜)』, 44, 88面
1711.7.5.	「朝鮮使節來朝二付 達」 - 「駿城護衛系譜」	-	-	-	『靜岡市史』2, 125面
1711.7.16.	「朝鮮使節來朝二付 達」 - 「駿城護衛系譜」	-	-	-	『靜岡市史』2, 126面
1711.7.16.	「朝鮮使節來朝二付 來狀」 - 「駿城護衛系譜」	勘定奉行	-	-	『靜岡市史』2, 127面
1711.7.27.	「口上覺」 - 園城寺文書	三井寺惣代公 文所兵			『新修大津市史』8, 362面
1711.8.13.	「指上申一札之事」	河州交野郡招 提村庄屋半右 衛門	一紙	片岡家文書1, 枚方市	
1711.8.	「朝鮮信使御船綱引 御用書上願」	-	一紙	富田甚作家文書 (枚方市)	『枚方市史』8, 621面
1711.8.	「朝鮮信使御船綱引 人足之儀伺」	-	一紙	富田甚作家文書 (枚方市)	『枚方市史』8, 621面
1711.9.2.	「日記」	小倉善左衛門	冊子	中村家文書 (中村龍雄)	『廣島縣史』近世資 料五, 137面

					『廣島縣史』年表別,318面
1711.9.7.	「吉長公御代記」七	-	冊子	淺野家文書(淺野長愛)	『廣島縣史』年表別,318面
1711.9.2~9.12.	『牛窓詩藻』 - 和韓唱酬・筆語圖書目錄	小原大丈軒	-	-	『邑久郡』上，594面
1711.9.	『山城淀下津町記錄』	-	-	-	『京都の歷史』 16，679面
1711.9.	『朝鮮人來聘御料理獻立』 - 京都本圀寺 饗應獻立	-	横帳	天理圖書館	『江戶の人々』，18面
1710.10.12~1711.10.3	『朝鮮使節來朝ニ付檢分接待記錄』	-	-	西川貞次郎氏所藏記錄	『蒲生郡』8，176面
1711.10.4.	「朝鮮使節通行ニ付二十六ヶ村仲ヶ間極證文之事」	堀切村名主源左衛門 外	一紙	大城巨四郎	『靜岡縣史』資料編13，333面
1711.10.13.	「朝鮮使節來朝ニ付呈書」 - 「駿城護衛系譜」	-	-	-	『靜岡市史』2，127~128面
1711.11.1.	『朝鮮信使辭見儀注』	-	冊子	東京國立博物館	『朝鮮(下關)』，23面 『朝通使』，73面 『朝鮮(東京)』，57面 『こころ』，106面
1711.11.1.	『朝鮮信使進見儀注』	-	冊子	東京國立博物館	『朝鮮(下關)』，23面 『朝通使』，73面 『朝鮮(東京)』，57面 『こころ』，106面
1711.11.1.	『正德元年朝鮮信使賜饗儀注』	-	冊子	東京國立博物館	『朝鮮(下關)』，23面 『朝通使』，73面 『朝鮮(東京)』，57面 『こころ』，106面
1711.11.1.	『御當家末書』 卷之拾	進五左衛門綱房	冊子	小笠原文庫	『福岡縣史』近世資料，579面
1711.10.28~11.5.	『正德和韓集』	深見玄岱;新井白石	冊子	李元植	『研究』，266，654面
1711.11.10~18.	『國書改惣論』	雨森芳洲	堅帳	雨森芳洲文庫	『芳洲報告書』，66面 『芳洲と朝通使』，12面 『朝鮮(岐阜)』，32面 『こころ』，11/面
1711.11 19	「朝鮮人御歸國ニ付定助鄉勤方覺」	三輪村	一紙	鈴木計夫	『靜岡縣史』資料編13，334面
1711.11.	『入用帳』	-	冊子	勝俣嚴所藏文書所藏文書	『三島市誌』中，313面
1711.2.23~	『竹中家諸用留書』	-	-	文部省史料官	『關ヶ原町史』資料

12.2.				3，588面
1711.12.27.	『朝鮮信使歸國之節 於牛窓饗應次第』	-	-	『類纂』	『邑久郡』上，594面
1711	『韓客唱和集』	雨森芳洲 李東郭 嚴龍湖	竪帳	雨森芳洲文庫	『芳洲報告書』，83面 『芳洲と信使』，12面 『研究』，655面
1711	『卯之年朝鮮人上下 繼立人馬割』	-	橫帳	飯田貞李	『磐田市史』通史中，268面 『磐田市史』史料2，421面
1711	『朝鮮國奇寄百軒筆語』	北尾春圃	一冊	大垣市立圖書館	『朝鮮岐阜』，41，87面
1711	『觀樂筆語』 - 別名坐間筆語附江關筆談	-	冊子	韓中圖	『研究』，655面
1711	『坐間筆語』 - 附江關筆語	-	冊子	韓中圖	『研究』，654面
1711	『朝鮮使燕樂筆語』	-	冊子	韓中圖	『研究』，654面
1711	『兩東唱和後錄』	村上溪南 奇斗文 외	冊子	韓中圖	『研究』，88，654面
1711	『韓客贈答』	林鳳岡 외	冊子	國會圖	『研究』，656面
1711	『安藤東野遺橋』	安藤東野	冊子	坐野正己	『研究』，655面
1711	『東槎錄』	趙泰億	竪帳	奎章閣文庫	『大系』4，80面 『研究』，656面
1711	『韓使五山唱和集』	-	竪帳	雨森芳洲文庫	『芳洲報告書』，95面 『芳洲と朝通使』，12面 『研究』，656面
1711	『京都唱酬』	輿山 李東郭외	竪帳	雨森芳洲文庫	『芳洲報告書』，70面 『研究』，655面
1711	『縞紵風雅集』同附集	雨森芳洲	竪帳	雨森芳洲文庫	『宗家記錄』，112面 『芳洲報告書』，72面 『研究』，655面
1711	『朝鮮通信使一行文筆談集』	三宅滄溟 외	竪帳	雨森芳洲文庫	『芳洲報告書』，77面 『芳洲と信使』，12面 『研究』，655面
1711	『韓使唱和』	趙泰億	-	天理圖書館	『研究』，656面
1711	『韓使來朝記』	-	橫帳	天理圖書館	『江戸の人々』，20面
1711	『支機閒談』	三宅九十郎	-	天理圖書館	『研究』，654面
1711	『桑韓唱和集』	土肥源四郎	-	天理圖書館	『研究』，654面
1711	『朝鮮客館詩文橋』	室直淸(鳩巢)	-	天理圖書館	『研究』，654面
1711	『賓館橋紵集』	祇園余一	-	天理圖書館	『研究』，654面
1711	『問槎畸賞』	秋元以正編;吉田有隣 校訂	三冊 (木版 墨刷)	天理圖書館 외	『大系』4，39面 『東アジア』，54面 『朝鮮(下關)』，30面 『江戸の人々』，8面 『研究』，654面
1711	『江關筆談』	趙泰億	竪帳	天理圖書館	『江戸の人々』，30面

1711	『朝鮮國王之進上物』	-	竪帳	東京國立博物館	『こころ』, 169, 235面
1711	『韓客筆語』	-	冊子	東京大學史料編纂所	『研究』, 656面
1711	『辛卯唱酬詩』	岡竹林 李東郭	冊子	東都圖	『研究』, 655面
1711	『辛卯和韓唱酬』	-	冊子	東都圖	『研究』, 654面
1711	『朝鮮國聘使錄』	新井白石	冊子	東都圖	『研究』, 654面
1711	『韓客贈答別集』	-	冊子	內閣文庫	『研究』, 656面
1711	『尾陽倡和錄』	橫田宗益	冊子	名古屋市蓬左文庫	『研究』, 656面
1711	『朝鮮人來聘道法付覺』	-	冊子	井伊家文書	『彦根藩』3, 47面
1711	『朝鮮人來聘之節饗應舞樂記』	狛近家	冊子	井伊家文書	『彦根藩』3, 47面
1711	『藍島唱和筆語』	竹田定直	竪帳	竹田文庫 (福岡縣立圖書館)	『こころ』, 53面
1711	『藍嶋倭韓筆語唱和』	竹田春庵 外	冊子	竹田文庫	『研究』, 656面
1711	『朝鮮人來聘覺書』	-	竪帳	福山市民圖書館	『鞆の津』, 17面
1711	『福山藩覺書』	-	-	藤井正夫	『福山市史』近世, 666面
1711	『七家唱和集』	瀨尾維賢	竪帳	和歌山大學附屬圖書館	『朝鮮通信使と紀州』, 38, 62面
1711	稻生若水『庶物類纂』序	李礥	-	-	『研究』, 88面
1711	『辛卯朝鮮記』	林信充 桂山義樹	冊子		『研究』, 655面
1711	『福山語傳記』	-	-	-	『福山市史』近世, 665面
1711	『和韓唱和集』	深見玄岱 外	橫帳	李元植콜렉션	-
1711	『於赤間關信使其他御饗應獻立寫』	-	竪帳	岩國徵古館	『東アジア』, 48面 『朝鮮(下關)』, 13面
1711	「下 朝鮮人御行列幷ニ唐人つうじ書」 -「朝鮮人正德來朝關係刷物」	京屋淸兵衛 (版元)	一紙	江戶東京博物館	-
1711	「西國大名鑑御馳走の御舟印」	京屋淸兵衛	一紙	江戶東京博物館	-
1711	「上 朝鮮人御來朝道中御馳走附鑑」	京屋淸兵衛	一紙	江戶東京博物館	-
1711	「朝鮮人來聘御舟印」	京屋淸兵衛	一紙	江戶東京博物館	-
1711	『班荊集』(筆談唱和集)	木下寅亮	- (2권)	李元植	『研究』, 266, 654面
1711	朝鮮使節接待御役之定	-	-	-	『邑久郡』上, 590面
1711.4 (正德 1)	『二東唱酬集』	山內由己其	冊子	彰考館圖書館	『研究』, 655面
1711	「朝鮮人參向助鄕割	-	一紙	平松眞	『音羽町誌』, 727面

(寶永 8)	『付扣」				
1711	『朝鮮人來朝覺』	-	-	新村久明家文書	『新居町史』1, 448面
1704~1711 (寶永 연간)	『赤坂宿朝鮮人晝休旅館座割繪圖』	-	繪圖	平松眞	『音羽町志』, 725面
1712.봄	『白石詩草』	新井白石 深見玄岱編	堅帳	李元植	『東アジア』, 54, 74面 『研究』, 239面
1711.5.15~1712.3.9.	『東槎錄』	任守幹 李邦彦	卷子	天理圖書館	『大系』4, 108面 『江戶の人々』, 30面
1711.5.12~1712.3.25.	『東槎錄』	金顯門	堅帳	河合文庫(京都大學文學部圖書館)	『大系』4, 134面 『研究』, 645面
1712.3.	『國書復號紀事』	新井白石	堅帳	李元植콜렉션	
1712.3.	『日光山八景詩集』	矢田好古	堅帳	李元植콜렉션	『研究』, 287, 655面
1712.4.	『請取申舟頭御扶持方之事』	興津町名主 외	一紙	舊佐藤氏所藏史料(清水市立圖書館)	『清水市史資料』近世1, 187面
1712.5.	『雞林唱和集』 正編	瀨尾維賢	堅帳	天理圖書館 외	『大系』4, 38面 『朝鮮通信使(下關)』, 30面 『江戶の人々』, 7面 『清見寺紵合資料調査報告書』, 209面
1712.5.	『槎客通筒集』	別宗祖緣	-	天理圖書館	『研究』295, 654面
1711.7.~1712.5.	『信使一件幷集書』	雨森芳洲	堅帳	雨森芳洲文庫	『芳洲報告書』, 84面 『芳洲と朝通使』, 12面
1712.2.5.	『參州八名郡嵩山村御指出帳』 - 「御城主代御差出書上扣」	庄屋權右衛門 與八郎 외	堅帳	夏木憲二	『豊橋市史』史料6, 50面
1712.12.	『雞林唱和集』 續編	-	堅帳	天理圖書館	『大系』4, 38面 『江戶の人々』, 7面
1712.12.	「加宿人馬助役願書」	相州平塚町問屋惣兵衛 외	一紙	平塚鄕士文庫	『平塚市史』4, 52面
1712	『槎客通筒集』		堅帳	相國寺慈照院	『こころ』78, 128面
1712	『廣陸問槎錄』	山田敬適編 藤田覺校	堅帳	天理圖書館	『江戶の人々』, 8面 『研究』, 654面
1712	『海東詩文帖』	別宗祖緣 守玄堂 雨森芳洲 외	-	東洋文庫	『研究』, 292, 656面
1712	『踐好錄』	桂川元廉	堅帳	岩瀨文庫(西尾市立圖書館)	『朝鮮(岐阜)』54, 90面
1709~1712	『當職所御用狀之寫』10	宍道玄蕃 외	冊子	毛利家文庫	『下關市史』資料編3, 1023~1049面
1713	『桑韓醫談』	北尾春圃	堅帳	岐阜縣立圖書館	『朝鮮通信使(岐阜)』, 41面 『研究』, 654面
1709~1713	『正德信使記錄』	-	堅帳	宗家文書	『宗家記錄』, 124面 『史料展』, 109面
1714.11.18.	『覺』	南甚三郞 외	冊子	竹原書院圖書館	『竹原市史』4, 72面

1714.2.	「乍恐願書を以御訴訟申上げ候事」	瓜生野村名主幾四郎 外	一紙	大城巨四郎	『靜岡縣史』資料編13, 335面
1715	『隣好始末物語』-「始末物語ニ付雨森先生了簡書」	雨森芳洲	竪帳	雨森芳洲文庫	『芳洲報告書』, 52面
1716.1~12	『朝鮮方日帳』	-	竪帳	宗家文書	『朝通使』, 79面
1716	『古梅園墨譜』	松井元泰	竪帳	天理圖書館	『江戶の人々』, 24『研究』, 656面
1717	「鸚鵡籠中記」	朝日定右衛門(文左衛文)	-	德川林政史研究所	『朝鮮通信使と紀州』, 56面
1717	「鸚鵡籠中記(抄本)」	朝日定右衛門(文左衛門)	冊子(5책)	鶴舞韓中圖書館	『朝鮮通信使と紀州』, 56面
1684~1718	『大衍院公實錄』	-	竪帳	宗家文書	『史料展』, 81面『宗家記錄』, 104面
1712~1719	「韓使唱酬錄」	宇都官主齋	卷子	岩國徵古官	『朝鮮(下關)』, 31面
1711~1719	『附韓人文』廣陸問槎錄	申維翰;姜栢成夢良	竪帳	雨森芳洲文庫	『芳洲報告書』, 84面『研究』, 657面
1723	『朝鮮談話』	松原昌軒	竪帳	李元植콜렉션	-
1717.7.	「玄錦谷書狀」	玄德潤(錦谷)	繼紙	雨森芳洲文庫	『芳洲報告書』, 110面『芳洲と信使』, 12面
1711~1748	「御橋御掛直し御修覆御見分御用覺」	-	冊子		『豊橋市史』史料5, 153面
1711~1764	「朝鮮人來朝同歸國御用控」- 二神文書	-	-	-	『中島町誌』, 277面
1711~1765	「名賢往來」	-	-	大坂府立中之島圖書館	『研究』, 662面
1789	『坐間筆語』- 江關筆談	新井白石;趙泰億	冊子	李元植콜렉션	『研究』, 248, 655面
1789.2	『白石余稿』	新井白石著;新井明卿大亮輯	竪帳	李元植콜렉션	-
1792	『白石筆談二種』	新井白石;趙泰億	冊子	李元植	『研究』, 655面
1796.5.	『白石詩草』	新井白石著;深見玄岱編	冊子	李元植콜렉션	-
에도 시대중기	「雨森芳洲宛李東郭書狀」	李礥(製述官)雨森芳洲	竪紙	雨森雨森芳洲文庫	『芳洲報告書』, 102面『芳洲と信使』, 12面『研究』, 610面
	「雨森芳洲了簡書草案」	雨森芳洲	繼紙	雨森芳洲文庫	『芳洲報告書』, 105面『芳洲と信使』, 12面
1863.4.	『宿用手鑑』	問屋八郎兵衛	冊子	奥田光正家文書	『枚方市史』7, 656面
1873(明治 6)	『阿部家傳』	關藤藤陰大森操兵衛	冊子	福山備後護國神社	『廣島縣史』年表別1, 318, 328面
에도 초기~明治	「日記」	-	-	中村家文書 個人藏	『大系』6, 75面『鞆の津』25面

1718.5.	「朝鮮人來朝格式申上書」	庄屋彦左衛門 외	一紙	金岩綾	『岐阜縣史』史料近世7, 395面
1718.10.	「覺」 - 「御城主代御差出書上扣」	吉野安右衛門 외	冊子	夏目憲二	『豊橋市史』史料6, 103面
1719. 5.15~28	『大河内家譜』5	-	冊子	-	『豊橋市史』, 626面
1719.2.15.	「公達」	-	折紙	-	『邑久郡』上, 597面
1719.2.	「遠州見付助鄕役之百姓重役之御訴詔狀」	五十子村庄屋 외	一紙	磐田市大原區	『磐田市史』通史中, 269面 『磐田市史』史料2, 425面
1719.3.	「朝鮮人來朝ニ付御用廻狀控」	遠藤七左衛門手代佐藤段左衛門 외	橫帳	木內哲夫	『寒川町史』2, 300面
1719.4.8.	「覺」	植木野右衛門 외	冊子	竹原書院圖書館	『廣島縣史』近世資料3, 433面 『廣島縣史』年表別, 328面
1719.4.8.	「番船幷外聞船ニ付觸」	山中權左衛門 외	冊子	竹原書院圖書館	『廣島縣史』近世資料3, 433面 『廣島縣史』年表別, 328面
1719.4.	「差上申口上書之事」	玉川村名主仁左衛門 외	一紙	勝呂安	『靜岡縣史』資料編13, 338面
1719.4.	「朝鮮國王李焞國書寫」	李焞(肅宗)	竪紙	雨森芳洲文庫	『芳洲報告書』, 144面
1719.5.8.	「御廻狀寫」 - 東海道朝鮮人通り筋宿々	美濃路彦根共右問屋年寄	-	西川貞次郎氏所藏記錄	『蒲生郡』8, 190面
1719.5.	「覺」	谷津村名主源兵衛 외	一紙	小泉氏所藏史料	『淸水市史資料』近世3, 168面
1719.5.	「公儀被仰渡候御書付」	-	-	-	『守山市史』上, 470面
1719.7.	「朝鮮人來朝ニ付申渡書」 - 戶羽山文書	河原淸兵衛 외	-	-	『三島市誌』中, 314面
1719.7.	「朝鮮使節通行ニ付代官觸書」	可原淸兵衛 외	一紙	勝呂安	『靜岡縣史』資料編13, 339面
1719.8.2.	「上使御用割當金覺」	三浦十右衛門 외	竪紙	個人藏	『朝鮮(岐阜)』, 73, 95面
1719.8.6.	「岡崎迄鮎壽司取寄ニ付覺」	-	一紙	個人藏	『朝鮮(岐阜)』, 73, 93面
1719.8.9.	「覺」 - 「御城主代々御差出シ書上扣」	庄屋;組頭 吉野安右衛門	冊子	夏目憲二	『豊橋市史』史料6, 130面
1719.9.1.	「官船牛窓着岸」 - 「類纂」	-	-	-	『邑久郡』上, 607面

1719.9.13.	「今治拾遺」	-	-	-	『愛媛縣史』年表, 188面
1719. 4.2~9.27.	『扶桑錄』	金瀉	竪帳	韓中圖	『大系』5, 178面 『研究』 645面
1719.9 말일	「乍恐以書付奉願候御事」	吳服町五丁目兵右衛門 외	-	-	『靜岡市史』2, 132面
1719.9.	『新居宿寄船村々帳』	新居町	冊子	舊飯田家文書	『新居町史』資料3, 92面
1719.10.1.	『御當家末書卷之拾』	進五左衛門綱房	冊子	小笠原文庫	『福岡縣史』近世資料御當家末書上, 570面
1719. 10.5~10.	『朝鮮對話集』	-	-	內閣文庫	『研究』, 657面
1719.9.16~10.25	「蓬島遺珠」	朝比奈玄洲 木下蘭皐	冊子	韓中圖	『研究』, 656面
1719.10.	「萬留帳」 - 駿府의 享保期朝鮮信使에 대해	-	-	-	『靜岡市史』2, 129面
1719.2.	『星槎答響』	可竹和尙; 洪致中 雨森芳洲	冊子	李元植콜렉션	『研究』, 656面
1719.2.	『朝鮮人八幡町御通りの覺』	-	-	西川貞次郎文書	『蒲生郡』8, 183面 『守山市史』上, 470面
1719.8.28~12.9.	『日記』	-	冊子	中村家文書 (中村龍雄)	『福山市史』近世, 667面
1719.2.10~3.3.	『信使御下向御船中日記』 五番	-	冊子	宗家文庫	『津町』3, 329面
1719.12.	『朝鮮人歸帆客館記』	-	竪帳	岩國徵古館	『繪圖』, 169面 『朝鮮(下關)』14, 55面
1718~1719	『享保信使記錄』	-	竪帳	宗家文書	『大系』5, 72面 『宗家記錄』, 59, 124面 『史料展』, 70, 109面
1719	『朝鮮人來聘記』 5	-	竪帳	黑田家文書	『こころ』, 52, 214面
1719	『來朝歸帆朝鮮人御用留帳』 14	-	冊子	池田家文庫 (岡山大學屬圖書館) 외	『岡山縣史』24, 185面
1719	『來朝歸帆共朝鮮人御用留帳』 10~16	-	冊子	池田家文庫	『岡山縣史』24, 25, 120, 134, 151, 207面
1719	「星槎余響」	-	-	韓中圖	『研究』, 656面
1719	『桑韓唱和塤篪集及韓客筆語補逸』	瀨尾維賢	冊子	韓中圖	『研究』, 88, 656面
1719	『精氣神論』	北尾春圃著 申維翰序	竪帳	京都大學附屬圖書館	『朝鮮(岐阜)』, 40, 87面
1719	『扶桑紀行』	鄭后僑	-	河合文庫	『研究』, 654面
1719	『藍島唱和集』(筆談唱和集)	櫛田琴山 외	冊子	櫛田家	『研究』, 657面

1719	『家仁親王御日次記』	桂宮家仁親王	横帳	官内廳書陵部	『こころ』, 81, 219面
1719	『享保信使記錄』	-	竪帳	宗家文書(慶應義塾大學圖書館)	『大系』5, 60面
1719	『桑韓唱酬集』	松井可樂	冊子	國會圖	『研究』, 657面
1719	『長澤二子和韓唱酬』	松原基	-	島根縣立圖書館	『研究』, 657面
1719	『唐金氏宛申維翰詩文』	申維翰	竪帳	雨森芳洲文庫	『芳洲報告書』, 92面 『芳洲と信使』, 12面 『研究』, 610面
1719	『韓客唱酬錄』	伊藤梅宇	冊子	天理圖書館	『研究』, 657面
1719	『韓客唱和』	朝枝玖珂	冊子	天理圖書館	『研究』, 657面
1719	『己亥雞林新珠』	-	冊子	天理圖書館	『研究』, 657面
1719	『兩關唱和集』	-	冊子	天理圖書館	『研究』, 657面
1719	『航海獻酬錄』	水足安直;申維翰	冊子	東都圖	『研究』, 656面
1719	『和韓唱和』	-	冊子	東都圖	『研究』, 656面
1719	『朝鮮人對話集』	林信篤 申維翰	冊子	內閣文庫	『研究』, 657面
1719	『藍東鼓吹』	小野東谿	冊子	內閣文庫	『研究』, 88, 657面
1719	『朝鮮人來往記』	-	竪帳	名古屋市蓬左文庫	『朝鮮岐阜』, 53, 89面
1719	『朝鮮人往來漕舟引船水夫到着扣之帳寫』	揖東郡奧浜村外	一紙	苅屋村文書(兵庫縣史編纂室)	『津町』3, 329面
1719	『韓館唱和橋』	太宰春臺	冊子	無窮會神習文庫	『研究』, 65面
1719	『兩關唱和集』	小倉尚齋 外	竪帳	山口縣立山口圖書館	『朝鮮下關』, 31, 65面
1719	『御馳走御用留』	-	-	-	『津町』1, 518面
1719	『姬路藩朝鮮信使御馳走御用留』	-	冊子	榊原政春文書	『津町』3, 322面
1719	『客館璀粲集』	木下實聞	竪帳	李元植콜렉션	『研究』, 657面
1719	『東竹堂先生書』	張應斗 姜栢 跋	冊子	李元植콜렉션	『研究』, 657面
1719	『牛窓宿準備心得書』	-	-	-	『邑久郡』上, 604面
1719	『信使來朝ニ付御役定』	-	-	-	『邑久郡』上, 597面
1719	『朝鮮信使來朝ニ付御馳走留』	-	-	-	『岡崎市史』近世3, 627面
1719.4.2～1720.1.6.	『東槎錄』	洪致中(正使)	竪帳	河合文庫	『大系』5, 110面 『研究』, 645面
1718.1～1720.1.24.	『海游錄』	申維翰	竪帳	天理圖書館	『大系』5, 136面 『芳洲と信使』, 12面 『江戶の人々』, 31面
1720.2.6.	『覺』 -「御城主代御差出書上扣」	權衛門 外	冊子	-	『豊橋市史』史料6, 139面
1720.3.14.	『覺』	竹內淸左衛門	一紙	後藤勳	『大磯町史』2, 10面
1720	『朝鮮詞稽古札御免帳』	-	竪帳	宗家文書	『宗家記錄』, 127面 『史料展』, 116面
1720	『朝鮮向日帳』	-	竪帳	宗家文書	『宗家記錄』, 88面

				『史料展』, 68面
1720	『桑韓唱酬集』	河間正胤	冊子	韓中圖	『研究』, 656面
1720	『朝鮮風俗記』	雨森芳洲	竪帳	雨森芳洲文庫	『宗家記録』, 128面 『芳洲報告書』, 66面
1720	『朝鮮風俗考』	雨森芳洲	竪帳	雨森芳洲文庫	『使節團』, 78面 『宗家記録』, 113面 『芳洲と信使』, 8面 『芳洲報告書』, 97面 『鞆の津』, 24面 『朝鮮(下關)』, 27面 『こころ』, 115面
1720	『桑韓星槎余饗』	月心	冊子	江戸東京博物館	-
1720	『朝鮮人來朝ニ付市橋家役之蒲生高改帳』 -『蒲生舊趾考卷1』	-	-	-	『蒲生郡』8, 196面
1713~1720	『當職所御用狀之寫』6 - 조선사절 선박 관련	時田權大夫元遠	冊子	毛利家文庫	『下關市史』資料編3, 757面
1721.3.	「諸役免許書上」	大庄屋善六 外	-	日野村共有文書	『蒲生郡』8, 197面
1721.5.12	「請取申上納銀之事」	芳野屋惣左衛門 外	一紙	竹内家文書2, 枚方市	
1721.5.	『朝鮮人來朝ニ付京都御奉行樣御觸書之寫入用割賦帳寫』	-	竪帳	竹内家文書3.	
1721.7.5.	「奉請取銀子之事」	江州八幡町惣年寄竹内長右衛門 外	-	八幡町共有記録	『蒲生郡』8, 189面
1721.5~1722.7	『崔同知李判官譯官記録』	大浦與左衛門	竪帳	宗家文書	『宗家記録』, 125面 『史料展』, 64, 110面
1721	『雨森芳洲願書寫』	雨森芳洲著;陶山訥庵筆寫	竪帳	雨森芳洲文庫	『芳洲と信使』, 12面 『芳洲報告書』, 51面
1721	『和韓唱和集』	-	竪帳	天理圖書館	『江戸の人々』, 9面 『研究』, 84面
1721	『和韓唱和集』	鳥山輔門 申維翰	-	東都圖	『研究』, 656面
1722	『第一船二船三船送使記録』	久和重右衛門 外	竪帳	宗家文書	『宗家記録』, 72面 『史料展』, 62面
1724~1725	『御鷹被獻候付江戸,大坂, 朝鮮江之狀控』	-	竪帳	宗家文書	『宗家記録』, 127面 『史料展』, 114面
1726.4.	「口上之覺」	苅屋村大庄屋村尾孫左衛門 外	一紙	苅屋村文書 (兵庫縣史編纂室)	『津町』3, 331面
1726	『芳洲了簡書』	雨森芳洲	竪帳	宗家文書	『宗家記録』, 104面 『史料展』, 81面
1736.6.	『覺』 -「中原宿諸事明細覺書」	中原上下役人 外 平尾茂平太;長	横帳	平塚郷土文庫	『平塚市史』2, 244面

		田用八郎			
1716~1736	『覺書之事』	-	横帳	加藤家文書(尾西市歷史民俗資料館)	『朝鮮(岐阜)』, 49, 89面
1715.5~1744.5	『見聞覺知集』	-	冊子	小崎傳一家文書	『枚方市史』9, 475面
1748	『韓客治驗』	樋口淳曳	冊子	富士川文庫(京都大學附屬圖書館)	『研究』, 89, 659面
1748	『縞紵集』	桃生盛 朴敬行	冊子	東都圖	『研究』, 657面
1748	『龍門先生鴻臚傾蓋集』	官瀬維翰;朴敬行 外	-	東都圖	『研究』, 657面
1719~1764	『壹岐名勝圖誌』	-	-	-	『勝本町史』上, 176面
1789	『たはれくさ』	雨森芳洲 室鳩巢跋	堅帳	雨森芳洲文庫	『芳洲報告書』, 59面
1809	「日觀要考」	中島潤	-	韓中圖;東都圖	『研究』, 645, 659面
1812	『和韓人浸葭考』	加藤謙齋	冊子	李元植	『研究』, 88, 122, 657面
1747.11~	『朝鮮人一件御用留帳』	戶塚宿問屋藤左衛門 外	堅帳	平野雅道	『寒川町史』2, 301面
1746.12.	『享保四亥年朝鮮人來朝之節村役ニ差出候品々書付』	遠州豊田郡小川村名主又右衛門 外	堅帳	溝口幸保	『靜岡縣史』資料編13, 339面
1747.1.	『來辰年朝鮮人來朝ニ付扣帳』 - 舊飯田家文書	新居宿	冊子	-	『新居町史』資料3, 147面
1747.1~	『扣帳』 - 舊飯田家文書	新居宿	冊子	-	『新居町史』資料3, 131面
1747.1	『覺』 - 朝鮮人御用에 대한 届書	庵原郡江尻宿名主彦左衛門 外	一紙	舊佐藤氏所藏史料(清水市立圖書館)	『清水市史資料』近世1, 197面
1747.1.	『來辰年朝鮮人來朝ニ付御用控帳』	新居宿問屋九郎左衛門	冊子	-	『新居町史』8, 382面 『新居町史』1, 375~377面
1747.3.	『東海道遠州新居宿助郷石高幷村々道法附』	遠州新居宿問屋九郎左衛門 外	一紙	新居關所史料館	『新居町史』8, 424面
1747.4.15.	『從朝鮮國獻上之御鷹觸書』	守山宿問屋 外	-	-	『守山市史』上, 471面
1747.4.29.	『來辰年朝鮮人來朝ニ付參向歸國候道筋-享保四亥年之通り可相心得事』			上田久郷氏氷代記錄(上田久郷)	『蒲生郡』8, 201面
1747.5.	『朝鮮人來朝ニ付御用一色扣帳』(舊飯田家文書)	新居宿	冊子	-	『新居町史』資料3, 107面
1747.6.	『來辰年朝鮮人來朝ニ付被仰渡候御書付寫』	佐々新十郎 外	堅帳	木內哲夫	『寒川町史』2, 317面

1747.6~	『朝鮮人琉球人來朝二付村方御入留』	吉岡勘九郎 외	竪帳	皆川邦直	『寒川町史』2, 317面
1747.7.	『朝鮮人來朝諸書物留帳』	甲斐田村三右衛門	橫帳	竹内家文書3, 枚方市	-
1747.7.	『正德元卯年朝鮮人來聘御用人馬出方覺書』	問屋源八 외	冊子	江龍文書(米原町)	『米原町史』資料, 515面
1747.7.	『朝鮮信使來朝二付差出人馬之觸』(內田家文書)	-	-	-	『岡崎市史』近世3, 626面
1747.8.	『來辰年朝鮮人來朝二付枚方宿助鄉貳拾八ヶ村勤方申合之覺』	太間村他27村	繼紙	竹内家文書1, 枚方市	-
1747.9.	『朝鮮人新居宿寄船村々帳ひかえ』	新居町	橫帳	新居關所史料館	『新居町史』8, 455面
1747.9.	『朝鮮人來朝二付酒勾川船場御用』	谷ヶ村名主文八 외	一紙	武尾每木	『神奈川縣史』資料9, 208面
1747.4.15~ 10.4.	『延享朝鮮人來朝記 下』	記錄方	冊子	小笠原文庫	『北九州市史』近世, 768面
1747.11.	『朝鮮國王李昑國書寫』	李昑(英祖)	一紙	不破家文書 (岐阜縣歷史資料館)	『朝鮮(岐阜)』, 81, 95面
1747.2.	『朝鮮國王李昑國書寫』	李昑	竪紙	雨森芳洲文庫	『芳洲報告書』, 144面
1747.12.16.	『朝鮮人來朝二付紀州侯差出御馬宿依賴狀』	土肥次右衛門 외	-	伊藤孝太郎	『關ヶ原町史』資料3, 623面
1747.12.20.	『來辰年朝鮮人來朝二付村繼廻狀-舊飯田家文書』	新居宿定田九郎左エ門 외	一紙	-	『新居町史』資料3, 127面
1747.12.27.	『來辰年朝鮮人來朝二付綱引助人足依賴』	太間村外一五村 외	橫帳	竹内家文書2,枚方市	-
174712.27.	『延享五辰年朝鮮人來朝綱引本村十六ヶ村より左之通廻狀二付留書』	太間村外一五村	橫帳	竹内家文書2,枚方市	-
1747	『延享四丁卯年朝鮮人來朝留』	-	冊子	池田家文庫	『岡山縣史』6, 453, 463面
1747	『橘愿茶話』	雨森芳洲著 松浦桂川筆寫	竪帳	雨森芳洲文庫	『芳洲と信使』, 12面 『芳洲報告書』, 55面
1747	『日觀要攷』	-	冊子	江戶東京博物館	-
1747	『朝鮮人書物』	-	竪帳	片岡家文書2, 枚方市	-
1747	『朝鮮使節來朝二付願書』	新居宿助鄉十四ヶ村 외	-	湖西市表鷲津區有文書	『新居町史』1, 377面
1747	『來辰年朝鮮人來朝	-	-	-	『守山市史』上, 470面

	二付參向·歸國道筋 觸書」				
1748.1.20.	「朝鮮信使來聘京都 警固圖」	岡田五左衛門	繪圖	李元植콜렉션	-
1748.1.	『朝鮮人大行列記』	-	竪帳	李元植콜렉션	-
1748.1.	『舊記』2	礒彦八殿旅宿 孫次郎 外	冊子	疋田家文書 (疋田昌男)	『新居町史』8, 410面 『新居町史』1, 377面
1748.1.	『朝鮮人來朝明細留 書』		冊子		『盤田市史』通史中, 274面
1748.2.18.	「延享五辰年朝鮮人 來朝留」	岡山藩江戶留 守 居·國元家老	-	池田家文庫	『岡山縣史』6, 460面
1748.2.	「馬入川舟橋御普請 役羽根村分請負二 付證文之事」	馬入村請負人 傳 右衛門 外	一紙	國文學硏究資料館 史料館	『秦野市史』2, 521面
1748.2.	「請負申小田原宿御 傳馬役人馬之事」	小八幡村請負 人幸右衛門 外	一紙	國文學硏究資料館 史料館	『秦野市史』2, 520面
1748.2.	「接待人心得」	-	-	-	『邑久郡』上, 608面
1748.2.	「朝鮮信使來朝二付 差出人馬之觸」				『岡崎市史』近世3, 627面
1748.2.	「富士川船橋役御人 足割帳」	今成文內 外	-	中野文書	『富士市史』上, 841, 846面
1747.7.19~ 1748.3.1.	『宗家記錄』	-	冊子	慶応義塾大學圖書 館	『北九州市史』近世, 770面
1748.3.14.	「朝鮮人來朝之事」	-		浦上家文書(吉田町 立圖書館)	『愛媛縣史』資料近 世下, 704面
1748.3.3.	「朝鮮人來朝二付紀 州侯差出御馬宿依 賴狀」	喜田八右衛門 外	-	伊藤孝太郎	『關ヶ原町史』資料 3, 624面
1748.3.28.	「今須宿にて朝鮮人 御馳走御用二付多 羅尾書狀寫」	多羅尾四郎右 衛門 外	一紙	伊藤孝太郎	『關ヶ原町史』資料 3, 624面
1748.3.30.	「朝鮮人宿泊二付吉 田宿賄所魚代金請 取覺」	朝倉與右衛門 外	一紙	-	『御津町史(愛知)』 史料上, 270面
1748.4.4.	「乍恐書付を以御斷 奉申上候」	河州讚良 郡太秦村年寄 五兵衛 外	一紙	山口家文書3,枚方市	-
1748.4.10.	『吉長公御代記; 四十 四』	-	冊子	淺野家文書 (淺野長愛)	『廣島縣史』年表別, 347面
1748.4.13.	『朝鮮使節來朝二付 廻狀』 -「朝鮮人來朝明細留 書』	蓑笠之助 外	冊子		『磐田市史』通史中, 270面
1748.4.15.	『朝鮮人綱引人足割 帳』(本村九村·助村 十七村)	-	竪帳	片岡家文書2, 枚方市	-
1748.3.29~	『井上嘉善日誌』	井上嘉善	-		『邑久郡』上, 608面

	4.18.				
1748.4.27.	『班荊閒譚』韓人唱和産物筆語	直海龍	冊子	四方朝鮮文庫	『研究』, 476面
1748.4.	「相定申固證文之事」	瓜生野村名主丹四郎 외	一紙	小川近	『靜岡縣史』資料編13, 340面
1748.4.	「一札」	-	一紙	片岡家文書2,	-
1748.4.	『朝鮮人綱引人足割帳(招提村)』	-	横帳	片岡家文書2	-
1748.4.	「覺」(州淀宿~武州江戸迄)	佐々木新十郎外宿問屋年寄	一紙	-	『新居町史』8, 410面
1748.4.	『朝鮮人來朝ニ付諸事覺書』	-	横帳	中山道미니博物館	『朝鮮(岐阜)』, 73, 94面
1748.4.21~5.1.	「延享四年卯川御座小倉拔翠」- 朝鮮聘使用川御座船鞍馬記	御家老方	-	小笠原文庫	『北九州市史』近世, 771面
1748.5.1.	「朝鮮人來朝人馬御用ニ付六ヶ村定書之事」	北江間村 외	一紙	狩野安全	『靜岡縣史』資料編13, 341面
1748.5.6~5.12.	「朝鮮人御用諸品書上帳」	-	冊子		『磐田市史』通史中, 273面
1748.5.21.	「朝鮮人通り筋火之元之儀」(東海道品川~大坂까지美濃路廻り共宿々問屋年寄)	堀江荒四郎 외	-		『墨俣町史』253面
1748.5.26.	「口上」(廻狀)	枚方荷場問屋甚兵衛 외	一紙	三宅家文書1(三宅寬)	
1748.5.	「朝鮮人來朝之事」		-	「會所日記繰出」(小松藩關係史料)	『愛媛縣史』資料近世上, 544面
1748.6.1.	「朝鮮人御禮之繪圖」	-	繪圖	井伊家文書	『彦根藩』3, 140面
1748.6.14.	「朝鮮人來朝ニ付荷物日割」	-			『墨俣町史』, 254面
1748.6.21.	「朝鮮人歸國御用御觸狀留」	-	堅帳	澤井家文書	『朝鮮(岐阜)』, 76, 93面
1748.6.25.	「朝鮮人歸國之節今須宿火消御用留」	-	横帳	井伊家文書	『彦根藩』3, 47面 『朝鮮(岐阜)』, 80, 95面
1747.1~1748.6.	『辰年朝鮮人來朝歸國覺書』	-	横帳	加藤家文書	『朝鮮(岐阜)』, 76, 93面
1748.5~6.21	「朝鮮人來朝諸先觸御用留」	-	横帳	-	『朝鮮(岐阜)』, 76, 93面
1748.6.	「朝鮮人御用人馬組合平均覺」	-	冊子	竹内寬	『大磯町史』2, 10面
1748.4~6	「人馬割賦銀免除願」	牧方宿人馬大助鄕 외		竹内家文書,枚方市	『枚方市史』8, 621面

1748.6.	『對麗筆語』	前田道伯	竪帳	李元植콜렉션	『研究』, 658面
1748.6.	『朝鮮人歸國ニ付詰馬請負證文之事』	新居宿矢來詰請負人三平 외	一紙	-	『御津町史(愛知)』史料上, 269面
1748.6.	『朝鮮來聘記』	辻治兵衛	竪帳	個人藏	『大系』6, 46面
1748.7.8.	『朝鮮人來朝ニ付馬入船橋金割返し長(帳)』	(高座郡)栗原村名主彌市	横帳	大矢純一	『平塚市史』4, 159面『平塚市史』9, 454面
1748.2.12~7.12.	『奉使日本時聞見錄』	曹命采(蘭谷)	竪帳	奎章閣文庫	『大系』6, 120面『研究』, 645面
1748.7.16.	『延享朝鮮人來朝記』下	記錄方	冊子	小笠原文庫	『北九州市史』 近世, 770面
1747.2~1748.7.17.	『隨槎日錄』	洪景海	竪帳	奎章閣文庫	『大系』6, 164面『研究』, 645面
1748.7.16~24.	『大廳横目每日記』	-	竪帳	宗家文書	『宗家記錄』, 92面『史料展』, 56面
1748.2~7.28.	『御當家末書余篇』	進五左衛門綱房	冊子	小笠原文庫	『福岡縣史』近世資料御當家末書下, 556面
1748.7.	『朝鮮人來朝御用人馬覺帳』	-	-	和田七右衛門	『新修大垣市史』通史1, 663面
1748.8.27.	『綱引人足出入返答書』	河州交野郡茨田郡讚良郡17개 촌	繼紙	富田甚作家文書(枚方市)	『枚方市史』8, 625面
1748.8.말일	『朝鮮人來朝ニ付紀州侯差出御馬宿依賴狀』	土肥次右衛門伊藤五郎次	-	伊藤孝太郎	『關ヶ原町史』資料3, 624面
1748.9.2.	『朝鮮人ニ付九ヶ村十七ヶ村出入證據書之寫』	-	竪帳	片岡家文書2, 枚方市	-
1748.10.	『朝鮮入用割賦ニ付高附帳(甲斐田村·片鉾村)』	甲斐田村庄屋三右衛門 외	竪帳	竹内家文書3, 枚方市	-
1748.10.21.	『朝鮮人出入十七ヶ村諸入用割賦帳』	-	横帳	片岡家文書2,	-
1748. 겨울	『朝鮮聘使唱和集』	洪安和尚	竪帳	清見寺(朝鮮通信使關係資料)	『清見寺』, 279, 209面
1748.11.	『朝鮮人來聘菰端』	-	竪帳	片岡家文書2	
1746~1748	『延享信使記錄』	-	竪帳	宗家文書	『大系』6, 65面『宗家記錄』, 59面『史料展』, 75面
1748	「信使登城記」	-	竪帳	李元植콜렉션	-
1748	『朝鮮人關東御饗應聞書』	-	竪帳	李元植콜렉션	-
1748	『朝鮮人來聘一件之寫』	-	竪帳	李元植콜렉션	-
1748	『伊藤助太夫宛阿比留傳右衛門書狀』	阿比留傳右衛門	一紙	伊藤家	『東アジア』, 49, 72面

1748	『延享五年朝鮮使節通行ニ付見付宿御休御賄所江差出候品々覺』	-	-	磐田市大原區	『磐田市史』通史中, 274面
1748	『獻上御馬幷曲馬記錄』	樋口類右衞門	堅帳	宗家文書	『大系』6, 65面 『宗家記錄』, 55, 124面 『史料展』, 57, 114面
1748	『善隣風雅』	承堅;櫻井良翰 외	冊子	韓中圖	『研究』, 658面
1748	『和韓唱和錄』	上月鶴洲;朴炬軒; 李濟庵 외	冊子	韓中圖	『研究』, 658面
1748	『吹原勘兵衛先祖書幷年々書留置帳』	-	堅帳	吹原家文書 (岐阜縣歷史資料館)	『朝鮮(岐阜)』, 72, 94面
1748	『韓館筆語』	名越南溪	冊子	京都大學附屬圖書館	『研究』, 659面
1748	『朝鮮人來朝物語』	-	堅帳	京都大學附屬圖書館	『こころ』, 80, 219面
1748	『韓客筆譚』(仙槎筆談)	橘元勳 朴敬行	冊子	富士川文庫(京都大學附屬圖書館)	『研究』, 89, 659面
1748	『牛窓錄』	井上蘭臺	冊子	國會圖	『研究』, 659面
1748	『賓館唱酬』	今井兼規	冊子	國會圖	『研究』, 659面
1748	『戊辰槎錄』	井上蘭臺	冊子	國會圖	『研究』, 659面
1748	『寬延信使一件』	-	堅帳	個人藏	『朝鮮通信使と紀州』, 40, 59面
1748	『朝鮮人來朝之記』-「都田村年代手鑑」	-	橫帳	坂本柳次	『濱松市史』史料2, 219面
1748	『辰年之留書拔』	-	堅帳	澤井家文書	『朝鮮(岐阜)』, 72面
1748	『雨森芳洲詩草』	雨森芳洲	堅帳	雨森芳洲文庫	『芳洲報告書』, 62面 『宗家記錄』, 128面
1748	『韓館唱和』	朴敬行(炬軒)	冊子	天理圖書館	『研究』, 659面
1748	『韓館贈答』	金天壽 외	堅帳	天理圖書館	『江戶の人々』, 11面 『研究』, 658面
1748	「唱和詩稿」	李鳳煥	-	天理圖書館	『研究』, 659面
1748	『朝鮮來朝記』	-	橫帳	天理圖書館	『大系』6, 74面 『江戶の人々』, 21面
1748	『萍交唱和錄』	伊藤霞臺	冊子	天理圖書館	『研究』, 660面
1748	『朝鮮人行列次第	-	橫帳	櫻井義之文庫	『こころ』, 25, 208面
1748	『朝鮮聘使來朝覺書』	-	繼紙	東京國立博物館	『朝鮮(下關)』, 12面 『朝鮮(東京)』, 54面
1748	『延享五戊辰年朝鮮人來朝宦宦名字』	-	冊子	江戶東京博物館	-
1748	『朝鮮通信使獻上總日錄(延享期)』	-	橫帳	江戶東京博物館	
1748	『延享戊辰韓客對話贈答』	多湖松江	冊子	東都圖	『研究』, 660面
1748	『韓客對話贈答』		冊子	東都圖	『研究』, 658面
1748	『韓館唱龢編』; 守山問槎錄 一卷; 琴臺	-		東都圖	『研究』, 658面

	問槎錄一卷				
1748	『槎余題簽』延享槎余	淵好凱	冊子	東都圖	『研究』, 658面
1748	『桑韓鏘鏗錄』(附醫談)	度會南溟 朴敬行	-	東都圖	『研究』89, 658面
1748	『日觀要考』	-	冊子	東都圖	『研究』, 658面
1748	「和韓文會」	留守友信著	-	東都圖	『研究』, 658面
1748	『朝鮮人御用留帳』	-	橫帳	德川林政史研究所	『岡崎市史』近世3, 626面
1748	『延享韓使唱和』	林榴岡	冊子	內閣文庫	『研究』, 659面
1748	『獻紵藁』	澁井太室	冊子	內閣文庫	『研究』, 660面
1748	『桑韓醫問答』	河村春恒 趙崇壽	冊子	內閣文庫	『研究』, 659面
1748	『朝鮮筆語』	野呂實夫 朴敬行	冊子	內閣文庫	『研究』, 659面
1748	『戊辰筆語唱酬』(朝鮮筆談)	河村春恒 趙崇壽	冊子	內閣文庫	『研究』, 659面
1748	『來庭集』	篠山觀海 金啓升	-	內閣文庫	『研究』, 659面
1748	『兩東筆語』	丹羽正伯	冊子	內閣文庫	『研究』, 659面
1748	『延享信使記錄』	海陸朝鮮人宿付 十五奉行方	冊子	宗家文庫	『津町』3, 332面
1748	『濃州關原宿人馬員數觸』	-	竪帳	中山道ミニ博物館	『朝鮮(岐阜)』, 81, 95面
1748	「韓人唱和詩」	松平君山 李濟庵	-	名古屋市蓬左文庫	『研究』, 659面
1748	『星軺余轟』	木下蘭皐	冊子	名古屋市蓬左文庫	『研究』, 660面
1748	『桑韓萍梗錄』	名越南溪	冊子	名古屋市蓬左文庫	『研究』, 659面
1748	『鳴海驛唱和』	橫井時敏	冊子	名古屋市蓬左文庫	『研究』, 660面
1748	『蓬左賓館唱和』	近藤秀雄	冊子	名古屋市蓬左文庫	『研究』, 660面
1748	『蓬左賓館集』	千村伯濟	冊子	名古屋市蓬左文庫	『研究』, 660面
1748	「朝鮮通信使登城之節着座圖幷井伊備中 守着座先例書」	-	一紙	井伊家文書	『彦根藩』3, 140面
1748	『朝鮮人來朝歸國鞍置馬幷鞍具皆御出し 御大名樣方覺』	-	竪帳	加藤家文書	『朝鮮(岐阜)』, 79, 94面
1748	「朝鮮人來府ニ付願書」	-	一紙	平松眞	『音羽町誌』725面
1748	『延享朝鮮人來朝記』下	記錄方	冊子	小笠原文庫	『北九州市史』近世, 772面
1748	『朝鮮人大行列記』	-	橫帳	福山市鞆の浦歷史民俗資料館	『大系』6, 74面 『鞆の津』25面
1748	「白鹿先生韓人應對話」	桃白鹿	-	桃裕行	『研究』658面
1748	「長門戊辰問槎」	山根華陽 山縣周南序	-	山口縣立山口圖書館	『朝鮮(下關)』31, 65面

1748	「長門戊辰問槎」	草場中山 朴敬行 외	-	상동	『研究』658面
1748	『和韓筆談薰風編』	山宮維深(雪櫻)	冊子	李元植	『研究』124, 658面
1748	「朝鮮信使來朝ニ付 差出人馬之觸」	-	-	-	『岡崎市史』近世3, 627面
1748	『備後史談; 十之十』	-	-	-	『福山市史』近世, 668面
1748	「不鳴條」	-	-	-	『愛媛縣史』年表, 201面
1748	『桑韓書簡』		堅帳	李元植콜렉션	-
1748	『兒島記錄』	-	-	-	『滋賀縣八幡町史』 中, 657面
1748	『御乘馬一式 御請負 仕樣帳』		冊子	小笠原文庫	『北九州市史』近世, 773面
1748	「朝鮮人來朝淀より 新居迄御供之節道 中八泊九晝御賄諸 色仕樣之覺」	-	-	小笠原文庫	『北九州市史』近世, 773面
1748	「申渡書」	筧博五郎 외	-	-	『三島市誌』中, 311面
1748	『海行摠載』	洪啓禧	堅帳	韓中圖	『研究』, 641面
1748~	『朝鮮人來朝之留』		冊子	江戶東京博物館	
1749.9.	「去辰年朝鮮人來朝 歸國之人馬割諸入 用 其外賄方入用共 先格之通」	勘定所	一紙	岡田家文書	-
1749.10.	『辰年朝鮮人來朝之 節人馬諸入用帳』	座郡田端村名 主治郎太夫 외	橫帳	木內哲夫	『寒川町史』2, 329面
1750. 2.14~17.	「請取申上納銀之事」	平野屋又右衛 門 외	一紙	竹內家文書2	-
1750.2.	『朝鮮人御用高掛銀 納帳』	-	堅帳	竹內家文書3	-
1750.11.21.	『朝鮮人參向歸國ニ 付入用金』 -「鎌掛村共有萬年 帳」	-	-	-	『蒲生郡』8, 203面
1750	『朝鮮物語』	沖慶子	堅帳	雨森芳洲文庫	『朝鮮通信使』, 111面 『芳洲報告書』, 57面
1750	『桑韓畵會』(家彪集)	小森信友	冊子	岩瀨文庫 (西尾市立圖書館)	『研究』316, 658面
1751.4.	『學山錄卷四』(朝鮮 書厄)	藤原明遠	-	李元植	『研究』658面
1751.8.	「延享年中朝鮮人來 朝之節新居船路御馬 船乘場築出し 御仕 樣帳扣寫」	-	冊子	舊飯田家文書	『新居町史』資料3, 197面
1753.5.8.	『雨森芳洲跋書控』	雨森芳洲	堅帳	雨森芳洲文庫	『芳洲報告書』68面
1753	『朝鮮通交始之書:	雨森芳洲	堅帳	雨森芳洲文庫	『芳洲報告書』52面

	信使停止覺書: 御通交之次第幷總論』				
1754	『朝鮮詞稽古御免帳』	朝鮮方	竪帳	宗家文書	『宗家記錄』105面 『史料展』82面
1756	『東風流』	春來	竪帳	天理圖書館	『江戶の人々』25面 『硏究』74面
1759	『自娛文草』	方竟白翁 (田中千梅)	竪帳	天理圖書館	『江戶の人々』25面
1764	『槎客萍水集』	市浦直春(南竹)	冊子	東都圖	『硏究』660面
1764	『胆大小心錄』	上田秋成	-		『硏究』74面
1772~1781 (安永 연간)	『備陽六郡志』	宮原直𢌞	-	九州大學九州文化史硏究所	『福山市史』近世, 668面
1748~1811	『信使獻立帳』	-	竪帳	宗家文書	『宗家記錄』46面 『史料展』74面
1668~1822.12.	『傳馬』	-	冊子	越谷市市史編纂室	『越谷市史』4, 400面
1824.7.24.	『朝鮮人來聘記』	-	竪帳	李元植 콜렉션	-
1825.8.	『年代記』	桑野孫四郎	冊子	桑野文書(桑野岳寺)	『福岡縣史』近世史料 年代記1, 713, 725面
1851 (복사 연도)	『朝鮮人來朝御作法』(寬延元年通信使記錄)	-	冊子	江戶東京博物館	-
1760.5~1761.7.	『大慶參判使記錄』	-	竪帳	宗家文書	『宗家記錄』, 72面 『史料展』, 63面
1762.3.	『大河內家譜』六	-	冊子	-	『豊橋市史』6, 654面
1762.4.	『來未年朝鮮人來朝二付諸事控帳』	新居宿	冊子	舊飯田家文書	『新居町史』資料3, 232面 『新居町史』1, 446面
1762.3~6.	『一之和尙代朝鮮人宿御免若江公御取斗一件』	妙應寺一之和尙	-	妙應禪寺古記錄 (妙應寺)	『關原町史』資料3, 626面 『關原町史』通史別, 75面
1762.7.16.	『朝鮮人來朝二付吉田宿旅籠屋修覆之廻狀』	內田忠野右衛門 外	一紙 (1枚)	『新居町方記錄』 新居町	『新居町史』5, 589面
1762.7.18.	『朝鮮人來朝二付新居宿旅籠屋修覆之廻狀』	福中喜惣太 外	一紙	『新居町方記錄』 新居町	『新居町史』5, 590面
1762.7.	『御尋二付申上候書付 豆州三島宿問屋』	政右衛門 外	-	-	『三島市誌』中, 308面
1762.7.	『未年朝鮮人來朝二付御公義幷名古屋江 御願書御窺書留帳』	-	竪帳	加藤家文書	『朝鮮(岐阜)』77, 94面
1762.8.3.	『未年朝鮮人來朝銘細留書』	-	竪帳	磐田市人原區	『磐田市史』通史中, 272面
1762.8.5.	『一札事』	上大原村庄屋	一紙	磐田市大原區	『磐田市史』史料2,

					427面
		孫右衛門 외			
1762.8.25.	『來未年朝鮮人之節諸色入札仕樣帳』	-	横帳	加藤家文書	『朝鮮(岐阜)』77, 93面
1762	「朝鮮人來朝關係歎願書扣 敷知郡八」	村惣代太田村庄屋六太夫 외	-		『湖西市史』資料1, 223面
1762.12.	「佐渡川船橋御用繩割當覺」	千種清右衛門伊奈若狹守役人中	一紙	阿子田家文書	『朝鮮(岐阜)』44, 88面
1763.1.	『朝鮮人來朝歸國万覺書』	川田久米右衛門福泰	横帳	川田金右衛門	『靜岡縣史』資料編13, 342面
1763.1.	「乍恐書を以奉申上候」	茨田郡中振村伊加賀村枚方村庄屋年寄 외	一紙	山口家文書3, 枚方市	-
1763.1.	「御用船請負一札之事」	西指村請負人	-	棚橋家文書,	『朝鮮(岐阜)』44, 88面
1763.2.21.	『長府藩府沙汰書』		冊子	中丸家文書	『下關市史』資料5, 144面
1763.2.	『宗對馬守樣下宿膳椀食次湯次皿通ひ盆調書上ヶ控帳』	-	冊子	尾西市歷史民俗資料館	『朝鮮(岐阜)』80, 95面
1763.3.	『大船用文』	北尾雪抗齋畵	竪帳	天理圖書館	『朝鮮(下關)』11面 『江戶の人々』22面
1763.3.	「墨俣川船橋御用繩二付覺」	-	竪紙	赤座家文書(岐阜縣歷史資料館)	『朝鮮(岐阜)』45, 88面
1763.3	『朝鮮人來朝二付墨俣川船橋御用繩村々割賦帳』	-	竪帳	澤井家文書(澤井家)	
1763.4.23.	『御觸狀留』	郡奉行所	冊子	「荷之上村觸留」	『新編一宮市史』資料7, 215面
1763.7.	「朝鮮人來朝二付御用」	庄屋五郎右衛門 외	-	西川嘉右衛門氏所藏文書	『蒲生郡』8, 206面
1763.9.1.	「宇高市左衛門朝鮮人御用出府二付拾兩貸蒲團張木線御渡之事」-「會所日記繰出」				『愛媛縣史』資料近世上, 499面
1763.10.	『書院屋称掃其外所所御作事』	-	-	澤井家文書(澤井家)	『朝鮮(岐阜)』, 76面
1763.10~11.10.	『御觸狀留』-「荷之上村觸留」	野呂瀬半兵衛 외	冊子	服部尚彦	『新編一宮市史』資料7, 216面
1763.11.13.	『朝鮮信使來朝歸帆官錄』	-	冊子	兵庫津岡方惣會所	『藤本町史』上, 179面
1763.12.	「覺」	大藤權兵衛 외	一紙	龍野文庫(龍野市立歷史文化資料館)	『兵庫縣史』史料近世4, 138面
1763	『朝鮮人來朝覺』	-	-	岩國徵古館	『上關町史』294面
1763	『朝鮮人行列次第』	菊屋七郎兵衛(版元)	冊子	江戶東京博物館	-
1763	『朝鮮人三使登城行	辻村五兵衛	冊子	江戶東京博物館	-

	列』				
1763	『朝鮮人來朝物語』	菊屋七郎兵衛(版元)	冊子	江戶東京博物館	-
1763	『當未年朝鮮人來朝ニ付富士川船橋御用幷郡役一件留帳』	山崎幸左衛門	冊子	江戶東京博物館	-
1763	『寶曆十三未年朝鮮人來朝ニ付人馬割手帳』	吉村喜惣治	冊子	江戶東京博物館	-
1763	『宗對馬守殿御登城行列: 國々御大名方御馳走: 附曲馬團』	-	堅帳	中山道미니博物館	『朝鮮(岐阜)』53面
1763	「朝鮮信使通行ニ付覺」	-	-	熊野神社文書	『岡崎市史』近世3, 628面
1763	「信使來朝日記」	小泉玄碩	-	小泉家文書	『上關町史』293面
1753~1763	『通詞御宛行幷被仰付候年月』	-	堅帳	宗家文書	『宗家記錄』127 『史料展』116面
1764.1.9~10.	『恭昭公濟美錄』七	-	冊子	淺野家文書(淺野長愛)	『廣島縣史』年表別, 356面
1763.11.10~1764.1.25.	『信使立御參向御船中每日記』	奧御書札方	冊子	宗家文庫	『津町』3, 341面
1764.1.27.	「通信使大坂出發ニ付掃除觸」	-	繼紙	個人藏	『朝鮮(岐阜)』79, 94面
1764.1.	『朝鮮人大磯旅館宿割出役』	山內伴七	冊子	神奈川縣立公文書館	『大磯町史』2, 15面
1764.1.	『朝鮮人御用中日記』	內山伴七	冊子	神奈川縣立公文書館	『大磯町史』2, 23面
1764.1.	『公達』 -「留帳」				『邑久郡』上, 614面
1764.1.	『朝鮮人旅館人數割: 御賄方旅館え掛り人數割』	-	堅帳	山口家文書	『朝鮮(岐阜)』, 72面
1764.1.	『御泊帳』	-	堅帳	澤井家文書(墨俣宿本陣宿帳)	『朝鮮(岐阜)』, 76面
1764.1.	「信使座目」	東海波臣	堅帳	李元植컬렉션	
1764.2.4.	「万覺書」 -區有文書	-	-	-	『岡崎市史』近世3, 627面
1764.2.4.	『長府藩府沙汰書』	-	冊子	中丸家文書	『下關市史』資料5, 145面
1764.2.23.	「朝鮮人御禮」(御饗應席圖)	大田三郎兵衛外	繪圖	井伊家文書	『彦根藩』3, 140面
1764.2.23.	「朝鮮通信使御禮之式書」	-	折本	井伊家文書	『彦根藩』3, 140面
1764.2.	「三使進物目錄」	金相翊 外	堅紙	阿部家	『鞆の津』, 19面
1764.2.	「朝鮮人登城之節大廣間之圖(朝鮮人曲馬之節上覽所道筋:	-	繪圖	井伊家文書	『彦根藩』3, 140面

	吹上見物所之圖)」			
1764.2.	『朝鮮人來聘二付直勤之式書』	-	冊子	井伊家文書	『彦根藩』3，140面
1764.2.	『宗對馬守樣御晝休御宿割帳』	-	橫帳	加藤家文書	『朝鮮岐阜』，80，95面
1764.2.	「朝鮮人來朝二付御公儀へ上納仕候金高」	-	-	西櫻谷村中在寺共有文書	『蒲生郡』8，209面
1764.3.6.	「通信使歸國船橋準備二付書狀」	小川和大夫墨俣宿庄屋中	繼紙	澤井家文書	『朝鮮岐阜』，45，88面
1764.3.8.	「來未秋朝鮮人來朝二付八幡表御出張御馳走御役」	水野藤左衞門外	-	日野町共有文書	『蒲生郡』8，204面
1763.10.24~1764.3.9.	「朝鮮人來朝二付覺」	土岐市右衞 外	-	-	『墨俣町史』255面
1764.3.17.	『長府藩府沙汰書』	-	冊子	中丸家文書	『下關市史』資料5，146面
1764.3.23.	「通信使歸國二付掃除觸」	四宮甚平 外	繼紙	個人藏	『朝鮮岐阜』，79，94面
1764.2.5~3.27.	『大河內家譜』六	-	冊子	-	『豊橋市史』2，339面『豊橋市史』6，655面
1764. 봄	『來觀小華使臣詩集』	-	冊子	朝鮮通信使關係資料 淸見寺	『淸見寺』282面
1763.9.7~1764.4.14	「朝鮮人來朝二付御用向諸事控帳」	林與惣兵衞	冊子	-	『小田原市史』史料近世2，720面
1764.4.	「禮曹宛阿部正右書狀-別幅」	阿部正右	堅紙	阿部家	『鞆の津』，19面
1764.5.2	「朝鮮人參向二付宿割費用」	土屋庄左衞門外	-	老蘇村石寺觀音寺正文書	『蒲生郡』8，210面
1764.5.7.	『信使立御下向御船中每日記』	-	冊子	宗家文庫	『津町』3，344面
1763.12.1~1764.5.1.	『朝鮮人御用覺日記』	-	冊子	-	『新修神戸市史』歷史3近世，410面
1763.12.1~1764.5.14.	『朝鮮信使來朝歸帆官錄』	-	冊子	兵庫津岡方惣會所	『新修神戸市史』歷史3近世，410面
1764.5.	「朝鮮人來朝二付御役人樣方御泊休宿抱書上帳」	-	堅帳	尾西市歷史民俗資料館	『朝鮮岐阜』，80，95面
1761~1764.6.15.	『信使下行方每日記』	津江左近右衞門 平田準之介	冊子	宗家文庫	『津町』3，347面
1764.7.4.	「朝鮮人御用懸御足輕以下被下物之事」-「會所日記繰出」	-	-	-	『愛媛縣史』資料近世上，499面
1764.7.18.	「毛利雅樂元明外三名連署奉書」	三澤四郎左衞門 田代大學 外	折紙	伊藤家文書(赤間關本陣)伊藤根光	『下關市史』資料4，751面

1764.7.	『奉願候書付之覺』	組頭 외	一紙	『新居町方記錄』新居町	『新居町史』5, 617面
1764.8.2.	『長府藩重臣連署奉書』	三澤四郎左衞門 田代大學 외	冊子	中丸家文書	『下關市史』資料5, 146面
1764.8.	『韓客人相筆語』	新山退甫	冊子	東京韓國硏究院	『硏究』, 367, 662面
1764.10.	『覺』	河州交野郡野村庄屋古兵衞 외	一紙	小原家文書2, 枚方市	-
1764.11.	『朝鮮人來朝歸國諸役出物相勤候覺』	-	一紙	磐田市大原區	『磐田市史』史料2, 429面
1764.11.	『國役銀納方觸書』	出雲,能登 河州交野郡村々庄屋年寄百姓代	一紙	小原榮一郎家文書, 枚方市	『枚方市史』8, 277面
1764.11	『當申年朝鮮人來朝歸國之諸入用其外賄方入用共先格之通』		一紙	小原家文書2, 枚方市	-
1764.11.	『覺』	甲斐田村庄屋甚 (以下缺)	一紙	竹內家文書2, 枚方市	-
1764.11.	『覺』	敷知郡新所西方村庄屋庄兵衞 외	-	-	『湖西市史』資料3, 79面
1764.12.11.	『朝鮮人來朝幷歸國之節人馬高割諸入用』	-	-	日野町共有文書	『蒲生郡』8, 207面
1764.12.21.	『朝鮮人來朝歸國共入用銀懸り帳』	-	-	奧野伊平氏文書	『蒲生郡』8, 211面
1764.12.28.	『朝鮮人來朝諸役難儀申立書』	河州交野郡讚良郡茨田郡入組拾七村	一紙	小原榮一郎家文書, 枚方市	『枚方市史』8, 626面
1764.12.18.	『朝鮮人雪除人足賃; 琉球人歸國大垣詰人足賃割帳』	-	橫帳	山口家文書	『朝鮮(岐阜)』77, 94面
1764.12.	『朝鮮人來朝賄諸入用銀の請取り書』	-	一紙	柏原區有文書 高月町(滋賀縣)	『芳洲と信使』10面
1763~1764	『寶曆信使記錄』	-	堅帳	宗家文書	『大系』7, 54面 『宗家記錄』60面 『史料展』75面
1764	『鶴翠公濟美錄』	冊子		淺野家文書 (淺野長愛)	『廣島縣史』近世1, 195面
1764	『吉長公御代記』	冊子		淺野家文書 (淺野長愛)	『廣島縣史』近世1, 195面
1764	『關在番宛長府藩老臣連署奉書』	-	一紙	伊藤家	『東アジア』, 48, 72面
1764	『寶曆來朝之記』	-	堅帳	宇都宮家	『東アジア』, 52, 73面
1764	『雞壇嚶鳴』	北山彰(橘庵)	堅帳	大阪府立中之島圖書館	『大系』7, 84面 『硏究』, 360, 607面
1764	『事蹟緖鑑』	-		淺野家文書,學習院大學	『廣島縣史』近世1, 195面
1764	『日觀記』	南玉	冊子	국사편찬위원회	『硏究』, 645面

214

1764	『癸未使行日記』	吳大齡	冊子	韓中圖	『研究』, 645面
1764	『癸未隨槎錄』	-	冊子	韓中圖	『研究』, 645面
1764	「國役金ニ付觸」	-	繼紙	阿子田家文書	『朝鮮(岐阜)』80, 95面
1764	「問朝鮮國秋月南書記」	瀧長愷南玉	-	宮內廳書陵部	『研究』, 662面
1764	「韓客一行座目」	-	一紙	興正寺(名古屋市)	『繪圖』, 92面 『こころ』90, 221面
1764	『槎錄』	閔惠洙	冊子	六堂文庫(高麗大學校)	『研究』, 646面
1764	『乘槎錄』	元重擧(玄川)	竪帳	六堂文庫(高麗大學校)	『大系』7, 200面 『研究』, 646面
1764	『日本錄』	成大中(龍淵)	竪帳	高麗大學校圖書館	『大系』7, 166面 『研究』, 645面
1764	「仙槎漫浪集」	成大中(龍淵)	-	高麗大學校圖書館	『大系』7, 122面
1764	『河梁雅契』	磯谷滄洲	竪帳	國會圖	『大系』7, 71面 『研究』, 663面
1764	「寶曆物語」	-	-	國會圖	『研究』, 90面
1764	「申ノ年朝鮮人來朝書記」	-	一紙	西光寺	『磐田市史』史料2, 429面
1764	『朝鮮人來朝之記』	-	横帳	坂本柳次·都田村年代手鑑	『浜松市史』通史2, 177面
1764	『萍遇錄』	顯常·南玉외	卷子	淸見寺(조선통신사관계자료)	『淸見寺』, 282, 206面 『研究』, 342面
1764	『朝鮮人御馳走入用積作事方萬仕樣帳』	-	竪帳	宗安寺(彦根市)	『大系』7, 69面
1764	『長府藩朝鮮信使饗應日記』	-	竪帳	毛利元海(長府毛利家)	『東アジア』, 52, 73面
1764	『朝鮮使記』	-	竪帳	天理圖書館	『朝鮮(下關)』, 24面 『江戶の人々』, 12面
1764	『兩好余話』	南玉·奧田元繼외	竪帳	天理圖書館	『江戶の人々』, 12面
1764	「來朝御大名方樣御馳走御固場所附」	-	一紙	櫻井義之文庫	『こころ』, 26面
1764	「朝鮮使聘物目錄」	-	竪紙	東京國立博物館	『朝鮮(下關)』23, 61面 『朝鮮通信使と紀州』, 26面 『朝鮮(東京)』, 16面
1764	『朝鮮使來聘一件』(明和元年通信使記錄)	-	冊子	江戶東京博物館	-
1764	『朝鮮人御入用帳』	-	冊子	江戶東京博物館	-
1764	『桑韓筆語』(附倭韓醫談)	山田宗俊李佐國金龍澤	冊子	東都圖	『研究』, 662面
1764	『東渡筆談』	釋內靜	冊子	東都圖	『研究』, 660面
1763.8.3~1764.7.8.	『海槎日記』	趙曮	-	『海行摠載』(東洋文庫)	『大系』7, 124面 『研究』, 645面
1764	『韓人唱和』	松平君山	冊子	名古屋市蓬左文庫	『研究』, 664面

1764	『朝鮮國信使饗應記』	-	冊子	山口縣文書館(豊浦藩舊記第89冊)	『下關市史』資料編 1, 1247面
1764	『講余獨覽』	南宮岳·南玉	冊子	李元植	『研究』, 662面
1764	『龍拈寺留記』	-	-	-	『豊橋市史』2, 339面
1764	『朝鮮人來朝ニ付相願候而八人馬割牛高還り被成下候覺』	-	-	江頭文書	『守山市史』上, 472面
1764	『信使歸帆日記』	小泉玄碩	-	小泉家文書	『上關町史』, 293面
1764	『日韓提要』	松平定信	冊子	『通航一覽』30	『研究』, 339面
1764	『京都本圀寺御饗應』	-	冊子	李元植콜렉션	
1764	『松穆館爐余稿』	李彦瑱	冊子	大阪府立中之島圖書館	『研究』, 646面
1764	『朝鮮使節南秋月等對北山橘庵筆語』 - 鶏壇嚶鳴	北山彰(橘庵) 南玉(秋月)	冊子	大阪府立中之島圖書館	『研究』, 662面
1764	『朝鮮聘使館浪華記』	沙門義端	-	大阪府立中之島圖書館	『研究』, 360, 662面
1764	『小雲棲稿』	-		「大典撰卷」12 (大阪府立中之島圖書館)	『研究』, 662面
1764	『和國志』	元重擧	冊子	お茶ノ水國書館	『研究』, 646面
1764	『萍遇錄』	龜井魯 瀧彌八 井潛	冊子	韓中圖	『研究』, 662面
1764	『和韓雙鳴集』	犬江玄圃	冊子	九州大學附屬圖書館	『研究』, 664面
1764	『稿紵集』	菅時憲	冊子	九州大學文學部	『研究』, 664面
1764	『賓館唱和集』	平俊卿軒	冊子	京都大學附屬圖書館	『研究』, 663面
1764	『藍島唱和集』	櫛田菊潭	冊子	櫛田正己	『研究』, 664面
1764	『客館唱和』	久保虫齋	冊子	國會圖	『研究』, 663面
1764	『傾蓋唱和錄』	辺瑛	冊子	國會圖	『研究』, 663面
1764	『三世唱和』	松平君山 松平霍山 외	冊子	國會圖	『研究』, 663面
1764	『東遊篇』	那波魯堂	冊子	國會圖	『研究』, 340, 663面
1764	『表海英華』	岡田新川	冊子	國會圖	『研究』, 663面
1764	『英軒野稿』	宮下英軒(肅)	-	東都圖	『研究』, 662面
1764	『殊服同調集』	林文翼	冊子	東都圖	『研究』, 660面
1764	『問佩集』	大江資衡	冊子	東都圖	『研究』, 660面
1764	『栗齋探勝草』(附韓客唱和)	内山栗齋	冊子	東都圖	『研究』, 662面
1764	『兩好余話』	奧田元繼	冊子	東都圖	『研究』, 660面
1764	『東槎余談』	劉維翰	-	狩野文庫(東北大學附屬圖書館)	『研究』, 663面
1764	『歌芝照乘』	澁井太室 四明井潛	冊子	內閣文庫	『研究』, 663面
1764	『韓館唱和』	林信言	冊子	內閣文庫	『研究』, 663面
1764	『韓館唱和』續集	林信有 외	冊子	內閣文庫	『研究』, 663面

1764	『韓館唱和』別集	瀧井平 今井兼規 洪聖輔	冊子	內閣文庫	『研究』, 663面
1764	「品川一燈」	太室·蓬萊·崑山·中井積善跋.	-	內閣文庫	『研究』, 663面
1764	『松庵筆語』	今井敏卿(松庵)	冊子	內閣文庫	『研究』, 663面
1764	『兩東鬪語』	松本興辰	冊子	內閣文庫	『研究』, 664面
1764	『和韓醫談』	田村西湖	冊子	內閣文庫	『研究』, 664面
1764	『和韓醫話』	山口忠居·李佐國	冊子	內閣文庫	『研究』, 89, 664面
1764	『觀風互詠』	山口西周	冊子 (2책)	中野三敏	『研究』, 663面
1764	『牛渚唱和集』	井上四明	冊子	中野三敏	『研究』, 663面
1764	『傾蓋集』	澤田東江·南玉 · 成大中 外	冊子	中野三(敏)	『研究』, 379, 660面
1764	『鴻臚館和韓詩文稿』	加藤侯記室 藤資哲	冊子	中野三敏	『研究』, 662面
1764	「鴻臚摭華」	源文虎	-	西尾市立圖書館	『研究』, 663面
1764	「韓館應酬錄」	金子誼·熊阪臺洲	-	福島縣立圖書館	『研究』, 663面
1764	「甲申朝鮮諸人筆語; 朝鮮使筆談集」	元重擧	-	安井澄彦	『研究』, 662面
1764	『甲申韓客贈答-寶曆 期通信使의 筆談唱 和集』	土田貞仍	冊子	祐德神社	『研究』, 663面
1764	「韓人筆談」	那波魯堂	-	-	『研究』, 338面
1764	「蘭齋先生遺稿初編 附錄」	伊藤蘭齋	-		『研究』, 346面
1764	「泱泱余響」 -「龜井南溟昭陽全 集」 1	龜井南溟·南玉 · 成大中	-		『研究』, 662面
1764	『問槎余響』 - 1월 25일 大坂客館 의 筆談唱和集	石川貞·谷顯中 外	冊子 (2책)	韓中圖	『研究』, 660面
1765.1.	「兵庫津井筒屋又兵 衛本陣取止ニ付浜 本陣十軒連名願書」	繪屋右近右衛 門 外	一紙	安田正造	『兵庫縣史』史料近 世4, 284面
1765.7.20.	『御觸狀留』	郡奉行所 佐屋宿問屋	冊子	服部尙彦(「荷之上村 觸留」)	『新編一宮市史』資 料7, 220面
1765.7.	『覺』	村田久四郎 外	-	西櫻谷村野出共有 文書	『蒲生郡』8, 209面
1765.10.3.	「毛利雅粟元明·毛利 伊織元美連署奉書」	毛利元美(伊織) 外	折紙	伊藤家文書(赤間 關本陣)	『下關市史』資料4, 752面
1765.12.	「朝鮮人來朝今須宿 諸入用請取覺」	-	切紙	坂口家文書	『朝鮮(岐阜)』, 80, 95面
1765	『長門癸甲問槎』	瀧鶴臺·山根南 溟 外	竪帳	山口縣立山口圖書 館 : 尼崎市敎育委	『東アジア』, 54面 『朝鮮(下關)』, 31面

				員會	『研究』, 660面
1766.2.18.	「役割番付; 世話料理鱠庖丁」	-	一紙	阪急學園池田文庫	『善隣友好の使節團』, 100面
1766.3.	「請取申上納金銀事」	京鳥本三郎九郎 外	-	桐原村東共有文書	『蒲生郡』8, 208面
1767.	『寢惚先生文集』	太田南畝	竪帳	-	『研究』, 73面
1770.12.	『朝鮮人來朝歸國御入用國役金之事』	江見新助	冊子	越谷市市史編さん室	『越谷市史』續사료1, 379面 『新編埼玉縣史』通史4, 564面
1769~1770	『一代官每日記』	七五三武左衛門	竪帳	宗家文書	『宗家記錄』, 92面 『史料展』, 66面
1771	『桑韓筆語』	山田宗俊·李佐國·金龍澤	冊子	東都圖; 國會圖	『研究』, 122, 662面
1772.10.	「浦大庄屋勤方心得之事」	-	-	-	『福岡縣史』2下, 646面
1705.1~1775.5.	『朝鮮御代官記錄』	小田平左衛門	竪帳(3책)	宗家文書	『宗家記錄』, 92, 12面 『史料展』, 66面
1773~1775	『一代官每日記』	有田杢右衛門	竪帳	宗家文書	『宗家記錄』, 90, 126面 『史料展』, 64面
1784	『桑韓筆語』	山田宗俊·李佐國 外	竪帳	個人藏	『韓國古書畫圖錄』, 291面
1786	『朝鮮人難波之夢』	-	竪帳	大阪府立中之島圖書館	『善隣友好の使節團』, 100, 118面
1789.7.17.	「役割番付; 漢人韓文手管始」	-	一紙	阪急學園池田文庫	『善隣友好の使節團』, 100, 118面
1791.1.	『朝鮮人來朝立水夫賃錢爲手當軒別壹文切錢帳』	箱崎浦庄屋儀右衛門 外	橫帳	-	『福岡縣史』近世資料福岡藩浦方1, 449面
1763~1811	『日記』	-	冊子	中村家文書(中村龍雄)	『福山市史』近世1, 669面
1814	「蓬高詩集」	西川國華	-	-	『研究』, 663面
1857	『尾張名家誌』	細野要齋	竪帳	關西大學圖書館	『朝鮮通信使と紀州』, 23, 56面
1802~1804	『信使御用江戶往復書狀控』	-	竪帳	宗家文書	『史料展』, 109面
1806~1807	『文化信使記錄』	-	竪帳	宗家文書	『宗家記錄』, 124面
1808.5.	『朝鮮信使來朝國役金納方』 -「御觸書幷諸事控帳」	備後;信濃田口村庄屋 外	冊子	奧野周一家文書	『枚方市史』9, 161面
1808.6.	『高附帳』	河州交野郡招提村庄屋半右衛門 外	竪帳	片岡家文書1, 枚方市	
1808.6.	『朝鮮人來朝二付書上ヶ帳寫』	-	竪帳	保井文庫(天理圖書館)	『江戶の人々』, 13面
1808	「朝鮮使節來朝二付公儀觸書」	月番庄頭喜三郎	一紙	「新居町方記錄」新居町	『新居町史』6, 298面

1808.8.8.	『朝鮮人對州來(聘)村高仕譯書上帳』	河州茨田郡枚方宿内岡村 外	堅帳	中島義彦家文書(中島正雄)	
1808.9.	『朝鮮人來聘國役懸高二付達』	-	冊子	奧野周一家文書	『枚方市史』9, 162面
1808.9.	『朝鮮人對州迄來朝二付國役金御免除御願一件留メ』	檢役村庄屋五郎右衛門	堅帳	棚橋家文書	『朝鮮(岐阜)』, 81, 95面
1808.10.	「國役金請取通」	上有知陣屋長瀨村	折紙	武井家文書(岐阜縣歷史資料館)	『朝鮮(岐阜)』, 81, 95面
1809.10.	『朝鮮人來朝國役金納方』-「御觸書幷諸事控帳」	役所	冊子	奧野周一家文書,, 枚方市	『枚方市史』9, 184面
1809	『諸留書』	洲河次郎兵衛	冊子	-	『上對馬町誌』, 204面
1810.10.	「國役金請取覺」	荒井傳右衛門 外	切紙	個人藏	『朝鮮(岐阜)』, 81, 9面
1810.11.29.	『朝鮮人來聘七五三饗應獻立雛形』	-	堅帳	李元植 콜렉션	
1810	『朝鮮人御用信樂長野村燒物雛形控』	石野伊兵衛	橫帳	個人藏	『大系』8, 51面 『朝鮮(岐阜)』71面 『朝鮮通信使(下關)』, 23面 『こころ』, 133面
1810	『宮內村舊記帳』	-	冊子	-	『廣島縣史』年表別一, 394面
1811.5.	『朝鮮人詩賦』	龍泉·猪飼 外	冊子	名古屋市蓬左文庫	『研究』, 664面
1811.2.19～6.15.	『對州御在館中日記』	-	冊子	小笠原文庫	『北九州市史』近世, 777面
1811.2.19～6.15.	『對州御滯留日記』	-	冊子	小笠原文庫	『北九州市史』近世, 777面
1811.5.1～7.4.	『津島日記』	草場佩川	堅帳	多久市鄕土資料館	『大系』8, 38面 『研究』, 665面 『こころ』, 27面
1810.12.12～1811.7.11.	『東槎錄』	柳相弼	堅帳	高麗大學校亞細亞問題研究所	『大系』8, 180面 『研究』, 646面
1809.8.27～1811.8.5.	『辛未通信日錄』	金履喬(竹里)	堅帳	金同圭	『大系』8, 110面 『研究』, 646面
1811.12.19.	「細川織部義弘外三名連署奉書」	田 左京村野正左衛門	折紙	伊藤家文書(赤間席本陣)	『下關市史』資料4, 774面
1811	「御下向上下付」	-	一紙	伊藤家	『東アジア』, 49, 72面
1811	「關在番宛長府藩老臣連署奉書」	-	一紙	伊藤家	『東アジア』, 48, 72面
1811	「韓員官職姓名號年庚」	菅某	冊子	江戶東京博物館	-

1811	『朝鮮國書翰日本國返翰』	菅某	冊子	江戶東京博物館	-
1811	「對州客館筆語」	古賀精里草場佩川	-	東都圖	『研究』, 664面
1811	『對州御滯留日記』	-	竪帳	福岡縣立豊津高等學校錦陵同窓會	『こころ』, 47, 21面
1811	『島遊錄』	金善臣(淸山)	冊子	韓中圖	『研究』, 646, 664面
1811	『和韓唱酬集』	古賀精里·金履喬	冊子	韓中圖	『研究』, 664面
1811	『詩帖享余二欟』	岡本花亭	冊子	國會圖	『研究』, 665面
1811	『馬島唱和』	玄宜·泊翁	冊子	國會圖	『研究』, 665面
1811	『唱酬筆語竝詩稿』	千葉平格·太華·東岡	冊子	小城文庫(佐賀大學附屬圖書館)	『研究』, 665面
1811	「接鮮紀事」	松崎慊堂	-	東都圖	『研究』, 664面
1811	『對禮余藻: 客館筆語: 附謹呈精里經案』	草場佩川	冊子	東都圖	『研究』, 434, 664面
1811	『對馬客館唱酬; 附三劉先生詩文抄』	古賀精里	冊子	東都圖	『研究』, 664面
1811	『和韓唱酬錄』	猪飼正穀	冊子	名古屋市蓬左文庫	『研究』, 665面
1811	「接鮮瘖語; 接鮮紀事」	松崎慊堂	-	李元植	『研究』, 664面
1811	「韓客唱酬集」	樋口淄川	-		『研究』, 435面
	「享余一欟」	岡本花亭	-		『研究』, 441面
1811	『對遊日記』	樋口淄川	-		『研究』, 434面
1811~1812	『館守日記』	田中所左衛門	竪帳	國會圖	『大系』81, 67面
1812. 가을	『雞林情盟』	川越有邦編	竪帳	天理圖書館	『大系』8, 81面 『江戶の人々』, 13面 『研究』, 424面
1813.11.19.	「朝鮮人來聘國役金當酉分御達」	-	-		『春日部市史』3, 82面
1816	「置米御請印幷來聘國役金·會所入用等書留」				『春日部市史』3, 97面
1816	「去亥來聘國役金幷會所入用取立書留」				『春日部市史』3, 93面
1794~1817	『舊記』 四	-	冊子	越谷市市史編さん室	『越谷市史』4, 568面
1867	『覃孿齋詩稿』	金正喜撰	冊子	李元植	『研究』, 665面
1836~1840	『館守日記』	吉川右近	竪帳	國會圖	『宗家記錄』, 89面
1650.2.	『仙巢稿』	景轍玄蘇著規伯玄方編	竪帳	國立公文書館	『大系』1, 69面
1658	『洛陽名所集』 四卷	山本泰順	冊子	京都大學圖書館	『新修京都叢書』11卷 『史料京都の歷史』10, 442面
1601~1698.3.	『善隣通書關係記錄』	阿比留總兵衛恒久	竪帳	宗家文書	『宗家記錄』, 64面 『史料展』, 64面

年代	書名	著者	形態	所藏	出典
1716	「御商賣御利潤幷御銀鐵物渡幷御代物朝鮮より出高積立之覺書」	-	竪帳	宗家文書	『宗家記錄』, 126面 『史料展』, 113面
1712~1722	『第一船二船三船記錄』	小野惣右衛門 外	竪帳	宗家文書	『宗家記錄』, 72, 125面 『史料展』, 62面
1715~1727	『分類紀事大綱』	越常右衛門編纂	竪帳	宗家文書	『宗家記錄』, 87, 126面 『史料展』, 115面
1728.12.20.	『交隣提醒』	雨森芳洲	竪帳	雨森芳洲文庫	『善隣友好の使節團』, 78面 『宗家記錄』, 109面 『芳洲と信使』, 3面 『芳洲報告書』, 58面 『朝鮮(下關)』, 27面 『USHMADO』, 21面 『こころ』, 115面
1728	『交隣提醒』	雨森芳洲	竪帳	宗家文書	『宗家記錄』, 105面 『史料展』, 83面
1730.8.14.	「誠信堂記」	雨森芳洲	續紙	雨森芳洲文庫	『宗家記錄』, 113面 『芳洲報告書』, 103面 『芳洲と信使』, 12面
1729.6~1730.9.	『裁判記錄拔書』	雨森芳洲	竪帳	雨森芳洲文庫	『宗家記錄』, 111面 『芳洲報告書』, 59面
1824	「十方庵遊賢雜記」	林國雄	冊子	慶應義塾大學	『東京都民俗藝能誌』, 288面
1731.8.	『隣好始末物語』	表御書札方	竪帳	宗家文書	『宗家記錄』, 106面 『史料展』, 83面
1731.8.	『隣交始末物語』 句解	雨森芳洲	竪帳	宗家文書: 雨森雨森芳洲文庫	『宗家記錄』, 106面 『史料展』, 83面 『善隣友好の使節團』, 79面
1731	『隣好始末物語仮名附之本ニ相添書付之寫』	雨森芳洲	竪帳	宗家文書	『宗家記錄』, 106面 『史料展』, 83面
1735.10.	『治要管見』	雨森芳洲	竪帳	雨森雨森芳洲文庫	『宗家記錄』, 108面 『芳洲と信使』, 12面 『芳洲報告書』, 51面 『朝鮮(岐阜)』, 33面 『こころ』, 118面
1734~1735	『裁判記錄』	瀧井與左偉門	竪帳	國會圖	『宗家記錄』, 90面
1/43	『柳營祕鑑』- 脱漏殘集第一~十二	菊池彌門	竪帳	李元植콜렉션	-
1607~1748	「岩本村舊記」	-	-		『富士市史』上, 839面
1772~	「備陽六郡志」	宮原直倁	-	九州大學九州文化	『福山市史』 近世一,

1781				史研究所	667面
1789	『草茅危言』	中井竹山	竪帳	大阪府立中之島圖書館	『善隣友好の使節團』, 99面
1789	『張州雜志』卷21, 22	內藤正參	竪帳	名古屋市蓬左文庫	『大系』5, 34面 『朝鮮(岐阜)』, 63面 『こころ』, 126面
1772~1790	『以酊庵勤記』	-	竪帳	宗家文書	『宗家記錄』, 69面 『史料展』, 67面
1800~1802	『古館守日記』	戶田賴母	竪帳	宗家文書	『宗家記錄』, 126面
에도 시대 중기	『雨森芳洲詩稿』	雨森芳洲	竪帳	雨森芳洲文庫	『芳洲報告書』, 71面
에도 시대 중기	『交隣大昕錄』	規伯玄方 外	竪帳	雨森芳洲文庫	『宗家記錄』, 112面 『芳洲報告書』, 58面 『芳洲と朝通使』, 12面
에도 시대 중기	『松浦龍岡條開』	松浦龍岡	竪帳	雨森芳洲文庫	『芳洲報告書』, 89面
1675. 봄~ 1808.3.29.	『藤蔓延年譜』	-		太田溪二	『愛媛縣史』資料近世下, 700面
1818	『外蕃通書』	近藤守重	竪帳	李元植콜렉션	-
1821	『舊家錄』(寫); 役筋	-	冊子	竹原市立竹原書院圖書館	『竹原市史』3, 162面
1819~1823	『雞林拾葉』	塙保己一	竪帳	李元植 콜렉션	-
1635.2 ~1829.4.	『輪番和尙記』	-	竪帳	宗家文書	『宗家記錄』, 69面 『大系』2, 43面 『史料展』, 67面
1838	『東部歲事記』夏三	齊藤月岑	竪帳	東京國立博物館	『こころ』, 130, 228面
1842.10.	『御坊御由緖書』	本願寺御門跡御坊輪番玄山寺	-	恭敬寺保管記錄	『滋賀縣八幡町史』中, 501面
1853	『通航一覽』卷62, 63	林復齋 外	竪帳	東京大學史料編纂所	『朝鮮通信使と紀州』, 40, 63面
에도 시대 후기	『宗家御勤向大槪』	堀工仁左衛門	竪帳	雨森芳洲文庫	『芳洲報告書』, 74面
에도 시대 후기	「朝鮮信使宛松浦彈正書狀扣」	松浦彈正	繼紙	雨森芳洲文庫	『芳洲報告書』, 112面
연도 미상. 4.7.	「朝鮮人來朝ニ付御公儀江懸り銀ニ付被願出候歸り狀(廻狀)」	村野村外	一紙	小原家文書3, 枚方市	-
-	「乍恐以書付御願奉申上候(後缺)」	大久保大藏小輔殿領分交野郡拾六ヶ村之内拾四ヶ村	一紙	竹内家文書2, 枚方市	-
-	『金銀兩座』 - 附朱座朝鮮人來聘信使姓名	-	竪帳	李元植콜렉션	
-	『朝鮮人來朝和韓拾遺』	-	竪帳	李元植콜렉션	

-	『對馬島藩朝鮮問答集』	-	竪帳	李元植콜렉션	-
-	『朝鮮信使來朝記』	-	竪帳	岩國徵古館	『繪圖』, 169面
-	『以酊庵要目』	-	竪帳	宗家文書	『宗家記錄』, 69面 『史料展』, 67面
-	『條書』	-	竪帳	宗家文書	『宗家記錄』, 88面 『史料展』, 69面
-	『信使就來聘蒲刈江差出諸役人附』	-	横帳	宗家文書	『宗家記錄』, 46面 『史料展』, 74面
-	『朝鮮國信使來朝之節松浦肥前守領分於壹岐國勝本御馳走役人附』	-	横帳	宗家文書	『宗家記錄』, 46面 『史料展』, 74面
-	『通信使饗應食單表』	-	卷子	宗家文書	『宗家記錄』, 45面 『史料展』, 72面
-	『大垣各町修理代覺』	-	横帳	井深家文書 (岐阜縣歷史資料館)	『朝鮮(岐阜)』, 77面
-	『朝鮮信使登城之節饗應獻立』	-	竪帳	宮內廳書陵部	『こころ』, 134, 229面
-	『對韓使船要說』	-	竪帳	以酊庵文書(建仁寺兩足院)	『大系』2, 64面
-	「墨俣川船橋ニ付覺」	-	繼紙	澤井家文書	『朝鮮(岐阜)』, 49面
-	『朝鮮通信使壇浦懷古詩』	香川玄靖筆寫	一紙	下關市立長府圖書館	『東アジア』, 49, 72面
-	「朝鮮人來朝に關わる書約赦免の件」	-	一紙	森本區有文書(滋賀縣高月町)	『芳洲と朝通使』, 10面
-	『雨森芳洲了簡書草案寫』	雨森芳洲	竪帳	雨森芳洲文庫	『芳洲報告書』, 54面
-	『芸窓詩稿』	-	竪帳	雨森芳洲文庫	『芳洲報告書』, 70面
-	『議聘策拾遺附備虞策往復』	雨森芳洲	竪帳	雨森芳洲文庫	『宗家記錄』, 112面 『芳洲報告書』, 58面
-	『朝鮮文人詩集』	雨森何有筆寫	竪帳	雨森芳洲文庫	『芳洲と朝通使』, 71面
-	『日韓往復書式』	雨森芳洲	竪帳	雨森芳洲文庫	『芳洲報告書』, 100面
-	「朝鮮之信使對州迄來聘ニ付(高役金國役金上納之儀御勘弁之願書控)」	兼松藏之丞	一紙	大傳馬町名主馬込家文書(江戶東京博物館)	-
-	「乍恐以書附奉申上御口上覺」	-	一紙	浜家文書 浜家	『枚方市史』3, 573面
-	「覺」	-	一紙	浜家文書 浜家	『枚方市史』3, 573面
-	「願書」	-	一紙	浜家文書 浜家	『枚方市史』3, 573面
-	「串餠獻上請取書」	-	一紙	浜家文書 浜家	『枚方市史』3, 573面
-	「く□だし書, 寬政九年改之覺」	-	一紙	濱家文書 浜家	『枚方市史』3, 573面
-	「柱本茶船之記錄」	-	-	浜家文書 浜家	『枚方市史』3, 551, 573面

-	「柱本村茶船一件覺」	-	一紙	浜家文書 浜家	『枚方市史』3, 573面
-	「柱本村煮賣茶船往古より之一件」	-	一紙	浜家文書 浜家	『枚方市史』3, 573面
-	「由緒書之覺」	-	一紙	浜家文書 浜家	『枚方市史』3, 573面
-	「朝鮮人來朝ニ付各地案內役等明細」	-		富田甚作家文書, 枚方市	-
-	「韓使贈答」	石川麟洲	-	-	『北九州市史』近世, 775面
-	『下間小進役所記錄』		冊子	-	『岡山縣史』6, 458面
-	「對州從駕記」	-	-	-	『北九州市史』近世, 778面
-	「日光への朝鮮通信使參詣」	-	-	-	『小山市史』通史2, 274面
-	「本福寺記錄」	-	-	-	『滋賀縣八幡町史』下, 617面
-	『羅山林先生詩集』卷47~49(外國贈答)	林羅山	堅帳	-	『硏究』, 649面
-	『羅山林先生文集』卷64(聖賢像軸)	林羅山	堅帳	-	『硏究』, 132面
-	「宿內掃除之觸」	-	-	工藤文書	『掛川市史』中, 603面
-	『御當家御代々』 -「先年被仰出御定法」	-	橫帳	-	『岡山縣史』21, 866面
-	「御窺書」	-	-	內池文書	『滋賀縣八幡町史』下, 617面
-	「眞念寺慶応記」	-	-	南津田共有記錄	『滋賀縣八幡町史』下, 617面
-	「朝鮮人來朝人馬溜失來場所地代金につき請取覺」	江尻本鄕町丁頭彌次右衛門 외	一紙		『淸水市史資料』近世1, 319面

인명 찾아보기

주제어 찾아보기

228

230

지은이 소개

박화진 朴花珍
· 부산대학교 인문대학 사학과 졸업
· 일본 도쿄대학교 대학원 일본사학과 석사·박사과정 수료(문학박사)
· 현재 부경대학교 인문사회대학 사학과 교수
· 주요 저서 및 논문:
『韓·日兩國における近世村落の比較史的硏究』, 『부산의 역사와 문화』, 『일본문화 속으로』(공저), 『근대부산해관과 초빙 서양인 해관원에 관한 연구』(공저), 『조선전기 해양개척과 대마도』(공저), 「日本近世地方書の成立ちについて」, 「조선후기 토지소유이동의 일경향」, 「근세촌락 비교연구: 18세기 농업기술을 중심으로」, 「일본근세 농민운동에 관한 고찰」, 「일본근세 오사카만 연안어촌에 대한 고찰」, 「일본근세 어촌의 타국출어에 대한 고찰」, 「일본근세 어촌사회의 성립과 변모」, 「일본 그리스찬시대 규슈지역에 대한 고찰」, 「조선통신사의 에도입성 과정」

김병두 金炳斗
· 부산대학교 인문대학 일어일문학과 졸업
· 일본 호세이대학교 대학원 석사과정 수료
· 일본 다이토분카대학교 대학원 박사과정 수료(문학박사)
· 현재 부산대학교 일본연구소 객원연구원
· 전 열린사이버대학 실용어문학부 교수
· 주요 저서 및 논문:
『풍속화 속의 에도』, 『일본문화 속으로』(공저), 「竹取物語の考察」, 「薫の像」, 「夕顔の像」, 「紫上の像」, 「모노가타리의 서술론」

한울아카데미 1273
에도 공간 속의 통신사
1711년 신묘통신사행을 중심으로

ⓒ 박화진·김병두, 2010

지은이 | 박화진·김병두
펴낸이 | 김종수
펴낸곳 | 도서출판 한울

편집책임 | 이교혜
편집 | 염정원

초판 1쇄 인쇄 | 2010년 6월 20일
초판 1쇄 발행 | 2010년 7월 10일

주소 | 413-832 파주시 교하읍 문발리 507-2(본사)
       121-801 서울시 마포구 공덕동 105-90 서울빌딩 3층(서울 사무소)
전화 | 영업 02-326-0095, 편집 02-336-6183
팩스 | 02-333-7543
홈페이지 | www.hanulbooks.co.kr
등록 | 1980년 3월 13일, 제406-2003-051호

Printed in Korea.
ISBN 978-89-460-5273-4 93910

* 가격은 겉표지에 있습니다.